**어린이,
교회**
그리고
선교

Child, Church & Mission
Revised Edition

Copyright © 2005 by Compassion International, Inc.
Used by permission. All rights reserved worldwide.

This Korean Edition Copyright © 2014 by Paidion Ministries, Inc.,
Seoul, Republic of Korea

어린이, 교회 그리고 선교

1쇄 인쇄 2014년 12월 17일
2쇄 발행 2016년 10월 20일

지은이 댄 브루스터
옮긴이 김진선
펴낸곳 (사)파이디온선교회

등록 2013년 9월 12일 제 2013-000163호
주소 서울특별시 서초구 서초대로 141-25(방배동, 세일빌딩)
전화 마케팅실 070) 4018-4040
팩스 마케팅실 031) 902-7750

값 15,000원
ISBN 979-11-85411-74-3 03230
Copyright © (사)파이디온선교회 2014 〈Printed in Korea〉

- 이 책의 한국어판 저작권은 한국컴패션과 독점 계약한 (사)파이디온선교회에 있습니다.
- 신 저작권법에 의하여 한국 내에서 보호받는 저작물이므로 무단 전재와 무단 복제를 금합니다.

이 책의 인세는 전액 컴패션 북한 어린이를 위한 사역에 사용됩니다.

Child, Church and Mission

· 국제어린이양육기구 컴패션의 사역 교과서 ·

어린이, 교회 그리고 선교

댄 브루스터 지음 ― 김진선 옮김

추천의 글

언젠가 후원자들과 컴패션 프로젝트를 방문했을 때의 일입니다. 후원자 가운데 한 학교 교사가 그곳에서 만난 어린이들이 심각한 가난 속에서도 사랑스러움을 간직한 채 남을 배려하고 차근차근 배움을 성취해나가는 모습을 보며 기분 좋은 충격에 휩싸인 한편, 더 많이 낙담하는 모습을 보았습니다. 이 어린이들은 배고픔과 교육의 부재, 각종 질병에서 건져졌기에 감사도 많을 것이고 따라서 상대적으로 가르치기도 쉬울 것 같다고요. 하지만 물질적 풍요 속에 있는 한국 어린이들은 뭐하나 녹록한 게 없다면서요.

사실 현지에서 잠깐 보는 어린이들은 이처럼 사랑스러울 수 있습니다. 하지만 대부분의 가난한 어린이들이 도시 빈민으로 살아가고 있다는 현실을 인식한다면 생각이 바뀔 것입니다. 배고픔과 질병, 교육의 부재뿐 아니라 도시 안에서 심각한 빈부격차, 범죄, 사회적 소외 등에 가장 차별 받고 등한시되는 것이, 가장 취약한 환경에 놓여 있는 어린이이기 때문입니다.

절망으로 인해 일찍부터 마음이 깨져버린 어린이들을 붙잡고 이를 일으켜 세우려 할 때, 치열한 싸움이 시작됩니다. 한 교사의 절망을 품은 탄식과 결코 다르지 않지요. 그러다 한계에 부딪치기도 합니다. 전 세계 현지 교사들과 함께 기도할 때마다 어김없이 하염없는 눈물을 만납니다. 사투를 벌이는 것 같은 매일매일의 싸움 속에서, 자신의 한계와도 싸워야 하는 눈물 앞에 저는 숙연해지고는 합니다.

하나님의 형상을 닮은 어린이들의 존귀함을 아는 사람들은 더욱 다음세대에 열정을 가질 수밖에 없습니다. 하지만 어린이를 품고 양육하다보면 어느 누구라도 한계를 만날 것입니다. 당장 자녀를 키우는 부모로서 만나는 수많은 한계들도 있지요. 한 사람의 아버지로서 또한 전 세계 컴패션 어린이들을 만나면서 알게 된 것은, 이 한계는 우리의 관점과 노력으로는 넘어설 수 없다는 것입니다. 한계를 인정하고 빈 마음으로 무릎을 꿇을 때 보이는 것이 있습니다. 즉 나의 것을 버리고 하나님의 관점과 사랑을 이해할 때에야 어린이를 존귀하게 양육해나갈 수 있음을 비로소 알게 되는 것입니다.

이 책은 바로 그럴 때 필요한 책입니다. 하나님이 가지신 어린이를 향한 꿈과 잠재력을 가장 깊고 또 높은 데까지 펼쳐 보여주고 있기 때문입니다. 또한 저자는 어린이를 향한 많은 사랑으로 오랜 시간 그들과 함께해왔던 사람이기도 합니다. 그래서 어린이를 위해 꼭 쓰여지고 세상에 나와야 하는 책입니다.

그럼에도 이 책은 지나치게 희망적이지도, 지나치게 격양되어 외치지도 않습니다. 그저 우리가 준비되어 있을 때, 한 발 한 발 전진할 수 있다는 듯, 할 수 있는 일들을 보여줍니다. 그래서 어린이들이 하나님 안에서 어떤 존재인지 설명하고, 어린이의 가능성을 가장 잘 꽃피울 수 있는 전인적 양육을 제안하며, 교회와 우리의 역할을 굉장히 넓은 범위 안에서 침착하고 집요하게 정리해놓았습니다. 관념에 그치는 제안들이 아닙니다. 어린이의 가치를 그저 눈부시게 정립해놓고 실전에서는 깨달은 사람들이 알아서 하라고 말하는 책이 아닙니다. 현장에서 발로 뛰어 얻은 실제이며, 정확하게 도움을 받을 수 있는 책입니다.

무엇보다 감사드리는 것은, 현재 전 세계 수많은 교회에서 일어나고 있는 일들을 과장 없이 깊은 곳까지 들여다본 기록들이 이 책의 바탕이 되었다는 점입니다. 이는 하나님이 지금도 어린이들을 위해 부지런히 일하시고 계시다는 증거가 되기 때문입니다.

때로 하나님은 준비되지 않은 곳에서도 절박성 때문에 일하십니다. 하지만 열리고 준비된 곳에서 더욱 많은 일을 하실 것입니다. 하나님의 사랑을 알고 자유 안에서 그분을 경외하는 세대를 세우고자 한다면, 우리의 한계를 알고 하나님께 당신이 직접 새 일을 시작해달라고 외치는 바로 그 현장에서, 이 책은 반드시 준비된 출구를 열어줄 열쇠가 될 것입니다.

한국컴패션 대표
서정인

이 책은 변화를 일으킬 수 있는 어린이들의 영향력을 극대화하고 남은 평생 동안 그 영향력을 유지할 수 있도록 어린이들을 교육하고 준비시키며 역량을 강화시키는 방법을 알려준다.

루이스 부시_국제 퍼실리테이터, Transform World Connections

광범위한 기독교 교육에 관한 방대한 자료가 수록 되어 있으며, 어린이 선교 사역에 대한 전반적인 주제를 다룬다. 본서는 각종 세미나와 대학, 성경 연구소의 교재로 적합하며 목회자와 교육 지도자들에게 꼭 필요한 자료이다. 수십년간 기다리던 책을 드디어 완성하고 출간하게 된 댄에게 축하를 보낸다.

맨프레드 W. 콜 박사_해외사역 협의회(Overseas Council) 대표

교회는 어린이들의 가족을 든든히 세울 뿐 아니라 눈앞에 펼쳐질 미래에 대하여 무관심하거나 관심이 적은 자들에게 예언적 음성을 들려주는 방식으로 어린이를 축복하고자 노력해야 한다. 이 책은 교회가 소중한 어린아이들에 초점을 맞추도록 돕는다.

대로우 밀러 박사_DNA(Disciple Nations Alliance) 협의회 설립자이자 책임자

교회가 어린이 사역에 관심을 별로 보이지 않는 이때, 이 책은 이 중요한 문제에 우리의 관심을 다시 집중하도록 요구한다. 댄은 이 중대한 주제에 대하여 교회가 합당한 역할을 감당하도록 독자들의 관심을 촉구한다.

르우벤 반 렌스버그_남아프리카 신학교(South Africa Theological Seminary) 교장

예수님은 어린아이 하나를 제자들 가운데 세우시고(마 18:3) 십자가의 길과 더불어 천국의 본질을 조명해주셨다. 주님의 이런 조명이 없었다면 교회는 그 사역의 본질과 소명의 핵심 단서를 놓쳤을 것이다. 이 책은 이러한 핵심 단서를 이해하고 적용하는 데 큰 도움이 된다.

키이스 J. 화이트 박사_어린이 신학 운동(Child Theology Movement) 회장

다가올 미래에 세계선교의 주역이 되고자 한다면 개인적 차원과 교회적 차원의 전도와 교회 성장 전략에 이 책을 적극 활용하기를 권한다.

마크 P. 곤잘레스 박사_ 목사, 저자, 방송가

어린아이들을 향한 하나님의 마음을 잘 보여주는 이 책은 다양한 문화권에서 각기 다른 훈련 수준에 맞게 적용할 수 있는 탁월한 교재이다. 어린이 옹호가라면 꼭 읽어야 할 필독서이다.

로잘린드 림 탄_ 말레이시아 페낭, 전인적 어린이 양육 연구소(Holistic Child Development Institute) 소장

댄 브루스터는 어린이 돕기 교회 사역에 평생을 바쳤다. 그의 통찰력과 경험은 아프리카, 라틴 아메리카, 아시아에서 활동하고 있는 활동가들을 직접 만나고 면담한 수고의 결실이다. 아동 복지에 대한 그의 열정은 예수 그리스도와 지속적인 교제에 뿌리를 두고 있다. 시기적절하게 출판된 이 책은 아주 유용할 뿐 아니라 자료로서 활용 가치가 매우 높다. 필독을 권한다.

패트릭 맥도날드_ 비바 네트워크(Viva) 설립자이자 책임자

이 책은 하나님의 선교와 왕국 건설을 위해 수고하는 이들에게 꼭 필요한 귀중한 선물이다. 어린이를 세상을 변화시키는 복음 사역의 주역으로 만들자는 이 책의 호소에 모든 교회가 부응하기를 기도한다.

윌리엄 C. 프레비터 박사_ 옥스퍼드 선교 연구 센터(Oxford Centre for Mission Studies) 연구 책임자

댄이 의도한 것처럼 이 책을 통해 귀중한 정보와 영감과 도전을 받았다. 이 책은 하나님 나라 확장에 어린이가 전략적 역할을 할 수 있음을 강조한다. 또 하나님의 관점에서 어린이들을 바라보고 양육하도록 도전한다. 전인적 어린이 양육을 위해 수고하는 사역자, 옹호자, 리더들을 육성하는 일에 일조해야 한다는 사명감도 고취시켜준다. 이 책은 전 세계 어려운 어린이들의 삶을 변화시키는 데 관심이 있는 사람이라면 꼭 읽어야 하는 필독서이다.

테레사 R. 로라 박사_ 아시아 신학대학원(Asia Graduate School of Theology) 원장

이 책은 가난한 어린이를 비롯한 여러 상황의 어린이를 대상으로 섬기는 사역자들이 원하던 탁월한 지침서이다. 어려운 어린이들과 함께 사역하기를 원하는 이들에게 지침을 제시하고 복음과 제자도, 교회 프로그램으로 어린이들을 섬기고자 하는 이들에게 유익한 자료를 제공한다. 이 책은 어린이 선교에 관해 신학적이고 실제적인 조언을 총망라해 제공한다는 점에서 단연 최고의 책이다.

더그 니콜스_ 액션 인터내서널(Action International) 설립자이자 명예 국제 총재

기독교 역사가 2천 년이 넘었지만 대다수 신학자와 교육자, 선교학자들은 하나님이 18세 이하의 어린이들에게 부여하신 존재론적인 가치와 전략적 중요성을 제대로 인식하지 못했다. 세계적인 전인적 어린이 양육 운동이 탄력을 받을수록, 교회와 선교와 다음 세대에 관해 독자들의 사고와 행동을 근본적으로 바꾸어줄 21세기 개혁 도구로서의 이 책의 중요성이 점점 더 부각될 것이다.

앤서니 올리버 목사_ 자메이카 킹스턴, 카라비안 신학 대학원(Caribbean Graduate School of Theology) 교무 담당 부총장, 철학 박사

이 책은 전 세계 어린이 사역으로 섬기는 목회자나 신학생이나 리더나 책임자라면 모두 읽어야 할 절대적 필독서이다. 댄이 수년 전에 그랬던 것처럼 성령이 강력히 역사하시도록 초청한다면 이 책은 마음의 깊은 변화와 인생의 놀라운 변화를 촉발할 엄청난 잠재력이 있다.

애니 크리스틴 바타일라드_ 스위스 로잔의 Hi Kidz International 국제 총재

감사의 글

책을 쓰는 일은 언제나 생각보다 훨씬 더 힘들다. 처음에는 말레이시아 침례 신학교의 '어린이, 교회 그리고 선교(Child, Church & Mission)'라는 강좌에서 그동안 가르친 내용을 다듬고 예화를 곁들여 정리하는 일이 힘들면 얼마나 힘들까라고 생각했다. 분명히 문장을 조금만 가다듬는 단순한 일이었다. 그러나 수많은 내용을 다시 쓰고 정리하는 동안 많은 좌절감을 느끼면서 오만한 나를 반성할 수밖에 없었다.

이 책은 많은 사람들의 수고와 격려의 결실이다. 먼저 25년 넘게 기쁨으로 섬겼던 국제컴패션의 동료들에게 감사를 드린다. 그중에서도 특별히 친구이자 나의 멘토인 컴패션 아시아 지역 책임자인 밤방 부띠얀토(Bambang Budijanto) 박사에게 감사를 드린다. 전인적 어린이 양육 프로그램(Holistic Child Development)을 처음 구상한 사람이 바로 밤방 박사이다. 이제 이 프로그램은 말레이시아 침례 신학교의 정식 교육 과정의 일부가 되었고 나는 그의 이 프로그램 덕분에 '어린이, 교회 그리고 선교'라는 교과 과정의 기본 개념과 내용을 체계화시킬 수 있었다. 밤방 박사는 수업 내용과 관련 개념들을 더 많은 사람들이 활용할 수 있도록 책으로 내보라고 권면하였다. 책을 쓰는 과정에서 참으로 귀중한 칭찬과 비판을 아끼지 않았을 뿐 아니라 지치지 않도록 격려와 영감을 주었다.

또한 말레이시아 침례 신학교의 교수진과 직원들에게도 감사를 드린다. 총장이신 존 옹(John Ong) 박사의 지도력과 수고로, 아시아 전역을 섬기며 우리 세대에 하나님 나라를 진척시키기 위한 핵심 주체이자 선교 대상으로서 어린이의 전략적 중요성을 인정하는 신학교가 생긴 것은 정말 고무적이다. 늘 성실하며 친절한 학생처장 서니 탄(Sunny Tan) 박사와, 페낭의 전인적 어린이 양육 연구소 책임자이자 그의 아내인 로잘린드 탄(Rosalind Tan) 박사에게도 큰 도움을 받았다. 이들은 전인적 어린이 양육 프로그램에 대한 비전과 리더십을 제공해주었을 뿐 아니라, 현존하는 가장 훌륭한 대학원생 수준의 프로그램이라 확신하는 복합 다문화 프로그램(cross cultural program)을 운영하고 있다. 이런 고무적인 환경에서 가르치고 이 글을 쓸 수 있게 되어 큰 기쁨이었다.

여러 번 고치고 다시 쓰는 과정을 반복하면서 예리한 아시아인의 시각으로 많은 통찰을 제공해준 림 쉬 링(Lim Siew Ling) 여사에게 편집상의 많은 도움을 받았다. 컴패션 옹호 활동의 필리핀 책임자로서 늘 웃음을 잃지 않는 카르멘 웡(Carman wong) 여사 역시 문화와 조직에 관한 부분에 많은 유익한 도움을 주었다. 또 탁월한 은사로 교열과 포맷, 전체 디자인, 인덱스 작업과 유익한 조언을 해준 콕 칙 부(Kok Chik Bu)에게 감사를 드린다.

마지막으로 여러 면에서 때로는 과분하다 싶을 정도로 나를 돌봐주고 배려해주는 아내의 특별한 지지와 격려에 감사를 표하고 싶다. 아내가 주는 안정감과 일관된 지원 덕분에 이 일을 마무리하기까지 지치지 않고 힘을 얻을 수 있었다.

댄 브루스터(Dan Brewster)
말레이시아, 페낭

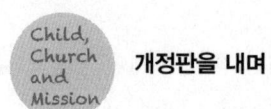 **개정판을 내며**

이 책의 자료는 원래 말레이시아 페낭의 말레이시아 침례 신학교의 전인적 어린이 양육 석사 과정에서 가르치는 '어린이, 교회 그리고 선교'라는 과목의 교재로 사용하던 것이다. 학생들이 어린이와 교회와 선교의 관계에 대한 성격과 의미를 이해하도록 돕기 위해 만들어진 교재였다. 성경적 관점에서 이 교재는 어린이와 가난과 전인적 어린이 양육에 대한 개관과, 전인적 어린이 양육과 교회 사역의 관계에 대한 이해를 제공하는 데 중점을 두고 있다.

이 책은 2010년에 대대적으로 교정 작업을 거쳐 〈미래의 충격〉(Future Impact)이라는 제목으로 미국 컴패션에서 200페이지가 넘는 보조 교재와 함께 출판하였다. 이번 개정판은 크게 라틴 아메리카와 아프리카와 아시아 독자를 염두에 두고 작업을 하였으며, 〈미래의 충격〉과 보조 교재를 한 권으로 묶었다. 원제인 〈어린이, 교회 그리고 선교〉(Child, Church & Mission)가 사람들에게 거부감이 없고 이미 여러 나라 언어로 번역되었기 때문에 이번 개정판은 다시 원래 제목을 사용하고 있다.

이 책은 신학교나 성경 대학의 교재로 사용할 수도 있다. 이 책이 다른 집단을 훈련하거나 또 다른 용도, 즉 어린이 사역자, 위기에 처한 어린이를 돕는 활동가, 기독교 어린이 양육 네트워크에서 시행하는 훈련용 교재로 사용되기를 바란다.

강좌에 대한 더 자세한 정보는 다음을 참고하라.

댄 브루스터 박사
국제컴패션
이메일: dan.brewster@yahoo.com. Tel/Fax: 604-890-1440

로잘린드 림 탄 박사
MBTS HCD 연구소 책임자
40 A-D, Mk.17 Batu Ferringhi. Penang 11100, Malaysia
이메일: rosalindlyw@gmail.com. Tel/Fax: 604-881-2462

차례

추천의 글 • 4
감사의 글 • 10
개정판을 내며 • 12

1부 성경이 바라보는 어린이

1장_ 왜 어린이인가? ⋯⋯⋯⋯⋯⋯⋯⋯⋯⋯⋯⋯⋯⋯ 21
2장_ 어린이를 보는 성경의 시각 ⋯⋯⋯⋯⋯⋯⋯⋯ 45
3장_ 어린이 양육 사역 ⋯⋯⋯⋯⋯⋯⋯⋯⋯⋯⋯⋯⋯ 73
4장_ 가난에 대한 영적 이해 ⋯⋯⋯⋯⋯⋯⋯⋯⋯⋯ 107

2부 어린이와 교회

5장_ 교회의 역할 ⋯⋯⋯⋯⋯⋯⋯⋯⋯⋯⋯⋯⋯⋯⋯ 141
6장_ 어린이를 돌보는 일이 교회의 특별한 책임인 이유 ⋯⋯ 169

3부 교회 안의 어린이

7장_ 어린이의 신앙 발달 ⋯⋯⋯⋯⋯⋯⋯⋯⋯⋯⋯⋯ 191
8장_ 어린이 친화적 교회의 특징 ⋯⋯⋯⋯⋯⋯⋯⋯ 215
9장_ 교회 환경에서의 어린이 보호 ⋯⋯⋯⋯⋯⋯⋯ 237

4부 어린이와 선교

10장_**선교: 교회의 소명** ──────────── 259
11장_**선교와 어린이의 실제적 문제** ──────── 285

5부 어린이 권리 옹호 활동

12장_**비적대적 권리 옹호 활동** ─────────── 313
13장_**유엔아동권리협약(CRC)** ───────────── 329
14장_**어린이 사역 네트워킹** ─────────────── 349

결론 ──────────────────────────── 361

유엔아동권리협약 • 365
읽기 자료 • 381
참고 문헌 • 385

1부

성경이 바라보는 어린이

Child, Church and Mission

지구상에는 거의 20억에 달하는 어린이가 살고 있다. 이는 세계 인구의 3분의 1에 해당하는 숫자이다. 이들 가운데 거의 모든 어린이가 위험에 처해 있다. 먼저 너무나 많은 어린이가 가난 때문에 위험에 처해 있다. 노동 착취, 무관심과 방치, 사망의 위험 속에 있다. 유니세프에 따르면 약 970만 명이 5세 이전에 사망하고, 예방과 치료가 충분히 가능한 질병으로 평균 2만 4천 명 이상이 매일 사망하고 있다.[1]

동시에 풍요로움 때문에 위기에 처한 어린이도 수백만 명에 이른다. 포스트 모더니즘적 사고방식과 현대의 물질주의적 사고로 수백만 명에 달하는 어린이가 "모든 것을 다 갖고 있지만 삶의 의미를 느끼지 못하는(everything to live with, but nothing to live for)" 상태에 있다. 이 책의 1장에서는 가난한 어린이와 풍요로운 어린이들이 당면한 문제와 어려움과 장애에 대해 다루고자 한다.

그러나 어린이들의 필요에 관해서이든, 그들의 가능성과 장래성에 관해서이든 어느 하나도 새로운 주제는 없다. 실제로 성경은 대부분의 사람이 생각하는 것과 달리 어린이에게 큰 비중을 부여한다. 2장에서는 성경적 관점에서 어린이를 살펴볼 것이다. 성경은 어린이에 대해 침묵하지 않는다. 우리는 하나님이 어린이를 보시듯이 그들을 바라보아야 한다는 사실을 알게 될 것이다.

---

[1] http://unicef.org/health/index_childsurvival.html(2011일 3월 접속).

"지혜와 키가 자라가며 하나님과 사람에게 더욱 사랑스러워 가시더라"라는 누가복음 2장 52절의 기록대로 하나님은 모든 어린이가 예수님처럼 전인적으로 성장하기를 원하신다. 그러나 이렇게 전인적으로 성장할 기회를 얻는 어린이는 많지 않다. 그렇다면 그리스도인은 어떤 방법으로 어린이의 전인적 성장을 도와야 하는가? 3장에서는 어린이의 성장을 바라보는 성경적 시각 몇 가지를 살펴보되, 특별히 성경적 시각과 비성경적 시각을 비교해볼 것이다. 또 양육의 한 요소로서 '자립'이라는 중요한 문제를 살펴보고 실제적 성장을 돕기 위한 중요한 방식을 알아볼 것이다.

이 책에서 역점을 두고 살필 대상은 가난한 어린이다. 4장에서는 성경적 관점에서 가난에 대한 문제를 살펴볼 것이다. 핵심은 가난이 단순히 자원 결핍의 문제가 아니라 근본적으로 영적인 문제라는 사실이다. 하나님과 사탄은 전혀 다른 관점으로 어린이를 바라본다. 하나님은 모든 어린이가 결핍에 시달리지 않고 풍성하게 살기를 원하신다. 반면 사탄은 도둑에다 거짓말쟁이로서 그 풍성한 생명을 훔치고 빼앗고 죽이는 데 혈안이 되어 있다. 사탄의 거짓말에 사로잡힌 사람들은 하나님이 예비해두신 풍성한 생명을 누릴 수 없다. 사람들이 무엇을 믿고 행동 지침으로 삼는지는 영적이고 물리적인 행복에 중대한 영향을 미친다. 믿음이나 신념은 결과로 나타난다. 우리는 이런 주제들을 전반적으로 살펴보면서 어린이의 발달에 관한 문제를 중점적으로 이야기할 것이다.

오래 전 예수님이 제자들에게 요구하셨던 것처럼 어린이를 우리 논의의 중심에 두고 여러 '전복적(upside down)' 시각으로 도전받기를 기대한다.

1장

왜 어린이인가?

✳✳✳

"우리가 이를 그들의 자손에게 숨기지 아니하고 여호와의 영예와 그의 능력과
그가 행하신 기이한 사적을 후대에 전하리로다 여호와께서 증거를 야곱에게 세우시며
법도를 이스라엘에게 정하시고 우리 조상들에게 명령하사 그들의 자손에게 알리라
하셨으니 이는 그들로 후대 곧 태어날 자손에게 이를 알게 하고
그들은 일어나 그들의 자손에게 일러서 그들로 그들의 소망을 하나님께 두며
하나님께서 행하신 일을 잊지 아니하고 오직 그의 계명을 지켜서."

_ 시편 78:4-7

오늘날 교회는 굳이 어린이와 청소년들을 찾으러 다니지 않는다. 하지만 구태여 멀리서 찾지 않더라도 그들을 볼 수 있다. 어린이는 그 실체가 모호하거나 멀리 격리되어 존재하는 집단이 아니다. 눈을 돌리면 어디서나 볼 수 있다.

- 모든 국가, 모든 사회 경제적 집단, 모든 문화권에 그들이 있다.
- 모든 공동체, 즉 가정, 학교, 시장, 운동장 등 어디에나 그들이 있다.
- 복음을 쉽게 접할 수 없는 지역에도 그들이 있다.

- 소외된 하위문화에도 그들은 있다. 가령, 청소년 수감자들처럼 특수한 필요를 가진 청소년들이 여기에 해당한다.
- 위험한 상황과 환경에 놓여 복음을 들을 기회가 별로 없는 곳에도 그들이 있다.
- 종교와 연관된 어려운 환경에도 그들은 있다. 예를 들어 기독교 신앙을 대표하는 사람들에 의해 학대를 당하거나 방치당한 어린이들이 여기에 해당한다.

교회는 눈을 돌리면 어디서나 볼 수 있는 어린이의 존재를 가벼이 생각하지 말고, 수위는 다르지만 대부분의 어린이가 각종 위험에 처해 있다는 사실을 알아야 한다.

역사상 지금처럼 어린이가 많았던 적은 없었고, 사회적으로 지금처럼 심각한 위험에 처한 어린이가 많았던 시기도 없었다. 60억에 달하는 세계 인구 가운데 15세 이하 어린이의 수가 3분의 1을 차지한다. 어린이 인구 비중이 전체 인구의 절반에 육박하는 개발도상국도 많다. 또한 15세에서 29세까지의 청소년 비중은 전체 인구의 26퍼센트[1]에 해당한다. 앞으로 10년 안에 약 10억 명의 어린이들이 태어날 것으로 보이며, 그중 많은 어린이가 극심한 빈곤 상태에 처할 것으로 예상된다.

어린이들의 강력한 대변자 가운데 한 사람인 비바 네트워크(Viva Network, 세계 복음주의 연맹의 글로벌 파트너십)의 설립자 패트릭 맥도날드(Patrick McDonald)는 어린이들의 소중함과 그들을 돌봐야 할 특별한 책임이 교회에 있음을 강조한다.[2]

어린이는 하나님 나라에서 우선적으로 중점을 두는 대상이다. 일단 그 수

---

[1] 2011년 3월 세계 인구; 6,904,409,189(69억), 미국 인구 통계청, 'International Data Base Information Gateway', http://www.census.gov/ipc/www/ibd/worldpopinfo.php.
[2] 글렌 마일즈와 조세핀 조이 라이트 편집, 패트릭 맥도날드의 Celebrating Children 서문(Carlise, Cumbria: Paternoster Press, 2003), xv.

가 많을 뿐 아니라 전략적으로 중요하다. 또 그들을 귀히 여기라는 하나님의 명령이 명확하고 성경에 고루 등장한다는 사실은 이 명령의 즉각적 실천의 중요성을 의미한다. 어린이는 대위임 명령의 열쇠인 동시에 대계명의 핵심적 대상이다. 오늘날 교회는 어린이를 어떻게 대할지를 두고 선택의 기로에 서 있다. 21세기 초반 어린이들은 대부분 '위기에 처한 어린이'이며, 그들에게 하나님의 사랑을 증거 하기 위해서는 단순히 말 이상의 것이 필요하다. 어린이들은 기아로 고통당하고 거리에서 떠돌며 상처받고 있다. 이런 어린이들을 양육하고 보호해야 할 긴급한 필요를 인식한 많은 그리스도인이 온정적이고 심지어 희생적이라 할 정도의 반응을 보이지만, 효과적이고 일관된 참여는 부족한 경우가 대부분이다. 따라서 어린이 양육의 전문적인 기준의 요구가 어느 때보다 높아지고 있으며, 이는 교회에 중대한 도전이 되고 있다.

 어린이와 청소년에 대한 충격적 통계

- 매년 약 100만 명의 아이들이 새롭게 성매매를 강요당한다.
- 5세 이하 아이들 가운데 9,100만 명 이상이 심각한 기아 상태에서 성장한다.
- 1억 3,400만 명의 아이들이 교육의 기회를 전혀 누리지 못한다.
- 1,500만 명의 아이들이 에이즈로 부모를 잃고 고아가 된다.
- 2억 4,600만 명의 아이들이 노동으로 내몰리며 그 가운데 1억 7,100만 명은 극도의 열악한 조건에서 일하고 있다.
- 2억 6,500만 명의 아이들이 질병에 대한 어떤 예방 접종도 받지 못하고 있다.
- 3분의 1이 넘는 아이들이 한 방에 다섯 사람 이상 생활하는 곳에서 살고 있다.
- 5억이 넘는 아이들이 화장실이 아예 없는 곳에서 살고 있다.

- 어떤 형태로든 공개된 정보에 접근할 수 없는 아이들이 5억에 육박한다.
- 3억 7,600만 명의 아이들이 식수를 얻기 위해 5분 이상을 걸어야 하거나, 안전하지 못한 식수를 사용한다.

가난으로 고통당하는 수백만 명의 어린이

세계 곳곳에서 어린이들은 빈곤으로 심각한 위기에 처해 있다. 식량과 의료와 교육에 대한 보조금 삭감과 더불어 생활비의 증가로 가장 위기에 취약해진 대상은 어린이들이다. 약자에 대한 적절한 안전장치나 투자가 없는 상태에서 지역 경제가 세계 시장에 개방되면서 어린이들은 다음과 같은 고통을 겪고 있다.

- 거리의 어린이: 어린이들은 도시의 어두운 골목이나 가게 베란다, 기차역 대합실에서 잠을 해결한다. 구걸을 하거나 쓰레기를 뒤지고 사탕을 팔아 살아간다.
- 어린이 노동력 착취: 강제 노동은 어린이의 신체적, 심리적, 지적, 도덕적 발달에 영향을 미친다. 어린이들이 어린 나이에 노동을 시작할 경우 강제 노동으로 어린 시절을 빼앗기는 것은 물론이고 극단적 형태의 폭력과 학대에 노출된다. 가난한 나라의 어린이 노동자들은 벽돌 깨기 공장, 고무 농장, 논, 고기잡이, 의류 공장, 자동차 정비소, 주유소, 레스토랑 등 온갖 종류의 노동 현장으로 내몰리고 있다. 부잣집에서 가사도우미로 일하기도 한다. 매일 수많은 도시의 외곽에는 악취 나는 쓰레기 더미에서 재활용품을 모으느라 쓰레기차 뒤꽁무니를 쫓아 달리는 어린이를 흔히 볼 수 있다. 수백 명의 어린이가 거리를 떠돌며 구두 닦기, 신문팔이로 나서거나 땅콩이나 과일을 팔고 여행객이나 외국인 구호 활동가에게 돈을 달라고 구걸한다.
- 인신 매매: 성적 착취, 노예, 포르노, 강제 노동, 전쟁, 심지어 장기 이식 등의 다양한 목적으로 매매되고 있다.
- 어린이 매춘, 어린이 음란물, 인신매매를 비롯한 어린이의 성적 착취: 소아 성애자와 섹스 관광객들은 무고한 어린이에게 큰 위해를 가한다. 예수님은 이런 자들에게 연자 맷돌을 목에 매달아 바다 깊은 곳에 던지는 형벌을 받는 것이 좋다고 말씀하셨다(마 18:6).
- 전쟁이 어린이에게 미치는 심각한 영향을 살펴볼 때, 무장 충돌의 성격이 바뀌어 민간인 사상자의 비중이 늘어나고 있음을 알 수 있다. 매일 전 세계에서 20건 이상의

> 무장 충돌이 벌어지는데, 이는 대부분 가난한 나라에 집중되어 있다. 지난 10년 동안 무장 충돌로 200만 명이 넘는 어린이들이 살해당했고 수백만 명의 어린이가 부상을 입거나 영구적 장애를 입었다. 과거 전쟁과 달리 이제 무장 충돌로 사망하거나 부상당하는 사람의 80–90퍼센트가 민간인이며 대부분 어린이와 그 어머니들이다.

교회가 어린이에게 집중해야 할 중요한 이유는 그 어떤 집단보다 어린이들이 가장 많은 위험에 노출되어 있기 때문이다. 어떤 의미에서 성인들이 지은 죄악의 대가를 어린이들이 치른다. 매년 수천만 명의 어린이들이 착취, 폭력, 학대에 희생당하고 있다. 현재 전 세계 어린이들 중 37퍼센트 이상이 절대적 가난 상태에 처해 있으며 이는 총 6억 7,400만 명에 달하는 수이다.[3] 굶주림, 영양 부족, 나쁜 건강 상태, 교육과 다른 기본적 서비스를 받을 기회의 박탈 혹은 제한, 불량한 주거 상태, 불안정한 환경, 사회적 차별과 소외, 길거리 생활처럼 기본 권리를 박탈당한 채 사는 어린이들은 이보다 훨씬 많다.

그러나 어린이에 관한 소식이 모두 부정적이기만 한 것은 아니다. 위에서 지적했듯이 2008년 기준 매일 사망하는 5세 이하 어린이가 약 24,000명인데, 이 수치는 십년 전의 4만 명에 비해 절반 가까이 줄어든 수치다. 1990년대 초에서 2000년까지 5세 이하 평균 사망률이 11퍼센트 감소했고, 1990년대 초의 어린이 사망 원인 중 가장 큰 비중을 차지한 설사로 인한 사망률이 절반으로 감소했다. 약 100만 명이 생명을 구했다는 것이다.

그러나 충격적인 사실은 전 세계에서 심각한 박탈 상태에서 살고 있는

---

[3] 데이비드 고든 외, Child Poverty in the Developing World(Bristol, UK: The Policy Press, 2003), http://aa.ecn.cz/img_upload/65636e2e7a707261766f64616a737476/Child_poverty.pdf.

어린이들이 10억(56퍼센트)이 넘는다는 것이다. 어린이들을 위협하는 위험하고 파괴적인 요인은 한두 가지가 아니며 복합적이다. 물론 먹을 것이 부족하다는 단순한 원인도 있다. 세계적으로 5세 이하 어린이의 30퍼센트가 극심한 혹은 표준 이하의 영양 부족으로 고통당하고 있는 것으로 추정된다. 심지어 세계 제일의 부자 나라에서도 빈곤 선(poverty line) 이하의 가정에서 자라는 어린이들이 적지 않다. 산업화된 세계에서 어린이들을 질병에서 보호하기 위한 백신과 여러 수단들이 존재함에도 불구하고 수백만 명의 어린이가 매년 예방 가능한 질병으로 사망하고 있다.

또한 교육은 삶의 질을 결정짓는 데 중요하다는 보편적인 인식에도 불구하고 2005-2009년 동안 여자아이들의 중등학교 진학률은 48퍼센트였고, 이는 53퍼센트에 이르는 남자아이들에 비해 뒤처지는 실정이다. 여자아이가 가장 차별받는 지역은 사하라 이남 아프리카와 남아시아 지역이다. 그러나 동아시아와 태평양 연안, 라틴아메리카와 카리브해 같은 지역 역시 큰 차이를 보이지 않는다. 지난 20-30년 동안 가족 구조 붕괴와 청년 실업 증가, 부모의 과도한 교육열과 취업 압력으로 십대들의 정신 질환이 크게 늘었다. 세계 청소년의 약 20퍼센트가 정신 건강이나 행동 장애를 안고 있으며, 이는 15-19세 청소년의 질병 가운데 세계적인 부담이 될 정도로 높은 비율이다. 그 결과 15-35세 인구의 3대 사망 원인 중 자살이 그 하나를 차지하고 있다. 전 세계적으로 약 71,000명의 청소년들이 매년 자살하고, 자살을 시도한 사람의 자살률은 40배나 높다고 한다.[4]

저개발 국가의 조혼 풍습은 어린이들을 성병의 위험으로 내몰았으며 원치 않는 임신의 증가로 나타났다. 연구에 따르면 아마존 지역의 에콰도르 오렐야나에는 15-19세까지의 소녀들 가운데 거의 40퍼센트가 임신 상태

---

[4] 유니세프, '세계아동현황 보고서(State of the World's Children)', www.unicef.org/publication/files/SOWC_2011.

이거나 임신 경험이 있으며, 이런 임신은 성적 학대와 부모의 부재, 가난이 원인이라고 한다. 매년 출산 중에 사망하는 산모가 50만 명에 달하며 이렇게 남겨진 아이는 극도로 위험한 상태에 처하게 된다. 서아프리카와 중앙아프리카의 경우 임신 분만과 관련해 여성이 사망할 가능성은 17명당 한 명꼴이다.[5]

더욱이 지난 10년 동안 200만 명의 어린이들이 살해당했고, 600만 명이 넘는 아이들이 무장 충돌로 부상당하거나 장애를 입었다. 수만 명의 아이들이 지뢰로 불구가 되었으며 땅과 보석, 석유에 대한 탐욕으로 야기된 충돌 때문에 고통당하는 아이들이 수천 명에 달한다.[6]

오늘날 일명 '하나 된' 지구가 새롭게 강조되고 글로벌 시장이 당연시되고 있다. 세계화의 영향이 무조건 나쁜 것만은 아니지만 세계화로 인한 가장 부정적인 영향은 빈민들에게 집중되는 경향을 보인다. 가령, 토지 사용과 무역이 소외된 사람들의 적절한 영양 공급보다는 국가 경제에 더 집중하기 때문에 식량 공급에 차질이 생긴다. 도시 지역의 가난은 거리의 아이들의 증가를 부추긴다. 강요된 노동으로 아이들은 어린 시절을 빼앗기는 것은 물론이고 부상, 학대, 문맹, 그 외의 수많은 위험에 노출된다. 어린이 인신매매와 성적 착취로 인해 아이들을 자유롭게 해주기는커녕 소재를 파악하는 것조차 어려운 암울한 상태에 있다. 무장 충돌은 종종 위기에 처한 어린이와 그 가족들을 표적으로 하는 악행으로 이어진다.

이런 문제들을 포함한 수많은 다른 문제로 어린이들은 심각한 고통과 어려움에 처해 있다. 물론 모든 통계는 하나님이 사랑하시며 예수님이 위해 대신 죽으신, 상처 입은 실제 아이들의 상황을 대변한다.

---

[5] 같은 출처.
[6] 2004년 7월, 인도, 세계 교회 협의회 봉사와 연대 팀(Diakonia and Solidarity team)과 Asia Inter-Regional Consultation(아시아 지역간 협의) 대회 보고서, 'Fullness of Life and Dignity of Children in the Midst of Globalization with a Focus on Children'.

풍요로 고통당하는 수백만 명의 어린이

반면 미국을 비롯한 전 세계 선진국의 수많은 어린이의 미래는 화창해 보인다. 교육의 기회가 확보되어 있고 건강 역시 대부분 양호한 편이다. 전화 한 통이면 의료진의 혜택을 볼 수 있다. 과학 기술은 인간이 상상하는 것 이상으로 놀라운 성취를 약속해준다. 그러나 사실 이런 풍요롭고 '특권이 보장된' 어린이들조차 심각한 위험에 처해 있다.

많은 아이가 응석받이로 자라 제멋대로다. 종종 의미, 책임감, 인생의 목적에 대해 무감각하다. 잘 먹고 안전하며 비싼 옷을 입고 온갖 장난감과 도구들이 풍부하다. 많은 어린이가 "마약에 손대지 마라" 또는 "학교 빼먹지 마라" 등 기본적인 수준의 요구를 받는 것 외에 다른 부담스러운 요구를 받는 경우는 거의 없다. 원하면, 특히 조르기만 하면 언제든지 욕구가 충족된다는 것을 알고 있다.

이런 어린이와 청소년들이 성인의 경험에 과도하게 노출되면 어린 시절과 행복한 삶이 위협받는다. 어린아이다운 순진함이 사라진다. 인생이 포스트모던 철학의 모호함으로 의미를 찾지 못한다. 국경 없는 디지털 세계와 수시로 접속할 수 있지만 역설적이게도 실제 세계의 부모나 이웃, 친구, 공동체, 최악의 경우는 그들 자신과도 심각할 정도로 소외되어 있다.

부유한 가정과 선진국의 수많은 아이들은 방치, 부모의 무관심, 양육과 보호의 결핍으로 고통당하고 있다. 텔레비전과 할리우드 영화를 모방하거나 그 가치관의 영향으로 폭력적인 아이들이 많아졌다. 스스로를 싫어하는 십대와, 포스트모더니즘의 비관적 전제에 혼란스러워하고 낙심하는 아이들도 너무나 많다.

- 인생은 부조리하고 무의미하다.

- 진리는 존재하지 않는다.
- 나를 돌볼 존재는 오직 나 자신뿐이다.
- 따라서 그 무엇이나 그 누구도 믿지 말라.

많은 어린이가 증오, 불의, 불신의 혼란스러운 분위기에서 자라고 있다. 이혼, 성적과 같은 복잡한 어른들의 문제로 고통당하는 아이들도 적지 않다. 아이들은 마음으로 참된 자아를 찾고 인생의 목적을 발견할 수 있도록 도와달라고 어른들을 향해 소리 지르면서 자기 파괴적인 비극적 방식으로 그 좌절감을 표출한다.

여가 시간이 가장 많은 문화 속에서 부모가 그 자녀들과 보내는 시간이 그 어느 때보다 적다는 사실이 아이러니하다. 마음만 먹으면 가족 상담과 서비스를 받을 수 있는 여건을 갖춘 국가들에서 종종 가장 높은 이혼율을 기록한다. 물질주의로 사람들은 더 나은 가정에 대한 관심보다는 더 많은 돈을 벌고자 하는 탐욕에 더 많은 관심을 기울인다. 이러한 문제는 가정을 등한시하는 문화적 가치의 경향을 알 수 있는 몇 가지 현상에 지나지 않는다.

실제로 많은 가정이 위기에 처해 있고 아이들이 그 대가를 치르고 있다. 1,500여 명의 초등학생에게 "행복한 가정이 되려면 어떻게 해야 한다고 생각하느냐?"라고 질문했을 때 돈이나 차, 멋진 집이나 텔레비전이 있어야 한다고 대답한 아이는 많지 않았다. 가장 많은 답은 "온 가족이 함께하는 시간"이었다.[7]

아이들의 이 외침을 듣고 있는가?

---

[7] 윌리엄 R. 매톡스, 1991년 3월 10일. 콜로라도 스프링스 가제트 텔레그라프(Colorado Springs Gazette Telegraph), 객원 필진.

사랑은 '시간'이다

문화와 상황을 막론하고 어린이에게 사랑은 '시간'이다.[8] 실비아 휴렛(Sylvia Hewlett)은 1990년대에 〈나뭇가지가 부러질 때〉(When the Bough Breaks)라는 도발적 제목으로 책을 썼다. 이 제목은 엄마들이 아기들을 어르고 재우면서 부르는 노래에서 따온 것이다.

> 잘 자라 아가야 나무 꼭대기에서
> 바람이 불면 요람이 흔들거리지
> 나뭇가지가 부러지면 요람도 떨어지겠지
> 요람과 아기가 모두 떨어지겠지.

휴렛은 오늘날 많은 어린이들의 "요람이 떨어졌다"라고 말한다. 진짜 중요한 문제는 자원의 결핍이 아니라 시간의 결핍이라고 지적하면서 부모들이 자녀들과 함께 보낼 시간이 없는 이유를 몇 가지 거론한다.

무책 합의 이혼(No fault divorce). 무책 이혼으로 부모가 자녀들과 보낼 수 있는 시간의 양이 극적으로 감소했다. 과거 미국의 이혼법은 결혼이 일종의 파트너십으로 대부분 "죽음이 우리를 갈라놓을 때까지" 지속된다는 전제를 바탕으로 했다. 휴렛은 1970년 이전에는 간음이나 학대 혹은 부정과 같은 심각한 귀책사유가 있어야만 법적으로 이혼이 가능했다고 지적한다. 그러나 슬프게도 오늘날은 "도덕적으로 중립적인 또 다른 선택 사항에 불과하며, 결혼 상태를 지속하는 것보다 좋을 것도 나쁠 것도 없는 인생의 한

---

[8] 윌슨 그랜트, The Caring Father(Nashville: Broadman Press, 1983), 18쪽.

선택"⁹에 지나지 않는다는 인식이 점점 강해지고 있다. 이런 미성숙한 성인들은 그들이 배우자를 떠나서 더 나은 목초지를 찾아갈 경우, 뒤에 남겨진 자녀들이 심각한 위험에 처해진다는 사실을 깨닫지 못한다.

노동 시간 증가와 방치된 어린이(More Work, Less Family). 과거 대부분의 엄마, 특히 어린 자녀를 둔 엄마는 전업 주부로 집에서 자녀들을 돌봤다. 그러나 1990년대 이후 밖에서 일하는 엄마의 비율이 전체의 3분의 2를 넘어섰다. 여기서 주목할 것은 아빠들의 노동 시간 역시 늘고 있다는 점이다. 한 연구에 따르면 평균 주당 근로 시간이 1973년에는 41시간이었지만, 1989년에는 47시간으로 늘었고¹⁰ 20년이 지난 지금은 그보다 훨씬 늘었다. 휴렛은 실제적으로 자녀와 함께할 시간을 내기 어려운 전문 직종의 부모를 배려한 안부 카드가 시중에 판매되고 있다고 말한다. 아이가 아침에 시리얼을 먹으며 읽도록 "학교생활 잘하렴"이라고 쓰인 카드도 있다. 어떤 카드는 밤에 아이가 머리맡에서 읽도록 "엄마가 널 재워주고 싶구나"라는 내용이 쓰여 있다.¹¹

어른들의 가치 충돌(Adult Values Conflict). 가족이 위기를 겪는 또 다른 중요한 이유는 가족에 관한 가치의 변화이다. 전 세계적으로 가족에 관한 태도가 달라지고 있다. 휴렛은 1960년대 후반부터 사람들이 개인의 성장과 자아실현을 더 중시하고 추구하게 되었다고 지적한다.

남자뿐 아니라 여자에게도 시대는 변했다. 우리가 새롭게 설정한 우선순위들로 인해 자기 부인(self-denial)과 만족 지연(delayed gratification), 그리고 이타

---

[9] 실비아 휴렛, When the Bough Breaks(New York: Basic Books, 1991), 108쪽.
[10] 같은 책, 79쪽.
[11] 같은 책, 88쪽.

성을 추구하던 관심과 열정이 극적일 정도로 감소했다. 이제 희생은 구시대적 가치이며 미래 지향성 역시 무가치한 개념이다. 받는 게 있어야 주겠다는 현재의 풍조는 내 필요가 충족되고 내가 만족하는 관계에만 시간과 에너지와 돈을 쓰겠다는 식으로 나타난다. 불만족스러우면(혹은 그냥 지겨우면) 그 관계를 포기하고 다른 데서 필요한 것을 찾을 권리가 내게 있다. 그러나 문제는 개인적 필요를 충족시키는 데 필요한 자질들은 사려 깊은 부모로서 성공하는 데 필요한 자질들과 상충할 때가 많다는 것이다.[12]

돈의 부족(Lacking Money). 물론 부요한 국가에도 가난한 어린이들은 존재한다. 연간 가계 소득이 1,000달러 이하인 많은 아프리카인과 아시아인들은 선진국 중산층이 연간 5만 달러에서 8만 달러로는 생활할 수 없다고 하면 허탈하게 웃거나 울고 말 것이다. 그러나 시장 경제의 지배를 받는 부모들은 자녀들에게 시간을 투자하는 것보다 돈을 버는 데 훨씬 더 많은 에너지를 사용한다.

 '질적으로 훌륭한 시간'이라는 신화

린다 앨버트(Linda Albert)와 마이클 팝킨(Michael Popkin)은 1987년 공저한 〈질적으로 뛰어난 자녀양육〉(Quality Parenting)에서 자녀들과 열심히 상호 교감하고자 노력하면 "일상적 순간들을 자연식과 비타민이 풍부한 건강 식단처럼 하루 종일 아이들에게 활기를 줄 만남으로 변화시킬 수 있으며, 그럴 때에는 아이들과 종일 같이 있지 않더라도 큰 문제가 되지 않는다"라고 주장했다. 아주 그럴듯한 주장이지만 실제로 효과는 없다.

---
12 같은 책, 107쪽.

> 자녀들과 짧더라도 질적으로 우수한 시간을 보내라는 주장의 큰 문제점은 그 시간이 너무나 짧다는 것이다. 제임스 돕슨(James Dobson)은 '질적으로 훌륭한 시간'을 제일 훌륭한 스테이크를 먹기 위해 레스토랑에 가는 것과 비교했다. 그 식당에서 제일 비싼 스테이크를 주문했다고 생각해보자. 웨이터가 음식을 손에 들고 나타나 우아하게 뚜껑을 연다. 실제로 그 지역에서 최고의 스테이크가 접시에 담겨 있다. 그런데 양이 겨우 한 점밖에 없다. 그 스테이크가 아무리 맛있다 해도 겨우 한 점밖에 먹지 못한다면 아무도 만족할 사람이 없을 것이다. 질뿐 아니라 양도 중요하다는 것이다. 자녀들과 집중적으로 시간을 보내는 것 못지않게 그 시간의 양도 중요하다.

미디어의 세계화

아마 오늘날 어린이들이 직면한 가장 심각한 도전은 유례가 없는 세계화된 미디어 환경이라 할 수 있으며, 이것은 어린이에게 복음을 전하고자 하는 기독교 역시 마찬가지이다. 수많은 나라의 어린이들이 아주 어릴 때부터 세계화된 미디어에 24시간 아무 제한 없이 접근할 수 있다. "전자 통신은 이제 어린 자녀의 인생에 영향을 미치는 가장 초기의 요인 가운데 하나가 되었다."[13]

인터넷의 영향은 시간과 공간을 초월할 정도로 광범위하다. 이것은 특별히 10대와 20대에게 더욱 두드러지며, 점점 더 어린 아이들에게로 이동하는 경향을 보인다. 톰 헤이즈(Tom Hayes)는 〈점프 포인트: 네트워크 문화가 비즈니스에 혁명을 가져오는 방법〉(Jump Point: How Network Culture is Revolutionizing Business)이라는 흥미로운 책에서 13세에서 25세까지의 사람들을

---

[13] 알리사 쿼트, Branded: The Buying and Selling of Teenagers(New York: Basic Books, 2003), 8쪽.

일컬어 "버블 세대(bubble generation)"라고 묘사한다.[14]

버블 세대는 인터넷과 더불어 성장했기 때문에 인터넷 없는 세상을 떠올릴 수 없다. 그들의 세계는 쇼셜 미디어의 세계이며 p2p 플랫폼, 비트 토렌트, 위키스, 블로그, 동영상 공유 사이트, 팝캐스트, RSS, SMS, IMS, 문자 보내기, GPS, 동영상 공유, 포토 스와핑의 세계이다. 그들의 문화, 가치관, 취향, 욕구는 이 과학 기술에 의해 결정적인 영향을 받았다. 사진을 찍으면 바로 즉석에서 그 결과를 보고, 텔레비전은 바로 메뉴를 확인하여 보고 싶은 것을 보았으며, 공중전화를 사용한 경험이 없다. 원하는 것은 인터넷으로 편안하게 찾아내고, 즉각적인 문자 전송으로 소통하며, 온라인으로 쇼핑하고, 협업 툴을 활용해 친구와 가족들과 언제라도 접촉하며 동료들과 더 생산적이고 효율적으로 일하는 데 도움을 받는다.

전자 통신과 사이버 공간에 습관적으로 접속하는 청소년들은 톰 헤이즈가 "버블 세대"라고 부른 집단에 포함된다. 버블 세대의 특징은 다음과 같다.

- 텔레비전을 보는 시간이 적고 라디오를 듣는 시간도 많지 않다.
- 유료로 운영하는 상업 방송을 거부한다. 그럴 필요가 없기 때문이다.
- 이동성이 매우 강하다.
- 이메일은 너무 느려서 거의 사용하지 않는다.
- 사회적이면서 동시에 개인적이다.
- 겉만 번지르르하고 과장된 콘텐츠와 메시지를 거부한다.

---

[14] 톰 헤이즈, Jump Point: How Network Culture is Revolutionizing Business(New York: McGrawHill, 2008), Kindle 편집, Loc. 2494-2501쪽.

헤이즈의 이 글은 기업을 대상으로 한 것이다. 그러나 다음세대의 관심과 흥미와 네트워킹 커뮤니티에 관한 그의 주장은 그들의 생각과 마음에 다가가고자 하는 우리에게도 그대로 적용된다. 그들을 안내하고 보호하고자 하는 부모나 목회자나 양육자의 시선으로 오늘날 어린이와 청소년들의 생활방식과 세계관을 그린 다음의 내용을 읽어보라.

> 오늘날 청중들은 압도적으로 몰입하는 데 익숙해져 있다. 경험에 압도되는 것을 좋아한다. 동시에 다양하게 자극이 가해져도 편안하게 받아들인다. 집과 일터에서 이메일과 화상 모임과 웹캐스트 사이를 오가며 한꺼번에 일을 처리할 수 있다. 그들의 쇼셜 라이프는 문자 보내기, 게임하기, 영상 보기, 아무 제약 없이 친구들과 수다 떨기 등 모두 자신의 아이팟의 호흡에 맞추어 물 흐르듯 진행된다.[15]

헤이즈는 계속해서 이렇게 말한다. 이 버블 세대의 등장으로 이제 누구에게도 타인에게 개인적 신념을 강요할 권리가 없으며, 진리의 시장에서 지분이 있다고 주장하는 사람은 누구나 조롱의 대상이 될 것이다. 제 마음대로 염색한 머리, 문신, 피어싱, 다양한 민족 문화와 음식 등에 대한 자유로운 노출은 이 세대에게 익숙한 다양성을 의미하는 상징물이다. 민권 운동과 양성 평등 운동의 후예들이며 베이비붐 세대를 부모로 둔 이 어린이들은 편견을 거부하며 자신과 다른 사람, 그들의 외모, 경험, 개인적 취향 등에 대해 놀라울 정도로 포용적이다. 친구들의 개인사를 아무 편견 없이 바라보며 낙태와 같이 민감한 문제들로 소란이 일어나는 이유가 무엇인지 이해하지 못한다.

---

[15] 같은 책, Loc. 1205-1210쪽.

공평을 기하는 뜻에서 이 세대가 전 세대에 비해 매우 수동적이고(컴퓨터 앞에 오랫동안 앉아 있었던 결과), 역사의식에 둔감하며, 주변 사회 문제에 점점 무관심하고, 어떤 것에도 얽매이거나 헌신하지 않으려 한다는 점 역시 지적해야 한다. 이것은 사회적 문제와 관계, 제도적 문제에 대해 거의 관심을 갖지 않는다는 뜻이다. 버블 세대는 신속하고 두뇌 회전이 빠르며 경이로울 정도로 과학 기술을 유연하게 수용하지만 또 동시에 충격적일 정도로 피상적이다.[16] 세계화된 미디어로 인한 기회와 위협을 부유한 국가의 어린이들뿐 아니라 가난한 국가의 어린이들에게도 적용하는 것은 다소 무리가 있을지 모른다. 그러나 미디어가 미치는 영향력은 국경도 경계선도 없다. 케냐 나이로비의 마다레 밸리(Mathare Valley) 빈민촌의 어린이들은 더럽고 열악한 환경에서 살고 있지만 휴대전화와 텔레비전을 볼 수 있는 어린이들은 여전히 많다.

'흙'이 아직 굳지 않은 어린이는 전략적 대상이다

가난으로 고통당하든, 풍요로움으로 고통당하든, 어린 시절은 인생에서 가장 수용성이 큰 시기이기에 전략적으로 매우 중요하다. "성인 한 사람에게 결정적 영향을 미치고 싶다면 어린이에게 다가가라"라는 말이 딱 맞다. 어린 시절은 금방 끝나기 때문에 그 어떤 집단보다 어린이들에게 가능한 한 빨리 관심을 쏟아야 한다.

대부분의 부모는 어린 시절이 이후의 삶을 결정한다는 것을 본능적으로 알고 있다. 만 3세에 도달하기 전에 뇌의 90퍼센트가 형성되고[17] 6세 즈음에

---

[16] 같은 책, Loc. 2511-2522쪽.
[17] 수잔 그리너, 'The Effects of Failure to Meet Children's Needs', Celebrating Children(Carlise, Cumbria: Paternoster Press, 2003). 130쪽.

는 성격이 결정된다. "7세 이전의 아이를 내게 주면 인간으로 성장시켜주겠다"라는 예수회의 주장은 중요한 진실을 담고 있다. 성경은 잠언 22장 6절에서 "마땅히 행할 길을 아이에게 가르치라 그리하면 늙어도 그것을 떠나지 아니하리라"라고 분명하게 밝힌다. 전 국제컴패션 총재 웨스 스태포드(Wess Stafford) 박사는 다음과 같이 지적한다.[18]

> 역사상 모든 중요한 운동은 자신들의 의제를 발전시키고, 그 유산을 확실하게 전수하기 위해 다음세대를 겨냥해야 할 필요성을 파악했다. 나치즘이나 공산주의와 같은 정치 운동은 설립자의 사후에까지 그 의제를 전수하기 위한 목적으로 어린이들을 대대적으로 훈련시켰다. 여러 세계적 종교 역시 어린이들에게 자신들의 교리를 체계적으로 전수하는 식으로 동일한 노력을 기울여왔다. 심지어 탈레반조차 어린이를 징집하는 데 큰 공을 들인다. 이스라엘을 정복한 느부갓네살 왕은 다니엘과 사드락과 메삭과 아벳느고와 같은 어린이들을 훈련함으로써 미래를 주도하고자 하는 노력을 게을리하지 않았다. 역사적으로 기독교 복음 전도 운동은 어린이들을 부차적인 대상으로 다룬 소수의 운동에 속한다. 대위임(the Great Commission) 명령 속에 대누락(the Great Omission)의 대상인 것이다.

어린이들을 마치 존재하지 않는 것처럼 무시하는 것은 전략적인 실수이지만, 이것은 최악의 경우 우리를 둘러싼 악의 세력이 어린이를 망치도록 초청하는 짓이나 마찬가지다.

---

[18] 루이스 부시의 The 4/14 Window: Raising up a New Generation to Transform the World(Colorado Springs, Co:Compassion, 2009년), 6쪽에 웨스 스태포드가 쓴 추천의 글 중.

영광의 구름에 이끌리다

영국 옥스퍼드 선교 전문 대학원의 학장이었던 비네 사무엘(Vinay Samuel) 박사는 어린이들과 어린 시절의 본성과 오늘날의 현실을 고찰하며 놀라운 사실 하나를 지적한다. 그는 이렇게 말한다. "어린이들은 초월성을 타고난다. 위험한 세상에 태어나지만 어린이들은 초월성을 이해한다. 그러나 하나님 나라에 바로 초청받지 못하거나… 하나님나라의 실체를 경험하고 누려보지 못한다면 그런 초월적 감성을 상실하고 말 것이다."[19]

초월성에 대한 개념을 나는 십분 공감한다. 나는 초월성이란, 어린이들이 하나님의 형상으로 창조되었기에 내재적으로 타고나는 민감성 혹은 감각과 그 삶에 나타나는 하나님의 손길을 가리킨다고 믿는다. 어린아이들을 자세히 살펴보면 그들이 자연과 타인과 자기감정에 편견 없이 열려 있으며, 단순하지만 심오한 경이감과 호기심으로 충만하다는 사실을 알 수 있다. 하나님의 역사를 쉽게 신뢰하고 받아들이는 그들의 단순하면서도 현재적인 삶의 인식과 감각을 살펴보라. 모든 어린이가 갖고 태어나는 신적인 존재에 대한 '신비감'의 한 표현이 아니겠는가? 의미 있고 소중하지만, 또한 너무나 깨지기 쉬운 어떤 존재, 또 우리가 너무 부주의하고 함부로 다루는 어떤 존재를 암시하는 것이 아니겠는가?

키이스 화이트(Keith White)는 서로 누가 크냐를 두고 다투는 제자들 가운데 어린아이를 세우신 예수님이 그 아이를 통해 강조하고자 하신 진정한 덕목은 겸손을 넘어서서 실제로는 초월성이라고 주장한다. 어린아이가 겸손한 것은 분명하지만 그것이 전부가 아니었다는 것이다. 그 아이가 제자들과 구분되고 또 예수님이 이 소년을 통해 드러내고자 하신 것은 단순히 겸손이

---

[19] 비네 사무엘, 'Some Theological Perspectives on Children ar Risk', Transformation 14, no 2(1997): 27쪽.

라는 덕목 이상이었다. 예수님이 그 아이를 보며 말씀하시고자 한 뜻은 단순히 아이들은 누가 크냐로 다투지 않는다는 것이 아니라, 이런 식의 다툼은 아이들도 하지 않는다는 사실이었다.

어린이들이 초월성을 갖고 태어난다는 지적은 매우 의미심장하다. 하지만 어린이의 초월성은 연약하고 취약하기 때문에 제대로 존중하지 않으면 영원히 사라질 수 있다. 비네는 계속 이렇게 말한다.

> 예수님은 "어린이들을 왕이 계신 그 나라에 들어오게 하라. 이곳은 그들의 나라이다. 그곳에서는 초월성을 경험할 수 있고 초월성에 대한 의식을 보존할 수 있다"라고 말씀하셨다. 서구의 어린이들은 초월성이 절실하게 필요하다. 어린이들에게는 단순히 보이는 것을 초월하는 실체가 존재한다는 의식이 꼭 필요하다. 그들은 실재하는 초월성을 필요로 한다.

제대로 잘 먹고 건강하며 평안하다면 (또래의 압력이 개입되지 않았다면) 어린이들에게 부자인지 아닌지는 큰 의미가 없다. 어른들의 잣대로 학습받기 전까지 아이들은 보통 아름다움과 추함을 또렷이 구분하지 않는다. 어린이들은 가난을 초월할 수 있고 실제로 초월한다.

모든 어린이가 하나님의 형상으로 창조된 존재로서, 존엄성과 고유한 가치를 지녔다는 사실과 이러한 초월성은 밀접한 관계가 있다. 예수님은 어린이의 초월성을 잘 알고 계셨다. 캐서린 콥시(Katherine Copsey)는 〈어린이란 무엇인가?〉(What is a Child?)에서 이렇게 질문한다.[20]

그렇다면 어린이가 천성적으로 타고난 것으로 예수님이 "어린아이와 같이 되

---

20 캐서린 콥시, 'What is a Child?', Celebrating Children(Carlisle, Cumbia: Paternoster Press, 2003), 8쪽.

라"라고 하시며 우리에게 배우라고 하신 자질은 무엇인가? 다시 말해서 아이들이 가진 영성의 특징, 아이가 하나님의 형상으로 창조되었기 때문에 내재적으로 타고난 그 자질이란 무엇인가?

그녀가 이 질문에 대답한 내용을 요약하면 다음과 같다.

개방성
- 자연에 대해 – 어린이는 경외감과 호기심이 강하다.
- 자기감정에 대해 – 어린이는 자신의 감정에 솔직하고 직접적인 경향이 있다.
- 타인에 대해 – 어린이는 천성적으로 상대방을 쉽게 받아들이고 인정한다.

현재를 누리는 능력
- 어린이는 '지금 여기'의 세계를 살며 구체적으로 사고하는 경향이 있다.
- 어린이는 직관이 뛰어나다 – 우리의 실제 의도와 감정을 쉽게 알아차린다.
- 어린이는 액면 그대로 사물을 받아들이며 필요한 만큼만 가지려는 경향이 있다.

단순성
- 어린이는 믿음을 쉽고 단순하게 생각한다. 분석할 필요가 없다.
- 어린이가 신뢰할 수 있는 환경에서 자란다면, 누군가를 신뢰하는 일이 어렵지 않다.
- 어린이는 단순하고 기본적인 감정적, 물질적 필요를 갖고 있다.

하나님의 형상을 닮은 '창조성'은 그 무엇으로도 파괴할 수 없지만 초월성을 손상시킬 수 있는 방법은 수없이 많다. 콥시는 "우리는 아이 속에 있는 초월성을 인지하지 못하거나 인정하지 못할 수도 있고 그로 인해 그것을 길러주지 못할 수도 있다. 그것을 하찮게 여기고 짓밟고 엉망으로 만들어버리거나 물질적이고 소비지향적인 문화에 짓눌려 없어져버리도록 방치할 수도 있다"라고 지적한다.[21] 그녀의 말에 따르면 이런 일이 일어나는 경우는 다음과 같다.[22]

- 어린이들에게 감정이 부정적이라는 인상을 심어줄 때.
- 전혀 아름답지 않고 삭막하며 주변 세계에 대해 경이로움과 호기심을 가질 수 없는 환경에 방치할 때.
- 다양한 형태의 학대와 무성의로 어린이들의 신뢰감, 개방성, 직관력을 손상시킬 때.
- 기본적인 정서적, 물질적 필요를 충족시켜주지 못할 때.
- 믿음을 너무나 인지적이고 복합적으로 만들어 정서적 학습의 가치가 인정되지 않을 때.
- 어린이들의 상상력과 공상 능력을 살려주지 않을 때.

가난으로 고통당하든 넘치는 풍요로 고통당하든, 전 세계 어린이들은 사려 깊은 그리스도인의 애정 어린 관심을 받아야 하고 또 그럴 자격이 있다. 다음 장에서 살펴보겠지만 성경은 어린이를 중요하게 생각한다. 우리가 생각하고 있는 것보다 훨씬 더 어린이를 강조한다. 어린이는 성경의 수많은 이야기와 가르침 속에 등장하고 있다. 어린이들은 수용적이고 반응성이 높

---

[21] 같은 책, 9쪽.
[22] 같은 책.

다. 하나님은 그들에게 말씀하시고 그들을 통해 말씀하신다. 아이들은 하나님의 도구이자 그 대리자이다. 예배에 참여하며 예배와 경이로움과 믿음을 이끌어낸다.

그렇다. 우리 그리스도인은 주일학교를 통해 어린이들을 가르치고자 많은 노력을 기울여왔다. 그러나 교회 밖의 아이들, 특히 가난하고 시끄럽고 더럽고 필사적인 아이들을 돌보는 일은 다른 누군가의 책임인 양 생각할 때가 너무나 많았다.

웨스 스태포드가 저술한 책 〈너무 작기에 더욱 소중한〉(Too Small to Ignore)은 어린이들이 너무 작기에 무시할 수 없다고 선언한다. 이 책도 그 선언을 기초로 하고 있다. 교회는 더 이상 외부 사람들에게 그 책임을 떠넘겨서는 안 된다. 모든 가난한 어린이를 돌보는 일은 그리스도인과 교회에 하나님이 주신 특별한 책임이다.

1_ 지금 당신이 알고 있는 어린이와 청소년들을 생각해보라. 그 아이들은 '위기에 처한' 상태인가? 그렇다면 그 위기 중 몇 가지만 이야기해보라.

2_ 어린이와 당신의 관계는 '매우 적극적', '매우 소극적', '매우 중립적' 중에 어디에 해당하는가? 자세히 설명해보라.

3_ 가난한 아이들에게 가장 위협이 되는 요소는 무엇이라 생각하는가? 설명해보라.

4_ 생활 수준이 풍요로운 아이들에게 가장 큰 위협이 되는 요소는 무엇인가? 설명해보라.

5_ 이 장에서 소개한 '위기' 요인들 중 당신이 돌보는 아이들에게 잠재적 혹은 실제적 위협이 되는 것은 무엇인가? 그 위기들을 최소화할 수 있는 방법은 무엇인가?

6_ 이 장에서 강조한 내용 가운데 어린이 사역이 필요한 가장 강력한 이유는 무엇이라고 생각하는가? 그 이유는 무엇인가? 어떤 실제적 행동을 할 수 있는가?

2장

어린이를 보는 성경의 시각

∗∗∗

"누구든지 나를 믿는 이 작은 자 중 하나를 실족하게 하면 차라리 연자 맷돌이
그 목에 달려서 깊은 바다에 빠뜨려지는 것이 나으니라."

_마태복음 18:6

성경은 어린이를 바라보는 하나님의 심정을 어떻게 말하고 있는가?[1]

사람들에게는 어린이에 대한 수많은 신화가 있다. 어떤 이들은 성경이 어린이에 대해 별다른 관심이 없다는 신화를 믿는다. 우리는 사람들이 이런 그릇된 신화를 버리고 성경에서 강조하는 어린이의 가치와 역할을 제대로 받아들이도록 도우려 한다.

성경을 면밀히 살펴보면, 특히 어린이를 염두에 두면 성경이 어린이를 매우 중요하게 여긴다는 사실을 알 수 있다. 성경 메시지를 전개하는 데 어

---

[1] 구약과 신약의 어린이에 관한 주제 이해는 많은 부분에서 키이스 화이트의 도움을 입었고, 이 장에서 채택한 접근 방식과 성경적 사례에 대해서는 글렌 마일즈의 도움을 일부 받았다.

린이가 중요한 역할을 하고 있다. 하나님은 어린이를 사랑하고 보호해주신다. 성경은 어린이들이 하나님의 일을 매우 민첩하게 이해한다는 것을 보여준다. 하나님은 종종 그 말씀을 전하는 메신저이자 모델로 어린이를 사용하셨다. 특히 어른들이 너무 타락하고 부패해서 하나님의 음성을 듣지도, 반응하지도 못할 때 그렇게 하셨다.

제자들은 장차 도래할 주의 나라에서 제일 큰 자가 누구일지 서로 언쟁을 벌이고 있었다. 예수님은 그들이 무슨 일로 언쟁을 하는지 아시고 아이 한 명을 품에 안으시며 "너희가 돌이켜 어린 아이들과 같이 되지 아니하면 결단코 천국에 들어가지 못하리라"(마 18:3)라고 꾸짖으셨다.

예수님을 진심으로 믿고 따르는 사람이라면 이 말씀을 허투루 들어서는 안 될 것이다. 하지만 우리 가운데 있는 어린아이를 무시할 때가 얼마나 많은가. 우리 가운데 있는 어린이가 이 논의의 출발점이다. 많은 사람, 대부분의 사람은 성경을 읽으면서도 성경에서 어린이들이 얼마나 중시되고 있는지는 간과한다. 대부분의 교회에서조차 어린이들은 '대누락(The Great Omission)'의 대상이 되고 있다. 그동안 우리는 기독교 신학과 실천의 문제가 얼마나 어린이들과 밀접한 관련이 있으며, 이와 같은 관점을 가져야 이해되고 설명될 수 있는 것이 얼마나 많은지 제대로 보지 못했다. 이런 사실을 염두에 두고 성경을 읽으면 교회의 우선순위가 얼마나 뒤죽박죽인지를 알게 된다. 또 어린이 사역의 가능성과, 선교의 대상이자 주체로서의 어린이의 잠재력을 얼마나 과소평가했는지 알게 된다.

성경은 또한 하나님이 그러셨던 것처럼 어린이들을 중요하게 생각해야 한다고 분명히 가르친다. 예수님은 아이들을 '방해하는 것'을 매우 언짢게 생각하셨다. 마태복음 18장 5-6절에서 누구든지 이 작은 자 중 하나를 실족하게 하면 차라리 연자 맷돌을 그 목에 달아서 깊은 바다에 던지는 것이 더 낫다고 말씀하셨다. 헬라어 원문을 보면 여기서 언급된 연자 맷돌은 매우 커다란 돌이었고, 아이를 실족하게 한 사람은 바다의 가장 깊은 곳에 던져져야 한다고 되어 있다. 예수님은 아이를 실족하게 하는 사람은 그 누구든 조금도 동정의 여지나 용납하실 마음이 없으셨음이 분명하다.

이 장에서는 성경이 어린이를 어떤 시각으로 바라보는지 전반적으로 살펴볼 것이다. 성경에서는 어린이와 어린 시절, 방치되거나 착취당하는 어린이들에 대한 하나님의 염려와 부모의 역할과 책임, 그리고 어린이들이 그분의 구속 계획에 핵심으로 등장하는 특별한 방식에 관한 언급이 1,700번 이상 등장한다. 그러니 살펴보아야 할 내용도 아주 풍성하다.

성경 속의 어린이

어린이가 현재 어떤 삶을 살고 있든 하나님은 그들을 매우 소중하게 생각하신다.[2] 성경에는 이 사실을 예증하는 원리들로 가득하다.

무엇보다 어린이는 하나님의 축복의 증표이다.[3] 언약 공동체에 필수적인 존재이다. 실제로 잘 배우고 잘 받아들이는 어린이의 태도는 하나님이 성인들에게 원하시는 관계를 실증적으로 보여준다.[4] 예수님은 어린이를 예로 들어 하나님나라에서 요구되는 겸손하고 의존적인 태도가 무엇인지 설명하셨다.[5] 그러므로 공동체와 가정에서는 어린이들을 소중히 여기고 하나님의 길과 하나님의 말씀으로 그들을 가르쳐야 한다.[6] 하나님은 연약한 자들의 편이시며 어린이들은 보호받아야 마땅한 존재라고 생각하신다. 어린이들을

---

[2] 웬디 스트래찬과 시몬 후드 편집, 'Evangelization of Children', 로잔 연구 보고서 47(2004): 11, 12쪽.
[3] 시편 127:3
[4] 호세아 11:1, 마태복음 18:2-3
[5] 마태복음 18:4
[6] 신명기 6, 11장

방치하거나 학대하고 희생시키면 하나님은 슬퍼하신다. 예수님 역시 어린이를 보호해야 할 필요성을 강하게 역설하셨다.[7]

> 성경은 어린이를 주변적인 존재로 다루지 않는다. 아이(child)-121회, 아이들(children)-448회, 아들(son) 혹은 아들들(sons)-2,700회(예수님을 하나님의 아들로 언급한 경우는 제외), 장자(firstborn)-100여 회, 소년(boy), 소녀(girl)-196회. 아이들이 포함되거나 아이들에 관한 이야기 역시 수십 회가 넘는다. 이 모든 것을 종합할 때 아이와 가정과 관련된 단어는 모두 8,000번 넘게 등장한다.
> * 로이 주크, 〈하나님의 눈으로 자녀를 바라보라〉(Precious in His Sight), 11-12쪽.

어린이는 하나님을 잘 섬기는 것에 대한 감각을 타고났다. 어린이는 타고난 예배자이다. 하나님을 찬양하도록 설계되어 있다.[8] 어른이 되어 찬양을 배우는 것이 아니라 찬양하는 것이 그들의 본성이자 목적이다. 어른들이 예수님을 거부해도 어린이들은 예수님을 찬양한다.[9] 또 어린이들이 하나님의 선교를 수행하는 데 탁월한 능력이 있음을 성경이 입증하고 있다. 어린이들은 단순히 어른들을 따르는 수동적 존재이기만 한 것이 아니라, 주도적으로 이끌 수 있도록 하나님의 부르심을 받았다.[10] 성경 이야기의 핵심 인물 역시 어린이가 많다. 이삭, 모세, 사무엘, 다윗, 나아만의 아내의 여종이 모두 아이들이다. 하나님 스스로도 왕이나 랍비나 대제사장이 아닌 아기의 몸

---

[7] 마태복음 18:5-6, 10
[8] 시편 8:2
[9] 마태복음 21:15
[10] 이사야 11:6

으로 이 세상에 오셨다.

하나님은 어린이를 무조건적으로 사랑하신다. 예수님은 아무 조건 없이 어린이를 가까이 부르시고 그들을 축복해주셨다.[11] 사역의 핵심으로 어린이를 선택하시며 그들을 고쳐주시고[12] 맞아주셨다.[13] 어린이를 겸손함의 본보기로 거론하셨다.[14] 간단히 말해 예수님은 어린이를 소중히 여기셨다.[15]

신학자들과 교회가 오랫동안 이런 성경적 진리를 간과함으로 성경과 어린이를 대하는 우리의 인식에 심각한 영향을 미쳤다. 키이스 화이트 박사는 이렇게 반문한다.[16]

> 어린이와 어린 시절에 관한 하나님의 가르침을 우리가 잘못 들었거나 무시해 왔다면 어떻게 해야 하는가? 그로 인해 교회 역사와 교회의 현재 모습과 생활이 어떤 영향을 받았다고 생각하는가? 태만해서 세상에서 빛과 소금으로 살지 못했다면 어떻게 해야 하는가? 하나님 나라에 대한 우리의 비전이 예수님이 계시하신 그 나라를 제대로 반영하지 못하고 있다면 어떻게 해야 하는가?

이 책의 연구 내용과 우리 속에 있는 어린이들을 더 분명하게 보고자 하는 다른 많은 도전은, 우리가 간과한 관련 진리 가운데 누락되고 왜곡된 이해들을 바로잡기 위한 첫걸음이라 할 수 있다.

---

[11] 마태복음 19:13-15
[12] 누가복음 7, 8장
[13] 마가복음 10장
[14] 누가복음 18:17
[15] 마태복음 18:12-14
[16] 키이스 화이트, 'A Little Child Shall Lead Them: Rediscovering Children at the Heart of Mission', 2001년 홀랜드 드 브롱, Cutting Edge 대회에서 발표한 글.

존귀한 존재로 창조된 어린이

성경 속의 어린이를 살펴보면 무엇보다 먼저 그들이 모든 다른 인간들과 마찬가지로 하나님의 형상으로 창조되었음을 알게 된다. 하나님의 형상으로 창조된 존재라는 이 사실만으로 어린이들은 존엄하고 내재적 가치를 지닌 존재이다. 인종, 언어, 국적, 나이, 성, 능력, 태도, 신분 혹은 그 외 모든 인간적 특질에 관계없이 이것은 모든 어린이에게 해당된다. 시편 139편 13-16절에 명확히 드러나듯이 심지어 아직 태어나지 않은 어린이에게도 이 사실은 어김없이 적용된다.

> "주께서 내 내장을 지으시며 나의 모태에서 나를 만드셨나이다 내가 주께 감사하옴은 나를 지으심이 심히 기묘하심이라 주께서 하시는 일이 기이함을 내 영혼이 잘 아나이다 내가 은밀한 데서 지음을 받고 땅의 깊은 곳에서 기이하게 지음을 받은 때에 나의 형체가 주의 앞에 숨겨지지 못하였나이다 내 형질이 이루어지기 전에 주의 눈이 보셨으며 나를 위하여 정한 날이 하루도 되기 전에 주의 책에 다 기록이 되었나이다."

주님은 모든 어린이가 존귀하기 때문에 그들을 구원하시고자 자기 목숨을 주시고 또 피를 흘리셨다. 하나님 역시 어린이를 사용해 그 뜻을 이루시고 그들을 축복하며 고쳐주시고, 심지어 죽은 자들 가운데서 살려주심으로 그들의 존귀함을 지켜주고 회복시켜주셨다.

제자들이 아이들을 외면할 때에도 하나님은 그들을 존귀하게 여기며 관심을 가져주셨다. 그들을 귀하게 여기셔서 그 왕국을 이해하도록 해주

---

17 마태복음 11:25

셨다.[17] 앞에서 지적했듯이 예수님은 아이들을 소중하게 생각하시고, 그들의 예배를 받으셨으며, 아이들을 해칠지 모르는 자들을 경고하시고, 그들을 지켜주셨다.[18]

방치되고 착취당하는 어린이

성경에는 어린이를 학대하고 방치한 수많은 사례가 등장한다. 오늘날 우리를 충격에 빠뜨릴 정도로 끔찍한 일들이 성경 시대에도 벌어졌다.

지금처럼 그때에도 어떤 문화권에서는 어린이가 빚에 팔렸다. 욥기 24장 9절은 "어떤 사람은 고아를 어머니의 품에서 빼앗으며 가난한 자의 옷(아기)을 볼모 잡으므로"라고 말한다. 열왕기하 4장 1절에서도 유사한 사례가 기록되어 있다. "선지자의 제자들의 아내 중의 한 여인이 엘리사에게 부르짖어 이르되 당신의 종 나의 남편이 이미 죽었는데 당신의 종이 여호와를 경외한 줄은 당신이 아시는 바니이다 이제 빚 준 사람이 와서 나의 두 아이를 데려가 그의 종을 삼고자 하나이다 하니."

기아와 헐벗음은 보통 가장 먼저 어린이를 희생 제물로 삼는다. 욥기 24장 7절, 10절은 어려운 어린이들의 상태를 이렇게 적고 있다. "의복이 없어 벗은 몸으로 밤을 지내며 추위도 덮을 것이 없으며… 그들이 옷이 없어 벌거벗고 다니며 곡식 이삭을 나르나 굶주리고."

---

[18] 누가복음 17:2

성경은 지금 신문 1면에 나올 법한 어린이 착취 사례들을 소개한다. 요엘서는 심지어 어린이 인신매매와 어린이 매춘에 대해 언급하고 있다. "또 제비 뽑아 내 백성을 끌어 가서 소년을 기생과 바꾸며 소녀를 술과 바꾸어 마셨음이니라… 너희 자녀를 유다 자손의 손에 팔리니 그들은 다시 먼 나라 스바 사람에게 팔리라 여호와께서 말씀하셨느니라"(요엘 3:3, 8).

선지자들은 부모의 자녀 학대, 특히 인신제사로 이어진 학대를 가차 없이 비난했다. 다음 말씀을 살펴보라(구약에 기록된 여러 사례 중 하나). "힌놈의 아들의 골짜기에 바알의 산당을 건축하였으며 자기들의 아들들과 딸들을 몰렉 앞으로 지나가게 하였느니라 그들이 이런 가증한 일을 행하여 유다로 범죄하게 한 것은 내가 명령한 것도 아니요 내 마음에 둔 것도 아니니라"(렘 32:35). 어린이들을 대상으로 자행된 이런 끔찍한 죄악은 시편 106편 37-38절에도 기록되어 있다. "그들이 그들의 자녀를 악귀들에게 희생제물로 바쳤도다 무죄한 피 곧 그들의 자녀의 피를 흘려 가나안의 우상들에게 제사하므로 그 땅이 피로 더러워졌도다."

예레미야는 또 이렇게 말했다. "여호와께서 이와 같이 말씀하시니라 라마에서 슬퍼하며 통곡하는 소리가 들리니 라헬이 그 자식 때문에 애곡하는 것이라 그가 자식이 없어져서 위로 받기를 거절하는도다"(렘 31:15). 이 경험이 유대인들의 기억 속에 얼마나 두렵게 각인되었던지, 예수님이 탄생하셨을 당시 헤롯이 아기 예수를 죽이고자 베들레헴의 무고한 아기들을 살육했을 때 모두 이 애가를 떠올렸다.

이런 끔찍한 일들이 어린이들에게 일어날 때 하나님은 침묵하지 않으신다. 하나님이 어린이들을 사랑하시고 지켜주신다는 증거는 성경 전반에 걸쳐 나타난다. 구약에서 하나님이 부모 없는 아이들의 보호자임을 증거 하는 구절이 서른 곳이 넘는다. 내가 즐겨 인용하는 구절 가운데 하나는 신명기 10장 18절로 하나님이 '고아와 과부를 위하여 정의를 행하시며 나그네를 사랑하여 그에게 떡과 옷을 주시'는 분임을 알려준다.[19]

상처 입은 아이들을 향한 하나님의 관심을 드러내고 자기 백성에게 그 관심을 나누도록 명하는 구절은 이외에도 아주 많다. 창세기 21장 17절은 하나님이 집에서 쫓겨난 하갈과 이삭의 이복형이자 경쟁자인 이스마엘을 배려하고 돌보신 내용이 기록되어 있다. 하나님은 이스마엘이 울부짖는 소리를 들으셨다. 예레미야애가 2장 19절 역시 포로 생활 중인 하나님의 백성에게 "초저녁에 일어나 부르짖을지어다 네 마음을 주의 얼굴 앞에 물 쏟듯 할지어다 각 길 어귀에서 주려 기진한 네 어린 자녀들의 생명을 위하여 주를 향하여 손을 들지어다"라고 절절하게 호소한다.

또한 하나님은 자기 백성에게 그 자녀들을 가르치고 훈련하라고 명령하셨다. 예를 들어 신명기 6장 6-8절을 읽어보자.

> "오늘 내가 네게 명하는 이 말씀을 너는 마음에 새기고 네 자녀에게 부지런히 가르치며 집에 앉았을 때에든지 길을 갈 때에든지 누워 있을 때에든지 일어날 때에든지 이 말씀을 강론할 것이며 너는 또 그것을 네 손목에 매어 기호를 삼으며 네 미간에 붙여 표로 삼고."

이 주제는 잠언에서도 계속 이어진다. 잠언은 부모가 자녀를 의와 지혜로 훈련해야 한다고 명한다.[20] 또 성공적인 자녀 양육의 핵심 수단으로 사랑의 체벌을 비롯한 훈육의 필요성을 강력하게 지지한다.[21]

---

[19] 여러 구절 가운데 시편 10:18, 68:5, 82:3절이 대표적이다.
[20] 예를 들면, 잠언 22:6
[21] 잠언 22:15, 29:15

신약에서도 어린이들에 대한 예수님의 관심은 언제나 분명하다. 예수님은 누구든지 아이를 영접하는 자는 그를 영접하는 것이라고 가르치셨다. 제자들이 하늘나라에서 누가 가장 큰 자인지를 두고 싸울 때 예수님은 그들 가운데 어린아이 하나를 세우셨다. 그리고 누구라도 어린아이처럼 되지 않으면 높은 지위는 물론이고 그 나라에 들어갈 보장조차 할 수 없다고 말씀하셨다.

나는 마태복음 18장 10절의 언어 그림에 큰 애착을 느낀다. "삼가 이 작은 자 중의 하나도 업신여기지 말라 너희에게 말하노니 그들의 천사들이 하늘에서 하늘에 계신 내 아버지의 얼굴을 항상 뵈옵느니라." 내게는 이 말씀이 어린이를 돌보는 천사들은(어린이들마다 수호천사가 있다) 하나님 아버지를 특별히 알현할 수 있다는 뜻으로 해석된다. 이런 특권은 다른 천사들에게는 없을 수도 있다. 또 하나님이 무슨 일을 하고 계시든지 이 천사들이 고통 중에 있는 어린이를 보면 즉각 하나님께 보고할 수 있다는 뜻으로 들린다.

어른들을 향한 하나님의 기대

하나님은 어른들이 그들의 자녀를 사랑으로 돌보고 보호하며, 훈련시키고 양육하기를 원하신다.

부모는 자녀를 훈련하고 가르쳐야 한다. 잠언 6장 20절은 자녀들에게 "네 아비의 명령을 지키며 네 어미의 법을 떠나지 말고"라고 권면한다. 22장 6절에서는 어릴 때부터 자녀들 속에 영적인 일에 대한 갈망을 일깨워줄 책임이 부모에게 있다고 말한다. "마땅히 행할 길을 아이에게 가르치라 그리하면 늙어도 그것을 떠나지 아니하리라." 신명기 6장 7절은 자녀들에게 틈이 날 때마다 그 율법을 사랑하고 지키도록 가르치며 '집에 앉았을 때에든지 길을 갈 때에든지 누워 있을 때에든지 일어날 때에든지 이 말씀을 강론할 것'을 권면한다.

어른은 어린이를 사랑하고 존중하며 환대해야 한다. 예수님은 몸소 이런 이들을 사랑하고 돌보아야 한다는 것을 알려주셨다. 제자들에게 어린이들을 용납하고 어린이들이 그분에게 나아오는 것을 막지 말라고 꾸짖으셨다.

"그 때에 사람들이 예수께서 안수하고 기도해 주심을 바라고 어린 아이들을 데리고 오매 제자들이 꾸짖거늘 예수께서 이르시되 어린 아이들을 용납하고 내게 오는 것을 금하지 말라 천국이 이런 사람의 것이니라 하시고"(마 19:13-14).

부모는 자녀의 일차적 양육자이다. 하나님이 먼저 그 독생자를 연약하고 무력한 아이로 나게 하시고, 인간 부모에게 맡기셨다는 사실은 부모의 일차적 역할이 무엇인지 알려준다. 하나님은 자기 아들이 연약하지만 믿을 수 있는 가족과 공동체 안에서 양육받도록 하셨다. 예수님이 어린 시절을 겪으셨다는 사실에서 우리가 따라야 할 신뢰와 책임의 모델이 무엇인지 알 수 있다.

초대교회에서는 부모들에게 '자녀들을 주의 훈계와 교훈으로 양육하도록' 권면했다.[22] 아버지들은 자녀들이 낙심하지 않도록 '노엽게' 하지 말라는 권면을 받았다.[23] 이런 권면은 모두 부모에게 순종하도록 자녀들을 권면하는 맥락에서 제시된 것이지만, 또한 부모가 자녀에 대해 무제한적 권위를 가진다는 가정에도 도전하고 있다.

구약에서 어린이들은 전적으로 가장의 권위에 복종해야 하며 법적으로

---

[22] 에베소서 6:1-4
[23] 골로새서 3:21

가장의 소유물로 간주되었다. 그러나 하나님은 어른들이 자녀를 양육하고 훈련하는 일에 세심한 관심을 기울이기를 원하셨다. 어른들은 어릴 때부터 신앙적 의식에 어린이들을 참여시켜야 했다. 신명기 6장을 비롯한 여러 유명한 구절이 지적하듯이 부모는 자녀에 대한 권리보다 책임에 더 관심을 가져야 했다.[24]

이와 마찬가지로 예수님의 여러 비유는 아버지의 사랑이 희생적이어야 함을 강조한다. 이와 관련된 예로 누가복음의 소작인 비유[25]와 탕자의 비유[26]를 들 수 있다. 예수님의 어머니는 어머니의 희생적 사랑의 대표적 사례이다. 누가복음 11장에서 예수님은 또 부모라면 자녀들에게 좋은 것을 주는 것이 당연하다고 가르치셨다. 바울은 부모가 어떻게 자녀들을 격려하고 위로하며 권면해야 하는지 알려주었다.[27]

자녀를 양육하는 데는 공동체의 역할도 중요하다. 성경은 자녀를 양육하고 돌볼 책임이 일차적으로 부모에게 있음을 가르치지만 공동체의 역할 역시 중요하다. 구약에서 하나님의 백성이 맺은 공동체적 언약은 자녀와 부모 관계의 결속에 대해 명시하고 있다.[28] 말라기 4장 6절에 따르면 자녀의 마음이 그 아비에게로 돌아오지 않으면 (그리고 그 반대도 마찬가지) 그 땅이 저주를 받는다고 했다. 세계의 주요 대도시에서 흔히 볼 수 있는 빈민가를 가보라. 그러면 그 땅이 저주받았다는 사실은 굳이 상상력을 동원하지 않더라도 확인할 수 있다. 하나님은 자신의 백성이 그렇게 살기를 원치 않으신다.

바울은 디모데에게 보내는 편지에서 교회를 '하나님의 가정'이라고 표현

---

[24] 신명기 21:18-21, 24:16, 열왕기하 14:5-6
[25] 누가복음 20:9-10
[26] 누가복음 15:20-24
[27] 데살로니가전서 2:11-12
[28] 출애굽기 20:12, 신명기 5:16

했다. 교회는 서로 돌보는 성도들의 공동체로서 성도들은 자기 가정을 섬김으로 역할 모델이 되어야 했다. 초대교회는 아버지가 없는 아이들이나 고아들은 '정상적인' 가정에 속해 있지 않기 때문에 특별한 관심을 기울이도록 가르쳤다.[29] 이것은 구약 성경 전반에 걸쳐 하나님이 고아에 대해 특별히 보이신 관심의 연장이라 할 수 있다.

어린이는 하나님의 일을 이해할 수 있다

성경에서 이야기하는 어린이와 관련된 주목할 만한 내용에는 그들에 대한 하나님의 사랑과 돌보심만 있는 것이 아니다. 하나님은 또한 믿음을 이해하고 그 구속 활동에 참여할 어린이들의 능력을 아주 높게 평가하셨다.

하나님은 자기 백성과 언약을 맺으실 때부터 어린이들을 언약 관계 속에 포함시켜 그들 역시 주를 경외하고 사랑하는 법을 배우도록 하셨다. 가령 신명기 31장 12절을 보자. "곧 백성의 남녀와 어린이와 네 성읍 안에 거류하는 타국인을 모으고 그들에게 듣고 배우고 네 하나님 여호와를 경외하며 이 율법의 모든 말씀을 지켜 행하게 하고."

여호수아가 이스라엘 지도자가 되었을 때 그 역시 율법 낭독식에 어린이를 참여시켰다.

> "그 후에 여호수아가 율법책에 기록된 모든 것 대로 축복과 저주하는 율법의 모든 말씀을 낭독하였으니 모세가 명령한 것은 여호수아가 이스라엘 온 회중과 여자들과 아이와 그들 중에 동행하는 거류민들 앞에서 낭독하지 아니한 말

---

[29] 야고보서 1:27

이 하나도 없었더라"(수 8:34-35, 밑줄 저자 강조).

구약에서 어린이들은 예배와 의식에 빠짐없이 참석하고 있다. 출애굽기 12장은 어린이들이 그 의미를 묻는 것으로 유월절 의식이 시작된다고 적고 있다. 레위기에서는 어린이들이 유월절의 의미에 관해 주고받는 대화를 기록하고 있다. 또한 어린이들이 요단 강 바닥에서 가져온 열두 개의 돌을 기념하는 의식을 보고 그 의미를 물을 것이라는 구절도 있다.[30]

구약의 후대 인물인 느헤미야 역시 어린이들에게 공동체의 신앙 발전을 이해하고 참여할 능력이 있다는 확신을 보여주었다. "이 날에 무리가 큰 제사를 드리고 심히 즐거워하였으니 이는 하나님이 크게 즐거워하게 하셨음이라 부녀와 어린 아이도 즐거워하였으므로 예루살렘이 즐거워하는 소리가 멀리 들렸느니라"(느 12:43).

이 율법이 낭독될 때 어린이들도 그 자리에 있었다. 이 장면은 여호수아 8장 35절의 언약 갱신 장면을 상기시킨다.[31] 어린이들은 성벽 준공식에도 참석했다.[32]

신약에서는 예수님 또한 신앙을 이해하는 어린이들의 능력을 존중하셨음을 볼 수 있다. 예수님은 열두 살 때 종교 지도자들을 놀라게 했다고 기록되어 있다. 예수님은 예수님을 찬양하며 예배하는 어린이들을 보고 화를 내는 종교 지도자들을 꾸짖으셨다.[33] 한번은 회개와 심판에 관해 가르치시던 중 잠시 가르침을 멈추신 적이 있다. 아마 어떤 면에서 이 진리들이 '지혜롭고' '학식 있는 자들'에게는 감추어지고 어린아이들에게는 알려지게 하신, 하나님의 오묘한 뜻을 깨달으셨기 때문으로 보인다. "천지의 주재이신 아

---

[30] 여호수아 4:6
[31] 에베소서 10장
[32] 느헤미야 12:43
[33] 마태복음 21:16

버지여 이것을 지혜롭고 슬기 있는 자들에게는 숨기시고 어린 아이들에게는 나타내심을 감사하나이다."[34] (어른들이 이해하지 못하는 것을 어린아이들이 이해하는 이유가 무엇인지 생각해본 적이 있는가? 말로는 표현할 수 없는 무엇인가가 그들의 영혼에 내재되어 있지는 않는가? 아니면 어른들은 너무 어려워 이해할 수 없는 것을 단순하게 그대로 받아들이고 반응하는 능력이 아이들에게 있는 것은 아닌가?)

초대교회의 지도자였던 디모데는 성경을 어릴 때부터 알던 또 다른 사례에 속한다.[35] 성경은 젊은이들에게 개인적 순결을 지키고, 하나님의 말씀에 순종하며,[36] 말과 사랑과 믿음에 모범이 되고,[37] 경건한 덕을 추구함으로[38] 공동체에 영향을 미치라고 시종일관 권면한다.

하나님은 어린이를 사용하셔서 특별한 일을 이루신다

웨스 스태포드는 하나님이 정말 중요한 일을 하려고 하실 때, 어른들에게 그 일을 맡길 수 없을 경우 어린이를 사용하셨다는 말을 자주 강조한다. 예를 들어, 모세의 누나 미리암이 모세를 나일 강에서 지켜보지 않았더라면 이스라엘의 역사가 얼마나 달라졌을지 생각해보라. 출애굽기 1장을 보면, 바로왕이 이스라엘의 두 살 이하 남자아이를 다 죽이라는 명령을 내린다. 모세의 어머니는 위험을 무릅쓰고 모세를 바구니에 눕혀, 나일 강가의 갈대숲 사이에 띄운다. 그리고 그곳에 바로의 딸이 나타난다. 이때, 어린 미리암이 바로의 딸에게 다가가 아기를 칭찬하는 모습을 상상해보라.

---

[34] 마태복음 11:25
[35] 디모데후서 3:15
[36] 시편 119:9
[37] 디모데전서 4:12
[38] 디모데후서 2:22

미리암은 쭈뼛거리며 말한다. "정말 예쁜 아기지요?"

"아, 정말 그렇구나. 정말 예쁘네." 공주는 대답한다.

"이 아기를 자기 자식처럼 키워줄 사람을 소개해드릴까요?"

"정말 착하구나. 좋은 생각이야. 그래 주겠니?"

"네, 바로 다녀올게요." 꾀 많은 어린 미리암은 그 아기의 친모, 즉 자신의 어머니가 바로의 궁전에서 모세를 키울 수 있도록 부리나케 집으로 달려갔다.

또한 이스라엘의 종교 지도자 엘리에게 하나님이 주신 엄중한 경고의 말씀을 생각해보라. 사무엘상 3장은 하나님이 그 경고를 어린 사무엘에게 전하도록 맡기셨다고 말한다. 7절은 사무엘이 아직 하나님을 알지 못했다고 이야기한다. "사무엘이 아직 여호와를 알지 못하고 여호와의 말씀도 아직 그에게 나타나지 아니한 때라." 그래서 사무엘이 알고 있는 영적인 목소리는 엘리의 음성이 유일했다. 그러나 하나님은 그에게 매우 난처한 내용의 메시지를 주시고 그것을 전달하게 하셨다. 웨스 스태포드는 그것을 이렇게 설명한다.[39]

> 하나님은 "사무엘이 아직 어리니 단순하고 듣기 편안한 말씀부터 전하도록 하겠다"라고 말씀하지 않으셨다. 오히려 하나님은 이 아이가 강력한 권력자의 인생에 개입할 능력과 자격이 있다고 보셨다. 그리고 사무엘 역시 그 사명을 조금도 회피하지 않았다. 실제로 성경은 다음 날 어린 "사무엘이 그것을 그에게 자세히 말하고 조금도 숨기지 아니하니"(18절)라고 기록하고 있다. 그는 하나님이 한밤에 주신 메시지를 있는 그대로 전달했다.

이제 당신에게 묻겠다. 당신은 어린아이에게 그런 중요한 메시지를 맡길 수

---

[39] 웨스 스태포드, Too Small to Ignore(Colorado Springs, CO: Waterbook, 2005), 216쪽.

있겠는가? 물론 그렇게 못할 것이다. 그러나 하나님은 그렇게 하셨다. 하나님은 분명 우리와는 다르게 어린이를 대하신다.

마지막으로 하나님이 엘리사를 어떻게 사용하시는지 알고 있었던 한 노예 소녀를 생각해보자. 그 소녀는 전쟁 포로였다. 그러나 왕의 총애를 한 몸에 받고 있던 아람 장군 나아만에게 엘리사를 찾아가 병 고침을 받으라고 조언한다. 소녀는 적국의 장군을 증오하고 그에게 원한을 품을 수도 있었지만, 열왕기하 5장에 기록된 대로 오히려 그를 배려하고 진심으로 병이 낫기를 기원했다. "우리 주인이 사마리아에 계신 선지자 앞에 계셨으면 좋겠나이다 그가 그 나병을 고치리이다."[40] 그 소녀는 남을 긍휼히 여길 줄 아는 참으로 따스한 심성의 소유자였다.

'어린아이'를 염두에 두고 성경을 읽을 때, 이 어린 노예 소녀의 짧은 한 마디가 그 뜻을 이루고자 아이들을 사용하시는 하나님에 대한 교훈을 담고 있음을 알게 된다. 에스더 멘(Esther Menn)은 '대단하고 중요하게 보이는 일'과 '작고 하찮게 보이는 일'의 역설적 대비가 이 이야기에 반영되어 있다고 지적한다.[41] 그 소녀의 이름과 나이가 어떻게 되는지, 포로로 잡히면서 그 부모와 형제들의 운명은 어떻게 되었는지, 또 나아만의 아내를 얼마 동안 수종 들었는지는 정확히 알 수 없다. "이 소녀는 간단히 '어린' 소녀라고 소개되어 있다. 마치 그 사실만이 중요한 것처럼, 막강한 권력과 위세를 자랑하는 자들로 가득한 곳에서, 그녀가 작고 연약한 존재라는 사실을 부각시키기라도 하듯 말이다."[42]

---

[40] 열왕기하 5:3
[41] 에스더 멘, 'Child Characters in Biblical Narratives: The Young David(삼상 16-17장) and the Little Israelite Servant Girl(왕하 5:1-19)', 마르시아 번지 편집, The Child in the Bible(Grand Rapids, MI: Eerdmans, 2008), 343쪽.
[42] 같은 책.

나아만과 그의 아내는 이 어린 노예 소녀의 말을 귀담아듣고 왕에게 소녀의 생각대로 하게 해달라고 부탁했다. 아람 왕이 어린 소녀의 제안을 이용해 경제적이고 정치적인 거래를 시도하고자 했다면 국제적 위기로 번질 수도 있었지만, 그는 나아만에게 출국과 이스라엘 여행을 허락하는 지혜로움을 발휘했다.

어린 소녀는 엘리사로 인해 하나님의 역사를 잘 알고 있었고, 게다가 믿음과 지식이 있었기 때문에 자신의 조국과 세대에 중요한 영향을 미칠 수 있었다. 그녀는 아직 어린 소녀였다. 또 천한 사회적 신분 속에 자유의 제약을 받으며 이국땅에서 살고 있었다. 그러나 이 어린 소녀는 믿음과 확신이 있었기에 나아만과 그 가족의 인생이 완전히 달라지는 데 영향을 미칠 수 있었다. 본문을 볼 때 심지어 두 적대국 간의 화해와 평화를 이끌어내는 데 일조했을 가능성도 분명히 보인다.

결국 이 위대한 아람 장군은 이스라엘의 하나님이 온 세계에서 유일하신 참 하나님이시라고 고백하게 되었다. "내가 이제 이스라엘 외에는 온 천하에 신이 없는 줄을 아나이다."[43] "내가 이제 아나이다"라는 이 고백은 이스라엘의 신앙 고백의 핵심을 이루는 고백이었다.[44] 심지어 오늘날 우리의 선교 활동의 핵심 목표 역시 나아만처럼 온 열방이 "내가 이제 아나이다"라는 고백을 하도록 하는 데 있다.

---

[43] 열왕기하 5:13-15
[44] 신명기 6:4-6

구약에 나타난 어린이에 관한 주제

위에서 보듯이 성경은 어린이라는 존재를 하찮게 여기지도 않고 외면하지도 않는다. 그러나 화이트 박사는 더 포괄적인 시각에서 이런 내용들이 등장하는 구절을 아우르는 몇 가지 중요한 주제를 지적하고, 이 주제들이 구약에서 시작해 신약으로 이어지며 더 발전하고 있음을 보여준다.[45]

첫째, 하나님이 자신의 백성과 아버지와 자녀, 그리고 어머니와 자녀로서 관계 맺는 것을 생각해보자. 구약 전반에 걸쳐 나타나고 신약에서 발전되는 이 관계는 하나님을 아버지와 어머니로 묘사한다. 화이트 박사는 이렇게 적고 있다.

> 신명기 8장에서 하나님은 아버지처럼 선택하신 자들을 징계하신다고 말씀한다. 시편 27편에서는 그 부모는 자녀를 버릴지라도 하늘의 아버지 되신 하나님은 버리지 않으신다고 말한다. 하나님은 그 아버지가 자녀를 긍휼히 여기시듯 우리를 긍휼히 여기신다(시편 34편, 잠언 1~7장)… 어머니와 자녀 관계는 하나님과 우리의 유대 관계를 구체적으로 상징한다. 시편 131편의 젖 뗀 아이에 대한 아름다운 묘사는 고요하고 평안한 영혼을 상징한다. 이사야는 출산에 관한 아름다운 묘사로 글을 마무리한다. "어머니가 자식을 위로함 같이 내가 너희를 위로할 것인즉 너희가 예루살렘에서 위로를 받으리니"(사 66:13).[46]

둘째, 어린이들은 하나님과 그 영광을 찬양하도록 지음받고 부름받았다. 이 사실이 가장 명확하게 표현된 곳은 시편 8편 2절이다. "주의 대적으

---

[45] 키이스 화이트, 'A Little Child Shall Lead Them', 4-6쪽.
[46] 같은 책, 4쪽.

로 말미암아 어린 아이들과 젖먹이들의 입으로 권능을 세우심이여 이는 원수들과 보복자들을 잠잠하게 하려 하심이니이다." 이 말씀의 전반부는 일종의 미사여구처럼 해석되어 그동안 너무나 무시되어왔다. 그러나 아름답게만 본다면 이 절의 의미를 제대로 파악하기 어렵다. 아이들과 젖먹이들은 단순히 미래의 성인이거나 의존적이고 무력하기만 한 존재가 아니다. 오히려 특별히 하나님과 그분의 영광을 찬양하도록 선택되고 세움받은 이들이다. 이것이 그들의 참된 본성이며 존재 목적이라는 사실은 성경 전반에서 강조된다. 하나님이 어린이들을 이러한 시선으로 보신다면 우리 역시 동일한 시선으로 그들을 바라보아야 한다.

또한 놀랍게도 어떤 면에서 아기들의 울음조차 사탄을 잠잠하게 하는 역할을 한다는 사실을 알 수 있다. 아이의 울음소리가 어떻게 그런 효과를 내는지 알 수 없지만, 학자들과 신학자들은 이 놀라운 사실을 연구하고 조사할 책임이 있다. 그리스도 안에 있는 우리 인생의 최종 목표가 결국 이것이다.

셋째, "어린 아이에게 끌리며." 어린이들은 어떤 부분에서 앞으로 임할 그 나라를 예시한다. 이사야 11장 6절에는 메시아가 통치할 나라가 생생하게 묘사되어 있다. "그 때에 이리가 어린 양과 함께 살며… 사자와 살진 짐승이 함께 있어 어린 아이에게 끌리며." 장차 임할 그 나라는 전쟁으로 찢어지고, 소비자와 시장이 지배하는 오늘날의 정글 같은 도시 환경과 달리 어린이들이 안전하게 놀 수 있는 환경을 제공할 것이다. 우리가 어떻게 생각하든 미래의 그 나라는 어린이가 중심이 되는 나라이다.

넷째, 하나님의 구원은 왕과 전사가 아니라 어린아이를 통해 이루어진다. 구약은 많은 곳에서 장차 올 그 나라의 증거로 한 아이를 이야기한다. 이사야는 7장 14절에서 죄와 위선을 심판하실 하나님의 의로운 진노를 이야기한다. 그로 인해 절망적이고 처참한 상황에 놓이지만 하나님은 한 가지 징조를 주신다. "보라 처녀가 잉태하여 아들을 낳을 것이요 그의 이름을 임마누엘이라 하리라."

이사야 9장 6절에는 "이는 한 아기가 우리에게 났고 한 아들을 우리에게 주신 바 되었는데 그의 어깨에는 정사를 메었고"라는 선언이 소개되어 있다. 여기서 하나님의 구원 약속은 싸움에 능한 왕이나 지혜로운 랍비나 대제사장이 아니라 한 어린이에게 집중되어 있다.[47]

신약에 나타난 어린이에 관한 주제

신약에서는 구약의 주제들이 더 발전하고 있음을 볼 수 있다. 물론 예수님의 공생애에도 어린이와 관련된 사건들이 적지 않다. 가나안 여인의 딸,[48] 귀신 들린 소년,[49] 가버나움 왕의 신하의 아들,[50] 야이로의 딸[51] 등 화이트 박사는 흥미로운 사실을 지적했다.[52]

> 모든 것을 미루어볼 때 예수님은 아이들을 귀하게 여기셨고 아이들은 예수님께 끌렸다. 이야기와 표적을 즐겨 사용해 가르치셨던 것은, (구약의) 예배와 의식처럼 아이들이나 어른들에게 모두 잘 다가가기 위한 방법이었다. 예수님이 우리에게 가르쳐주신 대로, 하나님의 사랑을 가장 보편적으로 설명하는 표현은 '우리 아버지'라는 말이다.

---

[47] 같은 책, 5쪽.
[48] 마태복음 15장, 마가복음 7장
[49] 마태복음 17장, 마가복음 9장, 누가복음 9장
[50] 요한복음 4장
[51] 마태복음 9장, 마가복음 5장, 누가복음 8장
[52] 키이스 화이트, 5쪽.

예수님은 종종 어른들을 자극하기 위해 어린이의 특별한 믿음을 이용하셨다. 야이로의 딸에 대한 감동적인 이야기를 보면 예수님이 아이의 문제를 이용해 부모의 믿음을 세워주셨음을 알 수 있다. 야이로에게 두려워하지 말고 믿으라고 권면하시고, 야이로와 그 아내를 딸에게로 데려가신 후 딸의 손을 잡아 일으켜주셨다. 또한 예수님은 가족을 섬기는 법을 가르치시기 위해 베드로와 야고보와 요한이 그 자리에 함께 있도록 하셨다.[53] 예수님은 어린이들을 안수하고, 안아주며, 기도해주심으로 제자들에게 직접 본을 보여주셨다.[54] 화이트 박사는 구약과 마찬가지로 포괄적인 시각으로 신약에서 어린이와 관련된 몇 가지 중요한 주제에 관심을 집중하도록 유도한다.[55]

첫째 성육신. 마태는 신약 성경 초두에서 동정녀가 아기를 낳을 것이라는 이사야 7장 14절을 인용한다. 누가복음 2장 12절은 이사야의 예언을 반복하듯이 목자들에게 표적에 관해 이야기한다. "너희가 가서 강보에 싸여 구유에 뉘어 있는 아기를 보리니 이것이 너희에게 표적이니라." 시므온은 누가복음 2장 34절에서 아이가 '표적이 될 것'이라고 예언한다. 키이스 화이트는 이렇게 말한다.[56]

두 복음서에서는 아이(Child)라는 단어가 수없이 반복된다. 그 의미가 무엇인가? 하나님은 아기의 몸으로 이 세상에 오시기로 작정하셨다. 우리는 성탄절 절기에 너무 익숙해서 이것이 얼마나 엄청난 의미인지 잘 의식하지 못한다. 창조주 하나님이 작은 아이의 몸을 빌려 나타나시다니 정말 가능한 것인가? 그렇다면 그 의미는 무엇인가?

---

[53] 마가복음 5:37, 40 하반절
[54] 마태복음 19:13, 마가복음 10:13, 누가복음 18:15
[55] 키이스 화이트, 4-6쪽.
[56] 같은 책, 6쪽.

하나님의 시선으로 볼 때는 아무 문제될 것이 없지만, 이것은 우리의 선입견을 뒤흔들 충격적 사건이다. 아기는 작고 연약하며 의존적이고 취약한 존재이다. 앞으로 수많은 교육과 훈련을 받고 언어를 배워야 한다. 이에 대해 하나님은 "맞다. 그리고 너희들도 이런 작은 자들을 통해 나를 만나는 법을 배워야 한다. 학식 있는 자들과 권력자들로 가득한 궁궐을 떠나 구유의 아기를 만나러 가는 법을 배워야 한다"라고 말씀하신다.

둘째 하나님 나라. 하나님 나라는 예수님 사역의 핵심 주제로서, 아마 어린이의 전인적 양육을 지지하는 가장 강력한 신학적 시각 가운데 하나일 것이다. 이 개념이 예수님의 사역 전반에 녹아들어 있고, 그분의 사역에 통일성과 선명성을 부여했듯이, 전인적 어린이 사역에도 동일한 일관성과 선명성을 부여해준다.

'하나님 나라'라는 개념은 약자를 돌보아야 할 교회의 역할을 이해하는 데 반드시 필요한 개념이다. 이 개념의 놀라운 부분은 누구도 예상치 못할 정도로 '전복적'인 성격을 지니고 있다는 데 있다. 나중 된 자가 먼저 되고, 비천한 자가 높임을 받고, 온유한 자가 땅을 차지한다고 한다. 도날드 크레이빌(Donald Kraybill)은 하나님 나라의 전복성을 이렇게 설명한다.[57]

> 예수님은 비유와 설교와 행동을 통해 수없이 우리를 놀라게 하신다. 사람들의 생각과 완전히 다른 일이 벌어진다. 착한 사람인 줄 알았는데 악인으로 밝혀진다. 당연히 보상을 받겠거니 생각한 사람이 벌을 받는다. 천국이 예정되어 있다고 생각한 사람이 지옥으로 간다. 상황은 역전된다. 역설, 아이러니, 반전이 예수님의 가르침에 속속들이 스며들어 있다. 우리의 예상을 완전히 뒤엎는

---

[57] 도날드 크레이빌, The Upside Down Kingdom (Scottsdale, PA: Herald Press, 2003), 21쪽.

다. 작은 자가 큰 자가 된다. 부도덕한 자들이 용서하심과 축복을 받는다. 어른이 어린 아이와 같이 된다. 종교인들이 하늘 잔치에 참여하지 못한다.

예수님의 제자들은 권세와 권력 행사를 빼고는 왕국을 생각할 수 없었다. 그들은 예수님이 왕이심을 인정했지만 왕이라면 장관과 자문관들이 있어야 한다고 생각했고, 이 자리를 차지할 사람이 누구일지에 지대한 관심을 보였다. 예수님은 그들 중에 아이 하나를 세우시고 그 아이를 안아주시며 "진실로 너희에게 이르노니 너희가 돌이켜 어린 아이들과 같이 되지 아니하면 결단코 천국에 들어가지 못하리라"(마 18:3)라고 말씀하셨다. 제자들은 충격에 빠졌다. 우리가 생각하는 영향력과 지위의 의미나 개념과는 얼마나 다른 말씀인가.

예수님은 '하나님 나라'에 대해 상식을 뒤집는 거꾸로 된 교훈을 가르쳐 주셨다. 예수님의 이런 가르침은 신약에서 어린이들이 선교와 관련해 중요한 역할을 한다는 것을 시사한다. 예를 들어 예수님은 온 아이들을 축복하시고 하나님 나라가 그들의 것이라고 가르치셨다. 그러고나서 아이들과 같이 되지 아니하면 하늘나라에서 큰 자가 되는 것은 고사하고 천국에 들어갈 수도 없을 것이라고 말씀하셨다. 아이들이 예수님께 가까이 오지 못하도록 막는 제자들에게 화를 내시며 그들을 꾸짖으셨다.

이 정도로 놀랄 필요는 없다. 예수님은 또 아이와 관련된 그림을 이용하셔서 니고데모에게 하늘나라에 관한 기본적인 신학 진리를 가르쳐주셨다. "다시 거듭나야 하리라." 하나님 나라에 들어가는 유일한 방법을 설명하기 위해 출산을 이용하신 것이다.[58]

복음서를 읽다보면 어른들도 어린아이와 같은 믿음을 가졌으면 하고 안

---

[58] 요한복음 3장

타까운 마음이 들 때가 종종 있다. 마가복음 9장 중반의 귀신 들린 소년을 고치신 기사에서 예수님은 그 아버지에게 불가능한 것을 믿고 전능하신 하나님을 믿는 믿음을 고백하라고 도전하셨다. 실제로 복음서(눅 1:26-32, 사 7:14, 9:6)를 보면 한 아이가 인류를 구원으로 인도할 표적이라는 사실을 알게 된다. 키이스 화이트는 이것을 "하나님은 세상에 오셔서 아기와 어린아이로 계시하기로 작정하셨다"[59]라고 요약한다.

어린이를 보면 하나님 나라의 중요한 진리를 이해하는 데 도움이 된다. 어린이와 하나님 나라는 둘 다 '이미'와 '아직'의 상태에 있기 때문이다. 하나님 나라는 이미 가까이 와 있다. 우리가 누군가에게 냉수 한 잔이라도 베풀 때마다 이 하나님 나라의 존재를 드러내게 된다. 그러나 또한 하나님 나라는 아직 오지 않았다. 세상에는 주를 믿지 않는 자들이 많이 있을 뿐 아니라 악이 횡행하기 때문이다. 마찬가지로 어린이들은 그 장래가 어떻게 되든 현재적으로 온전히 존재하며 그 자체로 고귀한 존재이다. 하지만 완전히 다 완성된 것은 아니다. "아이들과 하나님 나라는 서로를 이해하도록 해준다."[60]

셋째 거듭남. 신약의 세 번째 주제는 매우 익숙하지만 이해하기 쉽지 않은 "거듭나야 한다"(요 3:3)라는 진리이다. 이 진리는 아주 유명하고 자주 인용되지만 아이들과는 전혀 무관한 것처럼 인식되어 왔다. "예수님은 정확히 동일한 진리를 가르치고 계신다. 다시 말해 문화에 오염된 모든 성인의 선입견을 버리고, 아이가 처음으로 인생을 출발하는 것처럼 그리스도 안에서 완전히 다시 출발할 준비를 해야 한다는 것이다."[61]

---

[59] 키이스 화이트, 'A Little Child Shall Lead Them', 1쪽.
[60] 같은 책.
[61] 같은 책, 8쪽.

성경은 확실히 어린이들을 외면하지도 무가치하게 생각하지도 않는다. 어린이들은 여러 면에서 하나님의 사랑과 돌봄의 대상인 동시에 인류를 향한 그 뜻을 이루어가는 주체이다. 하나님 나라의 표적이며 그가 가장 귀히 여기시는 덕이 무엇인지 실증하는 존재이다.

또한 하나님의 전체 구속 계획은 권력자들의 밀실이 아니라 어린이의 인생과 빛으로 예시되고 구체화된다. 어린이를 주변적 존재로 소외시키는 교회의 습성에도 불구하고 성경은 '어린아이가 그들을 이끌 것'임을 보여준다.

1_ 가정이나 학교나 사회에서 어린이들을 바라보는 일반적인 시각은 어떤 편인가? 소중한 존재로 바라보고 존중해주는가? 아니면 귀찮고 성가신 존재로 치부되는가?

2_ 우리 교회나 공동체에서 오랫동안 견지했던 잘못된 믿음은 무엇인가? 이 장에서 소개한 어린이에 대한 성경의 진리 가운데 그 잘못된 믿음을 깨뜨릴 수 있는 진리는 무엇인가? 어떻게 해야 기대하는 변화를 얻을 수 있는가?

3_ 이 순간 어린이에 관한 성경의 이야기 가운데 가장 의미 있게 다가오는 이야기는 무엇인가? 그 이유는 무엇인가?

4_ 교회에서 어린이에 관한 성경 진리들을 어떻게 설명해야 어린이들을 위한 긍정적인 변화를 이끌어내는 데 효과적이겠는가?

5_ '방치되고 착취당하는 어린이' 부분에서 가장 충격적이고 분노한 문제는 무엇인가? 그 문제를 해결하기 위해 어떤 실제적 조치를 취할 수 있는가?

3장

어린이 양육 사역

✵✵✵

"내가 두 가지 일을 주께 구하였사오니 내가 죽기 전에 내게 거절하지 마시옵소서
곧 헛된 것과 거짓말을 내게서 멀리 하옵시며 나를 가난하게도 마옵시고
부하게도 마옵시고 오직 필요한 양식으로 나를 먹이시옵소서 혹 내가 배불러서
하나님을 모른다 여호와가 누구냐 할까 하오며 혹 내가 가난하여 도둑질하고
내 하나님의 이름을 욕되게 할까 두려워함이니이다."

_ 잠언 30:7-9

하나님의 말씀을 조금만 면밀히 살펴보아도 하나님이 가난한 사람들을 얼마나 깊이 생각하시는지 쉽게 드러난다. 구약이나 신약 모두 가난한 자들을 향한 하나님의 사랑과, 가난의 원인이 되는 불의에 대한 미움, 가난한 자들을 돕도록 한 하나님의 배려를 강조하는 사례들로 가득하다.

예수님은 가난한 사람들이 늘 우리와 함께 있을 것이라고 말씀하셨다. 그러나 그 정도에서 관심을 접지 않으셨다. 우리 곁에 늘 있는 그들을 위해 구체적으로 우리가 무엇을 할 것인지 물으셨다. 예수님은 가난한 사람들을 위해 구체적으로 행동하심으로 그 관심을 표현하셨다. 성경을 잘 살

펴보면 세상의 상처 입은 자들을 향한 우리의 책임에 관해 많은 교훈을 배울 수 있다.

구약에서 '구원(salvation)'이라는 단어는 '온전함' 혹은 '완성'으로 번역할 수 있다. 하나님과 올바른 관계를 회복하여 영원히 천국을 누리는 것만이 구원이 아니다. 하나님의 법의 원리와 일치하는 인생으로 우리의 삶이 온전히 회복되는 것이 구원이다. 그 온전함과 회복은 단순히 영적인 차원에 한정되지 않는다. 물질적이고 경제적이며 사회적이다. 삶의 모든 영역에서 선하고 온전해야 한다.

신명기 26장은, 이스라엘을 애굽에서 구원하기로 작정하신 이유가 억압받는 그 백성을 향한 하나님의 관심 때문이었음을 보여준다. 후대에 이스라엘을 파멸로 이끌었던 것도 가난한 이웃에 대한 그들의 학대 때문이었다. 아모스서에서는 이스라엘 백성이 가난한 자들을 짓밟았다고 말한다. 그들은 가난한 자들을 희생시켜 부자가 되었고 재판관들을 매수하여 그들을 착취했다.[1] 심지어 이스라엘의 여성들, 즉 바산의 '암소들'조차 가난한 이웃을 억압하고 곤궁한 자들을 짓밟았다.[2]

가난한 자들의 부르짖음을 들으시는 하나님은 이스라엘의 위선과 그들의 종교적 절기와 집회와 번제와 노래에 물리고 싫증 나셨다. 참다못한 하나님은 "다 헛소리야. 집어치워라"라고 소리 지르셨다. 아모스 5장 24절에서 선지자는 종교적 위선이 판을 치는 곳에서 우리에게 익숙한 말씀을 선포한다. "오직 정의를 물 같이, 공의를 마르지 않는 강 같이 흐르게 할지어다."

---

[1] 아모스 8:4-7, 5:10-15
[2] 아모스 4:1

가난하고 억압당하는 자들을 향한 하나님의 관심

하나님은 가난한 자와 억압당하는 자들을 위한 관심을 놓으신 적이 없다. 이스라엘 역사 초기부터 하나님은 애굽에서 노예 생활로 고통당하는 이스라엘 백성의 부르짖음을 들으셨다. 사실 하나님이 그 속박에서 그들을 구원하고자 개입하신 것도 바로 이런 이유 때문이었다.

> "애굽 사람이 우리를 학대하며 우리를 괴롭히며 우리에게 중노동을 시키므로 우리가 우리 조상의 하나님 여호와께 부르짖었더니 여호와께서 우리 음성을 들으시고 우리의 고통과 신고와 압제를 보시고 여호와께서 강한 손과 편 팔과 큰 위엄과 이적과 기사로 우리를 애굽에서 인도하여 내시고 이곳으로 인도하사 이 땅 곧 젖과 꿀이 흐르는 땅을 주셨나이다"(신 26:6-9).

잠언 14장 31절은 여기서 한 걸음 나아가, 하나님이 가난한 자들과 그들의 고통을 사실상 자신의 고통처럼 인식하신다고 말한다. "가난한 사람을 학대하는 자는 그를 지으신 이를 멸시하는 자요 궁핍한 사람을 불쌍히 여기는 자는 주를 공경하는 자니라."

구약에서 '구원'이라는 단어는 '온전함' 혹은 '완성'으로 번역할 수 있다. 하나님과 올바른 관계를 회복하여 영원히 천국을 누리는 것만이 구원이 아니다. 하나님의 법의 원리와 일치하는 인생으로 우리의 삶이 온전히 회복되는 것이 구원이다. 그 온전함과 회복은 단순히 영적인 차원에 한정되지 않는다. 물질적이고 경제적이며 사회적이다. 삶의 모든 영역에서 선하고 온전해야 한다.

가난한 자들을 향한 관심은 하나님의 본성의 핵심을 차지한다. 시편 146편 6-9절은 이 사실을 잘 드러내고 있다.

"여호와는 천지와 바다와 그 중의 만물을 지으시며 영원히 진실함을 지키시며 억눌린 사람들을 위해 정의로 심판하시며 주린 자들에게 먹을 것을 주시는 이시로다 여호와께서는 갇힌 자들에게 자유를 주시는도다 여호와께서 맹인들의 눈을 여시며 여호와께서 비굴한 자들을 일으키시며 여호와께서 의인들을 사랑하시며 여호와께서 나그네들을 보호하시며 고아와 과부를 붙드시고 악인들의 길은 굽게 하시는도다."

하나님은 가난한 자들을 사랑하시지만 재물 그 자체는 아무 문제가 없다. 하나님은 자기 백성이 형통하게 살기를 원하신다. 예수님이 요한복음 10장 10절에서 말씀하신 대로 (어린이들을 포함한) 모든 사람이 '풍성한 생명'을 누리기를 바라신다. 주의 계명대로 행하는 자들에게 종종 물질적 축복을 약속으로 주시기도 한다. 십계명 중에는 "복을 누리리라"라는 구절로 끝나는 계명이 여러 개이다. 신명기의 다음 구절들을 생각해보라.

"너는 네 하나님 여호와께서 명령한 대로 네 부모를 공경하라 그리하면 네 하나님 여호와가 네게 준 땅에서 네 생명이 길고 복을 누리리라"(신 5:16).

"다만 그들이 항상 이같은 마음을 품어 나를 경외하며 내 모든 명령을 지켜서 그들과 그 자손이 영원히 복 받기를 원하노라"(신 5:29).

"여호와께서 우리에게 이 모든 규례를 지키라 명령하셨으니 이는 우리가 우리 하나님 여호와를 경외하여 항상 복을 누리게 하기 위하심이며 또 여호와께서 우리를 오늘과 같이 살게 하려 하심이라"(신 6:24).

재물은 분명히 그 자체로는 악한 것도 나쁜 것도 아니다. 그러나 재물과 부를 대할 때는 절제하는 자세가 필요하다. 잠언 30장 7-9절은 이 점을 강요한다.

"내가 두 가지 일을 주께 구하였사오니 내가 죽기 전에 내게 거절하지 마시옵소서 곧 헛된 것과 거짓말을 내게서 멀리 하옵시며 나를 가난하게도 마옵시고 부하게도 마옵시고 오직 필요한 양식으로 나를 먹이시옵소서 혹 내가 배불러서 하나님을 모른다 여호와가 누구냐 할까 하오며 혹 내가 가난하여 도둑질하고 내 하나님의 이름을 욕되게 할까 두려워함이니이다."

재물의 세 가지 문제

재물이나 소유 그 자체는 전혀 나쁠 것이 없지만 본성적으로 위험한 면이 있다. 성경은 부자는 천국에 들어가기가 지극히 어렵다고 분명히 지적한다. 재물은 악한 것은 아니지만 매우 위험하고 무서운 것이다. 실제로 성경은 하나님이 부자를 거부하시거나 재물이 그분과의 관계에 심각한 걸림돌로 작용하는 경우를 최소 세 가지 이상 지적하고 있다.

첫 번째 문제는 부자가 가난한 자를 짓밟고 재물을 쌓아두는 경우다. 이런 점을 지적한 성경 구절은 많지만 특히 야고보서 5장과 예레미야 22장 13-17절은 이 점을 아주 분명하게 지적하고 있다.

"불의로 그 집을 세우며 부정하게 그 다락방을 지으며 자기의 이웃을 고용하고 그의 품삯을 주지 아니하는 자에게 화 있을진저… 네 아버지가 먹거나 마시지 아니하였으며 정의와 공의를 행하지 아니하였느냐 그 때에 그가 형통하였었느니라 그는 가난한 자와 궁핍한 자를 변호하고 형통하였나니 이것이 나를 앎이 아니냐 여호와의 말씀이니라 그러나 네 두 눈과 마음은 탐욕과 무죄한 피를 흘림과 압박과 포악을 행하려 할 뿐이니라"(렘 22:13-17).

우리가 가진 재물이나 재산이 사실은 우리가 알게 모르게 가난한 자들을 짓밟고 얻은 결과물일 수도 있다. 우리가 최저가로 양질의 음식이나 옷 혹은 다른 해외 수입품들을 구입할 수 있는 배경에는, 극도의 저임금에 시달리며 가난한 상태를 벗어나지 못하는 작물 재배자나 공장 노동자들의 눈물이 있을지 모른다. 사려 깊은 그리스도인들은 이런 이면의 문제들을 이해하고 반성하기를 원할 것이다.

두 번째 문제는 부자인 젊은 관원의 이야기에서 보듯이 부자는 그 재물에 마음을 둘 위험을 안고 있다는 것이다.

"예수께서 이 말을 들으시고 이르시되 네게 아직도 한 가지 부족한 것이 있으니 네게 있는 것을 다 팔아 가난한 자들에게 나눠 주라 그리하면 하늘에서 네게 보화가 있으리라 그리고 와서 나를 따르라 하시니 그 사람이 큰 부자이므로 이 말씀을 듣고 심히 근심하더라 예수께서 그를 보시고 이르시되 재물이 있는 자는 하나님의 나라에 들어가기가 얼마나 어려운지 낙타가 바늘귀로 들어가는 것이 부자가 하나님의 나라에 들어가는 것보다 쉬우니라 하시니"(눅 18:22-25).

세 번째 문제는 부자가 그 가진 것을 나누려 하지 않을 때 생긴다. 누가복음 16장의 거지 나사로의 이야기는 문밖에 있는 가난한 이웃을 무시한 이유로 부자가 영원히 하나님과 분리되는 형벌을 받는다고 이야기한다. 구약에도 이와 유사한 내용의 구절들이 있다. 가령 믿음의 실천을 촉구하는 하나님의 말씀이 기록된 이사야 58장 6-7절이 그중 하나이다.

"내가 기뻐하는 금식은 흉악의 결박을 풀어 주며 멍에의 줄을 끌러 주며 압제당하는 자를 자유하게 하며 모든 멍에를 꺾는 것이 아니겠느냐 또 주린 자에게 네 양식을 나누어 주며 유리하는 빈민을 집에 들이며 헐벗은 자를 보면 입히며 또 네 골육을 피하여 스스로 숨지 아니하는 것이 아니겠느냐."

하나님은 가난한 자들을 돌보는 자들에게 보상해주신다. 그러나 하나님의 기대와 정반대로 우리는 자꾸만 무언가를 모으고 쌓으려고 하는 경향이 있다. 하나님은 인색하지 않고 기꺼이 나누려고 하는 사람들을 축복하시고 심지어 형통의 복을 약속하신다. 예수님은 "또 누구든지 제자의 이름으로 이 작은 자 중 하나에게 냉수 한 그릇이라도 주는 자는 내가 진실로 너희에게 이르노니 그 사람이 결단코 상을 잃지 아니하리라"(마 10:42)라고 말씀하셨다. 잠언 11장 24-25절은 관용의 실제적 결과를 구체적으로 이야기하면서 이렇게 강조한다. "흩어 구제하여도 더욱 부하게 되는 일이 있나니 과도히 아껴도 가난하게 될 뿐이니라 구제를 좋아하는 자는 풍족하여질 것이요 남을 윤택하게 하는 자는 자기도 윤택하여지리라."

중요한 것은 말이 아니라 행동이라는 사실을 기억하라. 마태복음 25장 41-45절에는 올바른 실천이 올바른 교리보다 훨씬 더 중요하다는 놀라운 말씀이 기록되어 있다. 인자가 마지막 심판 때에 염소와 양으로 사람들을 가르시는 기준은 너무나 충격적이다.

"또 왼편에 있는 자들에게 이르시되 저주를 받은 자들아 나를 떠나 마귀와 그 사자들을 위하여 예비된 영원한 불에 들어가라 내가 주릴 때에 너희가 먹을 것을 주지 아니하였고 목마를 때에 마시게 하지 아니하였고 나그네 되었을 때에 영접하지 아니하였고 헐벗었을 때에 옷 입히지 아니하였고 병들었을 때와 옥에 갇혔을 때에 돌보지 아니하였느니라 하시니 그들도 대답하여 이르되 주여 우리가 어느 때에 주께서 주리신 것이나 목마르신 것이나 나그네 되신 것이나 헐벗으신 것이나 병드신 것이나 옥에 갇히신 것을 보고 공양하지 아니하더이까 이에 임금이 대답하여 이르시되 내가 진실로 너희에게 이르노니 이 지극히 작은 자 하나에게 하지 아니한 것이 곧 내게 하지 아니한 것이니라 하시리니."

요한 역시 말뿐 아니라 행동으로 사랑을 증명해야 한다고 경고한다.

"누가 이 세상의 재물을 가지고 형제의 궁핍함을 보고도 도와 줄 마음을 닫으면 하나님의 사랑이 어찌 그 속에 거하겠느냐 자녀들아 우리가 말과 혀로만 사랑하지 말고 행함과 진실함으로 하자"(요일 3:17-18).

야고보서 2장 14-18절도 유사한 메시지를 담고 있다.

"내 형제들아 만일 사람이 믿음이 있노라 하고 행함이 없으면 무슨 유익이 있으리요 그 믿음이 능히 자기를 구원하겠느냐 만일 형제나 자매가 헐벗고 일용할 양식이 없는데 너희 중에 누구든지 그에게 이르되 평안히 가라, 덥게 하라, 배부르게 하라 하며 그 몸에 쓸 것을 주지 아니하면 무슨 유익이 있으리요 이와 같이 행함이 없는 믿음은 그 자체가 죽은 것이라 어떤 사람은 말하기를 너는 믿음이 있고 나는 행함이 있으니 행함이 없는 네 믿음을 내게 보이라 나는 행함으로 내 믿음을 네게 보이리라 하리라."

옛날에 진리였던 말씀은 오늘날에도 여전히 진리이다. 가난한 자들을 돌보는 일은 분명히 단순히 말로 되는 일이 아니다. 그러나 또한 물질만으로 가난한 자들을 돕는다면 인격적 발전을 도모하라는 성경의 명령을 온전히 감당하지 못할 것이다. 더 포괄적인 모델이 우리에게 필요하다.

전인적이고 성경적인 어린이 양육

이 책이 전인적인 어린이 양육을 목표로 하기 때문에 이 시점에 '전인적 어린이 양육'이란 용어의 뜻이 무엇인지 분명히 이해하고 넘어가는 것이 필요하다. 먼저 전인적(holistic)이란 단어부터 살펴보도록 하자. 전체론(holism)은 온전성과 관련이 있다. 이 책의 문맥에서 이 단어는 "하나님의 형상으로 만들어진 인간은 신체적 존재인 동시에 영적 존재이다"라는 진리와 관련이 있다. 성경적 전체론은 인간의 모든 면이 모두 동일하게 중요하다고 보며, 인간의 신체적 면 또는 다른 면들과 영적인 면을 이분법적으로 보는 시각을 거부한다. 그러므로 성경적인(혹은 기독교적인) 전인적 어린이 양육이라는 말은 인간의 어떤 특정한 요소에 관심을 가질 경우 성경적 관점에서 바라보아야 함을 강조한다. 우리는 하나님의 시각으로 우리의 인간 됨을 이해하고자 노력해야 한다.

인간에 대해 성경적으로 균형 잡힌 시각(구약과 신약을 아우르는 시각)을 갖게 되면 온전한 기독교적 시각을 가질 수 있다. 양육에 대한 성경적인 혹은 기독교적인 시각은 인간의 물질적, 사회적, 심리적 측면과 그 외 다른 측면들에 관심을 가질 뿐 아니라 영적인 성장에도 두루 관심을 가져야 함을 의미한다. 그러므로 기독교적이라는 말은 우리의 이해의 뿌리가 무엇보다 성경에 있음을 의미한다. '전인적'이란 표현은 양육에 관한 우리가 가져야 할 관심사의 범위를 가리키는 반면, '기독교적'이란 표현은 우리의 동기와 의도한 성과와 관련이 있다.

성경적인 전체론 개념은 완전성, 하나 됨, 통합성, 온전함, 안녕, 조화로움, 건강의 회복, 하나님과의 관계 회복, 자신과의 화평과 이웃들과의 화평, 환경에 대한 존중 등의 개념이 포함된다.[3] 존 웡 박사는 구약의 '샬롬(평화)'이라는 개념이 기독교적 전체론 개념과 부합한다고 주장한다.[4]

> 구약에서 약 250회 정도 나타나는 샬롬은 기본적으로 완전성, 안녕, 온전함, 평화, 만족, 하나님과의 화평이라는 의미가 있으며, 잃었거나 훔쳐간 것을 회복시키거나 온전하게 한다는 뜻을 가진다(욥 2:25, 출 21:36). 이 단어는 안식과 걱정이 없는 자유로운 상태, 안전함, 진실됨, 평안이라는 포괄적 의미의 번영을 내포하고 있으며 전쟁과 대비되는 의미의 공동체적 안녕, 번영으로 이끄는 법과 질서의 상태를 의미한다. 신체적 건강, 평온한 삶과 죽음의 의미가 이 단어에 내포되어 있다. 또한 구원의 의미도 있다(사 43:7, 렘 29:11, 14:13). 개인적 차원을 넘어서는 사회적이고 정치적 의미도 들어 있다. 의, 법과 심판의 구체적인 개념과도 관련이 있다.

웡 박사는 신약의 기독교적 전체론의 출발점은 "네 마음(카르디아스, kardias)을 다하고 목숨(프시케, psyches)을 다하고 뜻(디아노이아스, dianoias)을 다하고 힘(이스쿠스, ischus)을 다하여 주 너의 하나님을 사랑하라 하신 것이요

---

[3] 존 B. 웡, Christian Wholism: Theological and Ethical Implications in the Postmodern World(Lanham, MD: University Press of America, 2002), 189쪽.
[4] 같은 책, 14쪽.

둘째는 이것이니 네 이웃을 네 자신과 같이 사랑하라 하신 것이라 이보다 더 큰 계명이 없느니라"라는 예수님의 중요한 명령에 압축되어 있다고 주장한다(막 12:30-31, 마 22:37-40, 눅 10:27).[5]

> 웡 박사는 여기서 인간의 총체적 측면이 마음(신체적, 영적, 정신적 생활의 중심으로 사고, 이해, 영적 깨달음, 소명, 의지, 도덕적 결단, 감정, 사랑, 갈등, 감정을 아우르는 전체 내면생활을 가리킴), 목숨(여러 면에서 인간을 인간답게 만드는 모든 표현으로 생활의 중심), 뜻(추론, 사고, 지적이고 인지적이며 창의적인 영역과 상상과 개념 구상과 심리의 영역), 힘(물리적, 신체적, 가시적이며 성적이고, 생물학적이며 신체적인 차원)으로 표현되고 있다고 말한다.[6]

존 스토트(John Stott)는 인간을 공동체로 창조하신 하나님의 뜻은, 공동체에 기반한 존재로 우리를 계획하신 데 기인한다고 말한다. "신을 닮은 이 인간 피조물들은 단순히 영혼만 있는(오직 영원한 구원에만 관심을 가져야 하는) 존재가 아니다. 또 단순히 몸으로만 된(오직 먹고 입고 쉬는 일과 건강에만 관심을 가져야 하는) 존재도 아니다. 또 사회적인(전적으로 공동체의 문제만 관심을 가져야 하는) 존재만도 아니다. 하나님은 인간을 신체적, 영적 그리고 사회적 존재로 만드셨다. 성경적 관점에서 인간은 '사회 속에 있는 영적·신체적 존재(a body-soul-in community)'로 정의해야 한다. 하나님은 우리를 이러한 존재로 만드셨다."[7]

누가복음 2장 52절은 우리가 강조하고자 하는 어린이 양육 모델을 제공하는 중요한 구절이다. 이 절은 "예수는 지혜와 키가 자라가며 하나님과 사

---

[5] 같은 책, 2쪽.
[6] 같은 책.
[7] 존 R. W. 스토트, Involvement: Being a Responsible Christian in a Non-Christian Society(New York: Fleming H. Revell, 1985), 41쪽.

람에게 더욱 사랑스러워 가시더라"라고 간단하게 말한다. 지혜와 키가 자라고, 하나님께 인정받고 사람에게 인정받는 이 네 가지 요소는 전인적 인간의 모든 요소를 아우르는 것이다. 이 요소들은 또한 의미 있는 전인적 양육 프로그램을 만들기에 유용한 모델을 제공한다. 성경적인 전인적 양육의 목표는 우리가 섬기는 모든 사람, 특히 어린이가 지혜와 키가 자라고 하나님과 사람에게 더욱 사랑스러워갈 수 있는 기회를 갖도록 하는 데 있다.

여기서 한 가지 주의할 점이 있다. 키이스 화이트는 영적인 측면(다른 측면도 마찬가지)을 마치 퍼즐의 한 조각이나 모자이크의 한 조각으로 보지 않도록 주의한다. 일종의 직물처럼 영적인 요소와 다른 모든 요소가 하나로 엮어져 있으며 모든 개별 요소는 나눌 수 없는 전체를 이룬다고 보는 것이 더 유익한 관점이다.[8]

나는 유진 피터슨이 번역한 빌립보서 4장 6-7절을 보면, 성경적 온전성을 향한 열망과 그 장점을 드러낸 방식에 큰 도전을 받는다.

> "마음을 졸이거나 염려하지 마십시오. 염려 대신 기도하십시오. 간구와 찬양으로 여러분의 염려를 기도로 바꾸어, 하나님께 여러분의 필요를 알리십시오. 그러면 여러분도 모르는 사이에 하나님의 온전하심에 대한 감각, 곧 모든 것이 협력하여 선을 이루게 된다는 믿음이 생겨나서 여러분의 마음을 안정시켜 줄 것입니다. 그리스도께서 여러분 삶의 중심에서 염려를 쫓아내실 때 일어나는 일은 실로 놀랍기 그지없습니다"(메시지성경).

이론적으로 성경적 온전성을 정립하는 작업도 중요하지만 그것이 구체적인 삶으로 표현되는 것을 보는 일은 훨씬 더 보람 있다. 젊은 르완다 여성

---

[8] 키이스 화이트, 'The Contribution of Child Theology to the HCD Course and Beyond', 전인적 어린이 발달에 관한 토론회(2007년 태국 치앙메이)에서 발표한 글로 미출간된 글, 11쪽.

무캄위자 자네트(Mukamwiza Jeannette)는 성경적 온전성이 무엇인지 몸소 보여주었다. 자네트는 1994년 전쟁과 집단 학살로 남동생 한 명을 제외하고 양친과 모든 형제자매를 잃었다. 당시 그녀는 일곱 살이었다.

자네트와 남동생은 르완다의 수도, 키갈리 출신의 한 친절한 사람에게 발견되어 보호를 받았다. 그리고 그 새 후견인은 그 아이들을 컴패션 어린이 양육 센터에 곧바로 등록시켰다. 이 아이들은 기독교를 바탕으로 한 전인적 양육 프로그램을 통해 교육과 의복, 의료적 치료, 필요한 식사를 제공받았다. 또한 성경과 사려 깊은 직원과의 만남을 통해 영적으로도 필요한 양육을 받았다.

양육 프로그램의 모든 요소가 다 필요했다. 이 프로그램을 시작한 지 1년 후 자네트는 악몽에 시달리기 시작했다. 부모님과 사랑하는 형제자매들을 죽인 살인자들에 대한 끔찍한 기억이 밤낮을 가리지 않고 자네트를 괴롭혔다. 자네트는 잠도 자지 못하고 마음의 평화를 빼앗긴 채 급기야 발작을 일으키기에 이르렀다. 자네트를 후원하는 사람들은 정기적인 양육 프로그램 외에 정신과 상담을 비롯해 할 수 있는 모든 방법을 총동원해 그녀를 도왔다.

자네트가 과거의 고통을 극복할 수 있었던 한 가지 방법은, 한 현지 사역자와의 꾸준한 만남을 통해 예수 그리스도와 인격적 관계를 맺고 그로 인한 자유와 위로를 알게 된 것이었다. 자네트는 이런 노력을 통해 기도로 자신의 병을 다루는 법을 배울 수 있었다. 그리고 점차 증상이 완화되었고 결국 완전히 사라졌다. 오늘날 자네트는 완전히 회복되어 20대 초반의 건강한 여성으로 살아가고 있다. 신체적으로, 정서적으로, 사회적으로, 영적으로 전인적인 돌봄을 받게 된 데 감사함으로 과거를 회고한다.

자네트에게 하나님의 온전하심, 즉 모든 것을 협력하여 선을 이루게 하심이 온전히 실현된 것이다.

'양육'의 의미는 무엇인가?

'양육'은 비록 성경적 용어는 아니지만 성장과 계시의 개념과 관련된 용어들 속에 그 의미가 내포되어 있는 것은 분명하다. [어떤 복음주의자들은 양육이란 용어 대신 변화(transformation)라는 단어를 선호한다. 그들은 양육이라는 단어가 세속적인 가치와 결부된 단어로서 도움이 절실한 세상에 필요한 근본적 변화의 개념을 제대로 전달하지 못한다고 믿는다.][9] 하나님은 인간을 성장 잠재력이 가득한 존재로 창조하셨다. 다른 사람들과 협력하고 지구 자원을 적절히 이용하여 창조주 되신 그의 지혜와 영광을 드러낼 수 있도록 우리를 창조하셨다.[10]

양육 사역에 관여하는 사람들은 이 용어를 정의하기가 어렵다는 것을 인정한다. 또한 얼마나 자주 오용되고 있는지도 안다. 경험이 풍부한 양육 전문가들은 관련된 질문에 대한 정답이 없을 수도 있다는 것을 알고 있다. (사실 정답은 없을지도 모른다고 의심할 수도 있다.) 양육은 단순히 한 아이가 A에서 B단계로 나아가는 연속적 과정이 아니다. 모든 요소를 적절한 비율로 어린이에게 투입하면 저절로 어린이가 제대로 성장하는 문제도 아니다. 어떤 사람들은 양육이란 것이 그렇게 똑 떨어지는 문제이기를 바랄 것이다.[11]

이 문제가 어려운 이유는 일부 양육 전문가들, 특히 서구 출신의 전문가들이 예측 가능성을 선호하기 때문이다. 우리는 어린이들의 양육을 돕고자 한 우리의 노력에 대한 구체적인 결과물을 확인하고 싶어 한다. 예를 들어, 건축가들이나 회계사들처럼 믿을 수 있고, 예측 가능하며, 가시적인 성과로 결과물이 나타나기를 원한다.

---

[9] 드위 휴, The God of the Poor(UK: OM Publishing, 1998), 6쪽.
[10] 같은 책, 5쪽.
[11] 이어지는 논의는 부분적으로 댄 브루스터와 고든 뮬레닉스의 'Development: Bounded, Centered, or Fuzz' Together 50(1996년4-6월호), 1-13쪽에서 발췌한 것이다.

양육 전문가들과 기관들은 양육에 관해 '제한적(bounded)'인 시각으로 접근한다. 그런 시각을 가지면 양육을 특정적으로 규정하게 된다. 그러면 어린이 양육은 그들이 규정한 틀에 갇히게 되고 그들의 눈으로 확인할 수 있어야 제대로 된 어린이 양육이라고 인정하게 될 것이다. 양육의 정도를 수치로 측정하고 진보를 평가할 수 있는 구체적인 기준과 '최소한의 평가 기준'을 설정할 것이다. 그리고 모든 일을 간섭하고 통제하려 시도할 것이다.

불행한 점은 그들이 양육을 특징짓는 과정들을 무시할 가능성이 있다는 것이다. 어린이 양육을 제한적 시각으로 보면 어린이들은 잘 양육된 아이와 그러지 못한 아이, 둘 중 하나가 된다. 제대로 양육되지 못한 아이들이 우리가 만들어놓은 기준을 충족시키면 그 아이들은 '잘 양육된' 아이들이 될 것이다. 이런 시각에서는 양육 과정의 단계들과 변화 과정을 필수적인 노력으로 보겠지만, 그 자체를 가치 있게 보지는 않을 것이다.

이런 시각을 가진 양육 전문가들은 그들이 설정한 기준에 어린이들이 도달하는 것을 목표로 삼을 것이다. 그러나 그들이 설정한 기준이나 목표가 달성된다 하더라도 정작 결과적으로는 실패할 가능성이 있음을 깨닫지 못한다. 예를 들어, (미국 복지 제도의 경우처럼) 어린이들의 의존성이 심화되거나 목표가 잘못 설정될 경우 결국은 실패하게 된다. 반대로 설정한 목표나 기준에 전혀 미치지 못했을지라도 여전히 성공할 수도 있다.

결과가 긍정적일 수도 있지만 부정적일 수도 있다. 풍요로움은 탐욕, 이기심, 물질주의를 심화시킬 수 있다. 성경은 부자가 그 재물의 노예가 될 수 있음을 지적한다. 억압당하던 자들이 기회가 주어지면 보란 듯이 압제자로 돌변할 수 있다. 가난하다가 조금만 돈이 생겨도 가족 간에 불화가 생길 수 있다. [서구에서 '발달(development)'은 범죄율과 억압과 그 외 많은 사회 문제의 증가로 이어졌다.] 이론이 그럴 듯하다고 항상 실생활에서 그 효과가 예상대로 나타나지는 않는다.

양육은 성장, 변화, 학습을 특징으로 한다. 한마디로 변화되어가는 과정을 말한다. 양육은 사람들이 온전하게 되어가는 과정이어야 하며 따라서 결국 다시 전체론이 강조된다.

전인적 어린이 양육은 또한 사역이다. 여기서 이 단어는 구체적으로 그리스도인이 도움이 필요한 사람들을 섬기는 행위를 가리키며, 우리의 경우 어린이들을 섬기는 행위를 가리킨다. 우리는 이것을 단순히 선한 일이라 하지 않고 성경적인 전인적 양육 사역이라 부른다. 이 사역은 교회와 하나님의 백성이 해야 할 일로서, 어려움에 처한 어린이와 가정이 가난과 어려움을 극복하고 하나님이 의도하신 모습으로 변화되어가도록 돕는 것이다.

양육 사역, 즉 가난하고 억압받는 이들을 섬기는 그리스도인들의 행위와, 그 동기나 목표가 기독교적이지 않은 어린이 양육을 위한 행위를 비교해보면 도움이 될 것이다. 많은 기관이 이른바 어린이의 전인적 양육 혹은 통합적 양육을 위해 노력하며 '전인적' 인간에 관심이 있음을 강조한다. 이 경우 '전인적 인간'은 보통 개인의 신체적, 정서적, 심리적 요소들과 그 외 다른 측면을 모두 포함한다. 한 개인의 이 모든 영역은 다 중요하다. 실제로 그 전인을 위해 이루어지는 행위들과 개입은 전략들을 따르므로 그리스도인이든 비그리스도인이든 별로 차이가 없을지 모른다. 그러나 이런 프로그램들의 동기와 의도한 성과는 그리스도인들이 수행하는 프로그램의 동기나 목표와는 매우 다를 수 있다.

가장 중요한 차이점은 세속적 어린이 양육의 개념은 개인의 본질적인 영적 필요성을 논의 대상에서 아예 제외시킨다는 것이다. 영적 필요성에 대해 무지하거나 그 존재를 부정하기 때문에 이 점을 논외로 여긴다. 그리스도인들은 영적 필요를 무시한 진정한 양육이란 불가능하다는 사실을 알고 있다.[12]

---

[12] 이런 이유로 나는 6장에서 진정으로 성경적인 전인적 양육을 도울 수 있는 이들은 그리스도인들밖에 없음을 논증할 것이다.

분명히 지적하지만 양육은 돈이나 물품이나 그 외 다른 '물건'을 제공하는 문제가 아니다. 의도는 선량하지만 근시안적인 많은 세속적 접근 방식의 문제점이 바로 이것이다. 앞으로 살펴보겠지만 이런 근시안적인 도움이 초래하는 가장 큰 병폐가 드러나는 것이 바로 '복지(welfare)'이다.

어린이와 관련한 성경적인 전인적인 양육의 몇 가지 특징을 소개한다. 이 개념들은 앞으로 뒤에서도 여러 장을 할애해 본격적으로 살펴볼 것이다. (이것은 완벽하지 않지만 좋은 기초 자료가 될 것이다.) 성경적인 전인적 양육은 다음의 특징을 갖는다.

1. 어린이가 예수님처럼 "지혜와 키가 자라가며 하나님과 사람들에게 더욱 사랑스러워" 가도록 돕는다(눅 2:52).

2. 어린이와 그 가족이 하나님의 형상으로 창조되었으므로 가치 있고 잠재력을 가진 존재라는 사실을 알도록 돕는다.

3. 어린이가 하나님이 의도하신 모습으로 자라가도록 돕는다.

4. 어린이가 자신의 잠재력에 눈을 뜨고, 스스로 변화를 이룰 수 있고 이루어내야 함을 깨닫도록 돕는다.

5. 청지기로서 자신의 역할과 창조 세계와 그 사이의 관계를 이해하도록 돕는다.

6. 어린이와 그 가족에게 기회(단순히 물질적인 것만이 아닌)를 제공하고 그 기회를 이해할 틀을 제공한다.

7. 피조물을 다스릴 권한과, 하나님이 주신 자원들을 필요에 맞게 사용할 기회와 책임이 있음을 이해하도록 돕는다.

8. 자립심을 길러준다.

9. 온전함과 완전성을 지향하도록 돕는다.

10. 목표와 방법과 동기가 성경적이며, 사람들이 피조물과 그 창조주와 올바른 관계를 회복하도록 돕는다.

성경적인 전인적 양육이 아닌 경우

성경적인 전인적 양육이 아닌 경우가 무엇인지 확실하게 가려보는 것도 도움이 될 수 있다. 전인적 양육이 단지 복지가 아닌 것은 확실하다. 많은 사회는 약자와 가난한 구성원들을 돌볼 목적으로 광범위한 복지 프로그램을 개발해왔다. 복지 프로그램은 보통 복지 혜택을 받을 자격자와 무자격자를 가리지 않는다. 개인이 왜 어려움에 처하게 되었으며 어떤 파괴적인 행위에 가담했는지 혹은 그의 실제적인 필요와 능력과 잠재력은 무엇인지 구체적으로 파악하지 않고 단순히 그의 수입이나 지위를 평가해 도움을 제공한다. 계속된 도움, 특별히 금전적 도움이 계속되면 그가 가진 문제가 해결되기는커녕 오히려 악화시킬 수 있다.

전인적 양육이 단순히 돈을 더 많이 소유하도록 하는 문제가 아닌 것은 너무나 분명하다. 돈은 유용하지만 가난이나 저개발과 같은 문제를 근본적으로 해결해주지 않는다. 일례로 다양한 복지 프로그램을 통해 가난한 자들에게 막대한 돈이 투입되었음에도 불구하고 미국의 가난 문제가 해결될 기미를 보이지 않는 것에서 복지의 비효율성을 알 수 있다. 1960년대에 미 대통령 린든 B. 존슨(Lyndon B. Johnson)은 '가난과의 전쟁'을 선포했다. 그 이후 미국은 국내 가난 문제를 해결하기 위한 프로그램에 거의 7조 달러의 돈을 퍼부었다. 7조 달러는 미국에서도 엄청나게 많은 돈이다. 이렇게 막대한 돈을 쏟아부은 결과, 과연 미국의 가난 문제가 해결되었는가? 물론 아니다. 그 어느 때보다 더 많은 사람들이 가난의 덫에 사로잡혀 있다. 그 이유는 무엇인가? 앞으로 살펴보겠지만 가난은 돈에 관한 문제가 아니기 때문이다. 실제로 가난의 원인은 전혀 물질적인 것이 아니다. 근본적으로 가난은 영적 문제이다.

성경적인 전인적 양육은 또한 서구화와 전혀 무관하다. 서구의 세속주의는 골로새서 2장 8절에서 경고한 대로 '철학과 헛된 속임수' 중 하나이다. 세속주의는 당장은 아니더라도 궁극적으로 죽음과 파멸을 낳는다. 부유한 서구 국가의 세속적 가치관을 지닌 사람들에 의해 수많은 '발달(혹은 개발) 사업'이 이루어지고 있다. 때로 이 선량한 사람들은 서구의 가치관과 태도, 경제 이론, 세속적 세계관들을 이식시킨다. 또 서구의 문화적 가치들을 보편적인 발달 원리로 착각하는 경우도 있다. 그러나 비서구적 배경을 지닌 가난한 사람들에게는 그런 가치들이 오히려 적합하지 않을 수 있다.

실제로 전인적 양육은 어린이와 그들의 가정을 위해 일방적으로 도움을 베푸는 것이 아니라 함께 더불어 노력하는 일을 말한다. 제임스 옌(James Yen)[13]이 쓴 유명한 양육에 관한 시는 이 점을 잘 드러낸다.

> 사람들에게로 가서 배우라. 그들과 함께 일하라. 함께 계획하라. 행동으로 가르치며 행함으로 배우라. 일회성 보여주기가 아니라 태도가 되게 하라. 자투리 시간에 하는 일이 아니라 시스템으로 정착되게 하며, 원조가 아니라 스스로를 해방하게 하라. 그들이 아는 것으로 시작하고 그들이 가진 것을 기반

---

[13] 제임스 옌, 'Credo of Rural Reconstruction', International Institute of Rural Reconstruction.

으로 하라.

　마지막으로 전인적 양육은 온정주의(paternalism)나 후견주의(patronism)도 아니다. 전자는 도움이 필요한 사람의 생각과 능력과 실제적 필요가 무엇인지 대화해보지 않고 주는 것이다. 이것은 유복하고 유력한 자가 자신보다 더 어려운 사람들에게 계층적 신분을 그대로 유지한 상태에서 일방적으로 도움을 베풀 수 있다는 믿음에서 비롯된 태도이다. 이 입장에서는 '아버지와 같은' 자신이 더 지혜로우며 올바른 대답과 방법을 갖고 있다고 가정하며 도움을 받는 이들의 바람과 재능과 역할에 대해서는 전혀 고려하지 않는다.

　후견주의도 유사하다. 도움을 기꺼이 베풀 후한 아버지와 같은 인물은 '무엇이 최선인지 안다'고 가정하고 무엇이든 아끼지 않고 베풀지만 대안이나 적절성이나 결과에 대해서는 전혀 생각하지 않는다. 보통 이런 베풂은 자기만족의 요소가 강하며 수혜자는 의존적 관계를 이해하고 시혜자에게 합당한 존경을 해주게 된다.

진정한 긍휼(compassion)의 일곱 가지 특징

　마빈 올라스키(Marvin Olasky)는 그의 중요한 저작물인 〈미국적 연민의 비극〉(The Tragedy of American Compassion)에서 진정한 긍휼(혹은 참된 양육)의 특징을 기억하기 쉽게 알파벳 순서대로 설명한다.[14]

---

[14] 마빈 올라스키, The Tragedy of American Compassion(Washington D.C.: Regnery Gateway, 1992), 101-115쪽. 'Empowerment'를 제외하고 'Affiliation'에서 'God'까지의 소제목은 모두 올라스키 본인의 제목을 그대로 인용했다.

관계 회복(Affiliation): 진정한 긍휼은 가족, 교회, 공동체 속에서 이루어진다(창세기 2장 18절은 "사람이 혼자 사는 것이 좋지 아니하니"라고 말한다). 진정한 긍휼의 목표는 직계 가족, 확대 가족 그리고 교회나 각종 기관과 같은 중재 기관들과 자연적 관계를 회복하는 것이다. 무차별적으로 음식과 옷과 다른 구호물자를 나누어주면 관계의 단절이 일어난다.

결속(Bonding): 진정한 긍휼은 그 대상과의 인격적 결속이 필요하다(요한복음 1장 14절은 '말씀이 육신이 되었다'라고 말한다.) 이 긍휼의 진정성은 그 이름을 알고 그 입장이 되어볼 때 제대로 드러난다. (컴패션은 후원자와 후원받는 어린이가 인격적인 관계를 맺도록 권장하고 있다.) 이런 의미 있는 관계는 후원자와 후원 어린이 모두에게 중요하다.

유명한 제임스 엔의 시는 이 점을 잘 드러내고 있다. "사람들에게 가서 그들과 함께 삶을 나누라. 그들에게 배우고 그들을 사랑하라. 그들이 아는 것으로 시작하고 그들이 가진 것을 기반으로 하라."

범주화(Categorization): 성경은 긍휼의 대상으로 삼아야 할 가난한 사람과 그렇지 않은 사람을 구별한다.

1. 도움을 받을 수 있는 가난: 고아, 노인, 불치병자, 사고 희생자(슥 7:10, 마 19:21).
2. 노동을 할 수 있는 가난: 일을 할 의지와 능력이 있는 사람(살후 3:10).
3. 도움을 받을 필요가 없는 가난: 무절제하고 게으르며 반사회적인 범죄자(딤전 5:3-8)

범주화는 데살로니가후서 3장 6-10절의 엄격한 사랑과 관련이 있다.

"게으르게 행하고 우리에게서 받은 전통대로 행하지 아니하는 모든 형제에게서 떠나라 어떻게 우리를 본받아야 할지를 너희가 스스로 아나니 우리가 너희 가운데서 무질서하게 행하지 아니하며… 너희에게 명하기를 누구든지 일하기 싫어하거든 먹지도 말게 하라 하였더니."

분별(Discernment): 무조건 다 도움을 받을 자격이 있는 것은 아니다. 참된 긍휼은 때로 "안 돼"라고 거절할 줄 알아야 한다. 예레미야 17장 9절은 "만물보다 거짓되고 심히 부패한 것은 마음이라 누가 능히 이를 알리요마는"이라고 말한다. 선한 의도와 따뜻한 마음으로 무차별적인 도움을 제공하면 오히려 의존성과 가난을 심화시킬 수 있다. 분별력 없는 긍휼은 어리석은 연민이다.

역량 강화(Empowerment)[15]: 진정한 긍휼은 역량 강화가 포함된다. 이것은 교육과 직업의 기회를 제공해 자존감과 독립심을 키우도록 하는 것이다. 우리의 모든 행위는 일종의 배움의 요소가 들어 있다. 일을 하면 스스로에 대해 존엄성을 지니게 된다(창 2:15). "그러므로 나는 사람이 자기 일에 즐거워하는 것보다 더 나은 것이 없음을 보았나니"(전 3:22). 배우고 일할 기회를 박탈당하면 의존성이 급속히 심화된다.

자유(Freedom): 진정한 긍휼은 하나님이 원래 계획하신 대로 될 자유를 요구한다. 올라스키는 이렇게 말한다. "전 세계 169개국 가운데 경제적으로 자립한 국가는 겨우 25퍼센트 정도에 불과하다. 경제적으로 자립한 국가는 (정부가 아니라) 시민들이 자신들의 힘과 창의성을 주도적으로 활용하였기 때

---

[15] 이 단어는 올라스키의 '교육(Education)'을 대체해 쓴 표현으로 그 의미가 더 포괄적이다.

문에 가능했다. 결국 한 단어 '자유'로 귀결된다."[16]

하나님(God): 진정한 긍휼은 몸뿐 아니라 마음에도 관심을 갖는다. 이미 살펴본 것처럼 진정한 긍휼은 하나님의 마음에서 솟아난다. "여호와께서… 자비롭고 은혜롭고 노하기를 더디하고 인자와 진실이 많은 하나님이라 인자를 천대까지 베풀며 악과 과실과 죄를 용서하리라"(출 34:6-7). 사람이든, 문화든 그들이 섬기는 신을 닮는다는 말이 있다. 그리스도 없는 세상은 긍휼이 있을 수 없다.

양육의 핵심적 성과: 자립

어린이 양육이든, 지역 공동체의 개발이든, 혹은 건강이나 경제적 혹은 영적인 발달이든 개발의 한 측면은 그 대상으로 자조, 혹은 자립할 수 있도록 돌보는 것이다. 이 성과는 도움이 필요한 사람들이 이제 스스로의 판단과 힘 혹은 돈이나 다른 자원으로 자신의 필요를 충족시킬 수 있게 되었다는 의미이다. 자립은 기본적인 개념이다. 자립을 많이 강조하지만 제대로 이해하고 달성하기 위해서는 면밀한 공부가 필요하다.

자립(Self reliance)은 영어로 '자신(self)'과 '신뢰, 의존(reliance)'의 합성어이다. '자신'은 한 개인의 정체성 혹은 인격, 개성, 관심사를 의미한다. '신뢰'는 의지하고 믿으며 자신감을 갖는다는 뜻이다. 자립이란 말을 사용할 때 그것은 개인이 내면에 가진 확신 혹은 믿음이라는 뜻으로 사용된다. 따라서 개인의 내면에 더 큰 믿음이나 자신감이 자라지 않는다면 진정한 양육이라

---

16 마빈 올라스키, Renewing American Compassion(New York: The Free Press, 1996), 115쪽.

할 수 없다.

그러나 자립은 어떤 형태이든 모든 외부의 도움을 거부하는 무모한 독립심이 아니라는 사실을 기억해야 한다. 부모나 또래 혹은 이웃에게서 배우기를 완강히 거절한다면 상상력이 고사되고 결국 정체되고 말 것이다.

자립은 또한 개인의 성향을 점점 더 탐욕적이고 무감각하게 만드는 서구의 이기적 독립심과는 다르다. 서구적 모델은 "할 수 있어. 날 봐. 나는 해냈어!" 혹은 옛 팝송 가사처럼 "내 방법으로 해냈어"라는 식이다. 이런 자기중심적 경향은 확대 가족의 유대를 무너뜨리고 다른 사람들과 상생하며 협력하고자 하는 자발성을 무너뜨린다.

세속의 사회주의적 혹은 공산주의적 경제 모델이라고 나을 것도 전혀 없다. 이런 모델들은 적절한 환경과 지원이 주어지면 사람들이 서로를 돕고 화합하는 사회를 이룰 수 있다고 전제한다. 불행하게도 이러한 전제는 인간 자체에 문제가 있기 때문에 거짓이다. 기독교적 가치를 경험하지 못한 사람들은 오직 자신만 생각하는 이기적인 경향이 있다.

마지막으로 자립은 믿음의 대체물이 아니다. 그리스도인은 모든 선한 것이 하나님께로부터 나온다고 믿는다. 우리는 돈이든 재능이든 다른 자원이든 하나님이 주셔야만 가질 수 있다고 생각한다. 그리스도인으로서 성숙할수록 그분의 지혜를 더욱 의지하고 그분이 우리의 필요를 채워주실 것을 신뢰하게 된다. 그리스도인에게 자립은 역설적으로 우리의 것이 아니라, 그리스도의 무한한 자원을 점점 더 의지하게 된다는 의미이다.

의존성이 심화되는 사람과 자립심이 자라는 사람을 가르는 특징은 무엇인가? 몇 가지 대표적 특징을 소개한다.

1. 자립적인 사람은 자신의 재능과 그 가치를 인식한다. 자신이 하나님의 형상으로 만들어진 존재이므로 내재적 가치를 지닌 존재임을 안다. 자

신의 재능, 은사, 돈, 시간, 의지, 체력, 문화적 통찰력 등은 스스로의 문제와 싸우고 해결하는 데 힘이 될 때 그만큼 더 가치 있다는 사실을 안다.

2. 자립적인 사람은 노력함으로 자신의 인생을 변화시키고 개척해나갈 수 있음을 안다. 현실에 안주할 필요가 없음을 알고, 변화란 가치 있는 과정임을 인식하고 두려워하지 않는다.

3. 자립적인 사람은 자신이 어떤 일에서 가치를 찾을 수 있는지 안다. 자신의 적성이 무엇인지 알고 자신의 장점을 안다. 이 모든 과정이 가치 있다는 것을 인정한다.

4. 자립적인 사람은 타인에게 기대어 자신의 기본 필요를 충족시키지 않는다. 인간이 스스로의 힘만으로 살 수는 없지만 자신의 필요와 열망을 충족시키기 위해 돈, 아이디어, 동기, 노하우, 과학 기술, 음식, 물질을 외부에 의존하지 않는다.

5. 자립적인 사람은 스스로 가치 있는 일을 할 수 있고 어려움을 극복할 수 있음을 경험으로 알기 때문에 자기 확신이 있지만 오만하거나 교만하지 않다. 헨리 포드(Henry Ford)는 "할 수 있다고 생각하면 할 수 있고 할 수 없다고 생각하면 할 수 없다"라고 말했다. 자립적인 사람은 할 수 있다고 생각한다. 그리고 보통 그 생각은 옳다.

6. 자립적인 사람은 문제를 해결한다. 사람이면 누구나 문제가 있고 그 문제는 배움과 성장과 성취의 기회일 수 있다고 생각한다.

7. 자립적인 사람은 여러 대안을 두고 선택한다.

자립심 고취하기

부모가 자녀에게 자존감과 자기 확신을 심어주기 위한 노력에서 자립심에 관한 몇 가지 유용한 통찰을 얻을 수 있다. 예를 들어, 어린이들이 원하는 대로 다 해준다면 독립적이고 자립적인 아이로 키울 수 없다. 어린이들이 원하는 것 중에는 유익하지 않은 것도 있고 위험한 것도 있으며 오히려 해로운 것도 있다는 사실을 부모는 알고 있다.

반면에, 지원을 거부하는 방법으로 어린이의 자립심을 키우지도 않는다. 아이에게 필요한 것이 있으면 도와준다. 안전감을 제공하고 사랑해줌으로써 따뜻한 환경을 만들어준다. 아이들을 가르치고 격려하며 무모할지라도 도전해볼 여지를 주며 실패할 여지를 준다. 무차별적으로 다 주는 것이 아니라 필요한 만큼 적절하게 아이의 필요를 채워준다. 스스로 노력하도록, 다시 말해 집에서 맡은 일을 책임감 있게 해내고 가족 행사에 참여하며, 시간 맞추어 식탁에 앉고 가족의 공동 목표와 기대가 있으면 협력하도록 한다. 부모나 친척이나 공동체가 아이들 스스로가 성장하고 발달시키는 데 공헌하는 몫을 무시하거나 축소하지 않는다.

자립심은 섬세한 균형이 필요한 일이다. 어떤 경우는 독립한 상태를 가리키지만 어떤 경우는 절대 독립을 추구하지 않는다. 이상적인 자립은 오히려 상대의 자원과 선의를 수용하는 '상호 의존' 상태이다. 단순히 그 자신이나 소속된 집단 내부에서만이 아니라 필요하다면 어디서나 적절한 자원을 수용할 태도가 되어 있다.

건강한 자립심을 길러주기 위해서는 어떻게 해야 하는가? 어떤 식으로 도와야 어린이들이 필요한 공부에 집중하고, 필요한 안정감을 누리며, 동시에 우리가 제공하는 도움을 받더라도 건강하지 않은 의존심이 생기지 않도록 방지할 수 있는가? 몇 가지 제안을 소개한다.

1. 부모나 교사나 그 외 누구든 그들이 스스로 할 수 있는 일은 대신 해주지 말라.

2. 어린이의 삶에 개입할 계획이 있을 때, 후원하는 것뿐 아니라 후원받는 어린이가 기여할 수 있는 역할도 찾아보라. 사람들은 자기 자신의 시간이나 노동 혹은 다른 눈에 보이지 않는 자원을 폄하하는 경향이 있다.

3. 배움에 초점을 맞추라. 배움은 아이가 앞으로도 평생 사용할 수 있는 무형의 재산이다. 당장의 현실뿐 아니라 미래에도 도움이 될 것이다.

4. 어린이의 관심사와 우선순위를 비롯해 아이의 현재 상태를 먼저 파악하라.

5. 격려하라. 어린이와 그 부모가 조금이라도 자기 힘으로 필요를 충족시키고 문제를 해결한 부분이 있으면 칭찬해주고 격려해주라.

6. 무리하지 말고 한 번에 조금씩 이루어가라. 어린이나 그 어린이가 속한 그룹과 보조를 맞추라. 다음 단계로 나아갈 자신감을 얻기 위해 작은 성공이라도 경험해보는 것이 중요하다.

7. 물러날 때를 파악하라. 어린이에게 우리가 할 수 있는 도움을 충분히 제공했음을 알리는 징후들이 있는지 확인하라.

8. 사람들이 자신의 문화에서 어떤 것을 '성공했다'고 생각하는지 파악하라. 구호 활동 중에서 어린이들이 성공적이거나 가치 있다고 인정할 결과나 성과는 무엇인가?

9. 그들에게 실패할 권리를 허용하라. 우리는 성공한 경험뿐 아니라 단점

과 실패를 극복한 경험을 통해 스스로를 믿는 법을 배운다.

10. 지킬 수 없는 약속을 하지 말라. 지속할 수 없는 일은 아예 시작하지 말라.

자립심은 과정이지 어떤 시점에 완료되는 것이 아니다. 장기적인 프로그램을 통해 어린이와 그 아이의 발달에 대한 장기적인 책임을 맡은 사람이 상호 소통할 수 있는 기회를 만들어야 한다. 이러한 장기적인 도움이 건강한 자립심을 키워줄 수도 있지만, 반대로 후원을 비롯한 다른 도움에 무기력하게 의존하는 상태를 심화시킬 수도 있다. 우리에게는 우리의 도움이 파괴적인 결과 대신 유익한 결과를 낳게 해야 할 중요한 책임이 있다.

올바른 양육의 촉진

적절한 양육을 돕기 위한 핵심 요소를 몇 가지 살펴보도록 하자. 양육 사역에 관한 문제를 본격적으로 다루는 일은 이 책의 취지를 벗어나므로 여기서는 올바른 양육 사역과 양육 사역자들에게 필수적인 자질과 특징 몇 가지만 소개하고자 한다. 모든 경우 예수님을 모델이자 모범으로 삼은 것이다.

내적으로 성장시키기. 유능한 양육 사역자[종종 퍼실리테이터(facilitator)라 부름]는 결코 변화를 강요하지 않는다. 근본적인 변화는 개인의 내면에서 시작되며, 어떤 식으로든 조작하는 경우는 상대방을 존중하지 않는다는 의미임을 인정한다. 변화란 상대방을 존중하는 가운데 깨달을 수 있도록 도울 때 더욱 용이해진다[어떤 사람들은 이 과정을 의식화(conscientization)라

부르기도 한다]. 이것은 먼저 사람들의 현재 상태를 존중하고, 그들이 이미 가진 이해와 지식을 인정하며, 그것들을 기반으로 그들의 성장을 돕는다는 뜻이다. 어린이와 그 가족들이 스스로 가진 능력과 자원을 발견하도록 돕는 데 주안점을 둔다. 이 과정은 사람들이 스스로의 상황을 돌아보고 그 상황을 다룰 내적이고 지역적인 자원들을 찾아내도록 그들의 말을 경청하고 질문하며 도전하는 것이 포함된다.

예수님은 아주 뛰어난 퍼실리테이터셨다. 기회가 닿는 대로 사람들이 당장 경험하고 있는 문제를 생각해보도록 유도하셨다. 영적 각성을 위해 주님이 사용하신 방법은 전인적인 양육을 촉진시킬 수 있는 좋은 방법들이다. 예수님은 생각을 유도하기 위해 질문하는 방법을 사용하셨고,[17] 상황에 알맞은 예화를 사용하셨으며,[18] 사람들의 유도 질문에 적절하게 반응하셨다.[19]

지식과 기술과 사고 능력 키워주기. 그러나 유능한 양육 사역자는 단순히 의식을 각성시키는 것 이상으로 많은 자원을 전달하고자 노력한다. 특별히 어린이들에게 자존감과 자신감을 불어넣어주고 새로운 희망을 불어넣어 적극성과 창의성이 살아나도록 돕는다. 나아가 재능과 자원과 기회를 헛되이 낭비하지 않도록 책임 의식을 일깨워주며, 환경에 대한 책임감과 맡은 일에 최선을 다하도록 노동 윤리를 배우게 도와준다. 또한 지식과 기술과 사고 능력의 측면에서 총체적 양육이 이루어지도록 돕는다.

이 부분 역시 우리는 예수님께 배울 수 있다. 주님은 기본적인 진리들을 광범위하게 배울 수 있는 상황으로 제자들을 인도하셨다. 모든 인간의 존

---

[17] 마태복음 16:13-17
[18] 이와 관련해 몇 가지 관련 구절을 소개한다.
마태복음 18:1-6(아이), 18:10-14(잃어버린 양), 19:22-30(젊은 부자 관원과의 대화), 누가복음 18:15-17(사람들이 아이를 예수님께 데려오자 꾸짖는 제자들), 21:1-4(가난한 과부의 헌금)
[19] 마태복음 18:1-6, 누가복음 11:1-13

엄함을, 특히 가난한 자와 소외된 사람들의 존귀함을 강조하셨고[20] 마태복음 20장에 기록된 대로 '섬김을 받는 것이 아니라 섬기라'고 가르치셨다. 마태복음 10장에서 보듯이 제자들에게 실제적인 경험을 해보고 관련된 지침들을 배울 기회들을 만들어주셨다. 적절한 정보를 제공해주셨고, 종종 직접 정보를 얻을 수 있도록 배려하셨다.[21]

관계 형성하기. 관계를 형성하는 것은 아주 중요하다. 관계가 먼저 형성되지 않으면 다른 모든 노력은 아예 불가능할 수도 있다. 관계를 형성한다는 것은 신뢰를 기반으로 한 쌍방향적인 의사소통, 이해, 상호 존중을 포함한다.

요한복음 4장은 예수님이 관계를 어떤 식으로 형성하시는지 잘 보여준다. 우물가에서 만난 사마리아 여인은 예수님의 관계 형성 기술을 확인해줄 중대한 도전이 될 만한 사람이었다. 두 사람은 생전 처음 보는 사이일 뿐 아니라 성, 인종, 문화, 역사적 긴장 관계, 교육, 사회적 지위, 오랜 여행으로 인한 노독의 장벽이 그 사이에 놓여 있었다. 그러나 예수님은 상대방을 인정하고 존중하며, 도전적 질문이나 상대에게 불쾌감을 주는 질문 대신 탐색 위주의 질문을 하시는 아주 단순한 방법으로 그 장벽을 돌파하셨다. 이 외에도 니고데모, 삭개오, 젊은 부자 관원, 귀신들린 소년의 아버지, 병들고 가난한 사람들, 마리아, 마르다, 그 외 수많은 사람들을 대하셨던 방법을 살펴보면 예수님이 어떻게 관계를 형성하셨는지 더 배울 수 있다.

먼저 모범 보여주기. 어떤 양육 사역자이든 모범을 보이는 일은 반드시 필요하지만 특히 어린이를 대상으로 사역하는 이들에게는 더욱 그러하다.

---

[20] 마태복음 9:9-10
[21] 예를 들어, 누가복음 11:1-13(기도), 18:1-18(끝까지 포기하지 않음), 21:1-9(아낌없이 드린 예물)

어린이를 돌보는 사람은 말 못지않게 그 행동이 아이들의 인생에 지대한 영향을 미친다. 이것은 신앙적으로 모범을 보이는 일뿐 아니라, 가르치고 학습 활동을 실제로 하는 경우에도 동일하게 해당된다.

예수님은 사역 내내 직접 모범을 보이는 방식으로 제자들을 가르치셨다. 사람들을 섬기셨고, 행동과 대도로 전하고자 하는 메시지를 전달하셨으며,[22] 제자들과 사람들이 그것을 알기를 원하셨다.[23] 아이들을 대하실 때 보여주신 것처럼 때로 의도적으로 도발적인 행동을 하신 적도 있었고,[24] 이런 사건들을 이용해 하나님 나라에 대해 가르치신 적도 많았다. 또한 그분을 따르면 그가 빛이시므로 빛의 생활을 하게 된다고 가르치셨다.[25]

자원 연계해주기. 어린이 양육을 돕기 위한 마지막 요소는 사람들이 필요한 자원과 연계되도록 돕는 것이다. 자원이란 지역의 자원, 정부의 재화와 서비스, 저비용의 물자, 조언, 전문 기술과 상담, 정보, 목회, 영적 자원이 포함될 수 있다.

예수님은 이 분야에서도 모범을 보여주셨다. 제자들을 사역하도록 파송하셨을 때 자원, 즉 인적 자원인 제자들을 사람들의 필요와 연결시키셨고 동시에 사람들은 제자들의 필요를 공급하기 위해 그들의 자원을 활용했다.

---

[22] 요한복음 9:16-17
[23] 마태복음 9:35-38, 11:4-6, 요한복음 10:37, 38, 11:41, 42, 14:11
[24] 마태복음 19:13-15
[25] 요한복음 8:12

어린이 양육의 목표

어린이 양육은 언제나 온전함을 지향한다. 한 개인의 삶에서 한 차원만 개선시키고 다른 차원은 그대로 두는 것은 안 된다. 기생충 감염을 치료하는 노력은 아주 중요하다. 하지만 치료를 받은 아이가 비위생적인 환경에 그대로 방치되어 오염된 물을 계속 마시도록 둔다면 제대로 개입한 것이라 할 수 없다. 한 가족의 경제 상황이 개선되더라도 심각한 건강 문제가 해결되지 않는다면 그 개입은 미완에 그친 셈이다. 또한 교육의 기회를 갖게 되더라도 사회 제도의 허점으로 직업을 구할 희망이 없을 경우 그 개입 역시 불완전한 것이다. 그리스도를 믿는 믿음을 갖고 영적 자유를 누리게 되지만 가난과 억압에 그대로 방치되는 경우도 마찬가지다. 양육은 그 범위에 있어서 온전함과 전체론를 지향해야 한다.

전인적 양육은 사람들이 스스로를 책임지도록 통전적 해방을 목표로 한다. 가난, 무지, 억압의 속박이 깨어지고 사람들은 주도적으로 자기 인생을 영위한다. 전인적 양육은 어린이와 그 가정에 선택의 기회를 준다. 그들에게 수많은 기회의 문을 열어준다. 이 모든 것은 마음과 영혼을 치유하는 데 목적이 있다. 스스로에 대해 긍정적으로 생각하게 되고 자신감과 자존감이 향상된다. 패배주의가 사라지고 희망이 꽃망울을 터뜨린다.

묵상과 토론을 위한 질문

1_ 성경적 온전함의 특징 몇 가지를 자신의 말로 설명해보라.

2_ 주변 사람들 중에 성경적 온전함을 그 삶으로 보여주는 사람이 있다면 누구인가? 그 사람은 온전함을 구비하기 위해 어떤 노력을 하는가?

3_ 이 장에 소개한 성경 구절 가운데 전인적 과정으로서 어린이 양육을 지지하는 가장 확실한 구절은 무엇이라 생각하는가? (원하면 하나 이상을 골라도 상관없다.)

4_ 의와 법과 샬롬과 온전성의 관련성을 자신의 말로 설명해보라.

5_ 당신이 속한 문화권은 자립을 어떤 방식으로 권장하는가? 어린 시절이나 청소년 시절에 자립을 긍정적으로 인식했는가? 부정적으로 인식했는가?

가난에 대한
영적 이해

***

"도둑이 오는 것은 도둑질하고 죽이고 멸망시키려는 것뿐이요
내가 온 것은 양으로 생명을 얻게 하고 더 풍성히 얻게 하려는 것이라."
_ 요한복음 10:10

가난을 어떻게 바라보느냐에 따라 가난에 대처하는 방식이 달라지는 것은 분명하다. 어린이 양육 사역자들 가운데 "가난의 원인은 무엇인가?" 혹은 "어린이들은 왜 가난한가?"라는 질문으로 고민하는 사람이 있는가? 대부분의 어린이 양육 사역은 가난의 원인과 결과를 해결하는 데 중점을 둔다. 예수님은 "가난한 자들은 항상 너희와 함께 있으니"(막 14:7)라고 말씀하셨다. 또 "땅에는 언제든지 가난한 자가 그치지 아니하겠으므로 내가 네게 명령하여 이르노니 너는 반드시 네 땅 안에 네 형제 중 곤란한 자와 궁핍한 자에게 네 손을 펼지니라"라는 신명기 15장 11절의 말씀대로 그들을 돕기 위해 우리가 할 수 있는 일을 해야 함을 분명히 지적하셨다.

예수님의 말씀은 옳았다. 도처에 가난한 사람들이 넘쳐흐른다. 부모가 제대로 먹이지 못해 뼈만 앙상하게 남은 아이들과, 인신매매를 당해 성적 착취를 당하는 소녀들과, 부모의 빚을 갚기 위해 노동으로 착취당하는 소년들과, 길거리에서 구걸하는 아이들에게서 처참한 가난의 실태를 본다. 유례가 없을 정도로 세상이 발전하고 하루가 다르게 기술 혁신이 이루어지는 시대임에도 지구의 절반 이상이 적절한 재정적 수단이 없는 상태로 살아가고 있다. 세계은행(WORLD BANK)은 세계 인구의 55.6퍼센트가 하루 2달러 미만으로 생활하고 있다고 추정한다.[1]

가난한 어린이에 관한 문제는 단순히 기아, 영양실조, 인신 매매, 착취, 심지어 부모의 재정적 혹은 경제적 상태로만 접근할 문제가 아니다. 이런 문제들은 전체 그림의 일부일 뿐이다. 세계의 가난 문제 역시 마찬가지이다. 한 개인이 가난한 이유는 단순히 물질 부족 때문이 아니다. 가난은 심각한 영적 원인이 포함된 복합적인 문제이다. 가난의 해결책을 찾을 때 이 문제의 본질을 다루는 것이 중요하다. 그렇다면 가난이란 정확히 무엇인가? 그리고 가난의 원인, 특히 어린이들이 가난한 원인은 무엇인가?

가난이란 무엇인가?

가난은 여러 가지로 정의되어왔다. 가장 흔한 경우는 비효율적인 경제 제도나 분배 제도, 무지, 전쟁, 인종 갈등, 그 외 여러 악의 결과라고 가난을 설명하는 것이다. 이 모든 것이 가난한 사람들의 고통과 괴로움에 복합적으로 작용한다고 본다. 가난에 대한 이론적 설명으로는 다음의 시

---

[1] 월드 뱅크, 세계발전 지표들, Millennium Goals, 203, 5쪽. www.worldbank.org.

각이 대표적이다.

결핍으로 인한 가난. 가난한 사람들은 음식, 주거, 땅, 깨끗한 물과 같은 자원이 부족하다. 때로 기술이나 지식, 정보가 결여된 경우도 있다. 기독교 양육 사역자들은 종종 하나님과 복음에 대한 이해 부족이 가난의 또 다른 중대 원인이라고 주장할 것이다.

이런 관점은 '양육'을 '물질적인' 시각에서 접근하는 방식의 한 이면이다. 물론 가난한 사람들이 많은 면에서 결핍되고 부족한 것은 사실이다. 이럴 경우 아이들과 가정이 필요한 물자를 얻도록 도와주어야 마땅하다. 그러나 가난을 결핍의 문제에서 접근한다면 양육 사역은 모자라는 것을 제공하는 문제에 집중하게 된다. 극단적인 경우 양육 사역자들이 일종의 '산타클로스'처럼 선물을 주고 가난한 사람들의 부족한 것을 채우는 사람 정도로만 인식될 것이다.[2]

'덫(web of entanglements)'으로 인한 가난. 영국 석세스 대학 개발학 연구소 출신의 로버트 챔버스(Robert Chambers)는 '덫'이라는 용어를 사용해 가난을 설명한다. 그는 가난한 사람들이 가난의 덫에 걸려 있다고 말한다. 이 덫은 물질적 가난, 신체적 허약함, 사회적 취약성, 고립, 무능력을 포함한다. 브라이언트 마이어스는 여기에 가난은 영적 차원이 있다는 의미에서 영적 가난의 개념을 추가한다.[3] 이 덫의 각 요소는 상호 관련되어 있고 서로를 악화시키는 역할을 한다. 한 영역에 문제가 생기면 나머지 다른 영역에도 문제가 발생해서 점점 더 가난의 수렁으로 빠져드는 악순환이 초래된다. 가난의 덫이란 개념은 가난을 이해하는 유익한 접근 방식이라 할 수 있다.

---

[2] 브라이언트 마이어스, Walking with the Poor(New York: Orbis Books, 1999), 66쪽.
[3] 같은 책, 67쪽.

선택의 결여로 인한 가난. 어떤 사람들은 가난이 본질적으로 선택의 결여라고 주장한다. 가난한 사람들의 삶은 타인의 결정에 일방적인 영향을 받는다. 자신들의 환경과 미래에 심대한 영향을 미칠 결정에 참여할 기회가 거의 없다. 정부와 권력을 가진 자들이 그들의 운명이 걸린 문제를 대신 결정할 때가 많다. 가난한 사람들은 땅이나 기업체를 소유하지 못하기 때문에 한 국가의 발전에 별다른 기여를 하지 않는다고 치부되어 중요한 의사 결정 과정에서 소외된다.

이 세상의 가난한 어린이들은 자신들의 온전한 양육에 기여할 수 있는 기회를 박탈당한다. 많은 이들이 교육의 기회나 의료 혹은 적절한 영양을 공급받지 못하고 살아간다. 선택의 기회 없이 성장하는 어린이들은 결국 선택권이 없는 성인으로 성장한다.

충분한 교육을 받지 못한 어린이들은 자라도 충분한 임금과 안정된 직장을 가질 수 없다. 기업가들은 그들의 절박함을 이용해 열악한 환경에서 심각한 저임금으로 비숙련 노동을 시킨다. 많은 경우 절박한 가정 상황으로 아이들조차 노동을 할 수밖에 없거나 심지어 인신매매 대상이 되기도 한다. 가난의 무서운 점은 "너는 선택의 여지가 없고, 네 상황을 개선하기 위해 아무것도 할 수 없다"라는 메시지를 전달받는다는 것이다. 이런 무력감은 빈곤층의 자존감을 갉아먹는다. 아예 희망을 포기하는 경우가 비일비재하다. 그러면 그 자리에 운명론이 끼어들고 그로 인해 또 한 세대가 가난에 희생된다. 가난에 대한 이런 시각 역시 가난의 복합적인 성격을 이해할 수 있는 유익한 통찰을 제공한다.

온전함의 결여로 인한 가난. 이 시각은 가난을 단순히 돈이나 다른 필수품의 부족이 아니라 온전함의 결여로 인식한다. 이것은 지금까지 모든 인간의 '온전성'과 관련해 강조한 내용과 인생의 많은 요소가 그 온전함에 기여

한다는 단순한 관찰 내용을 기초로 한다.[4]

온전함의 결여로 인한 가난은 짐을 싣고 갈 수 없는 수레바퀴에 빗대어 설명할 수 있다. 바퀴살이 부서졌거나 균형을 잃었다고 해보자. 어느 경우이든 바퀴는 굴러가지 못한다. (바퀴살이 부서졌거나 휜 자전거를 타보려 시도한 적이 있는가? 그러면 인생의 균형이 무너졌다는 것이 무엇을 뜻하는지 바로 이해할 것이다.) 여기서 소개하는 가난의 수레바퀴는 영적, 신체적, 경제적, 사회적/정치적, 정신적/정서적, 환경적 영역의 여섯 가지 바퀴살로 되어 있다. (전인적인 인간의 다른 면을 추가할 수도 있다.) 각 분야는 나머지 다른 분야와 적절한 균형을 유지해야 바퀴가 넘어지지 않고 제대로 굴러가게 된다. 어떤 지역의 어린이들은 인생의 모든 '바퀴살'에 문제가 있는 상황에서 자란다. 극단적인 가난 상태에서 자라는 것이다. 어떤 지역의 어린이들은 겉으로 보기에 풍요롭지만 실제로 바퀴의 어느 한두 부분이 심각한 불균형 상태에 처함으로 동일하게 가난한 경우도 있다. 온전하지 않는 것이다. 전인적인 성장이 이루어지는 어린 시절을 보냈더라면 성인으로서 온전한 기능을 할 수 있었을 것이다. 바퀴살 가운데 어느 하나가 너무 긴 경우에도 바퀴가 제대로 굴러가지 못한다는 사실을 기억하라. 경제적 영역의 바퀴살이 다른 곳보다 더 길고 크다고 생각해보라. 너무 부유하고 돈이 많아서 인생의 다른

---

[4] 가난을 온전함의 결여로 보는 이 분석은 작고한 내 동료 돈 밀러 박사의 'Child Development'라는 미출간된 논문을 참고한 것이다.

영역에 흥미가 없는 경우가 여기에 해당한다. 그런 사람은 결국 사회적으로나 환경적으로 부적응자가 되어 일종의 가난을 경험하게 된다.

가난의 원인

가난에 대한 시각은 가난의 원인에 대한 각자의 핵심적 판단으로 연결된다. 물론 가난의 원인은 여러 가지일 수 있다. 매우 일반적이면서 직접적인 가난의 원인은 재난, 전쟁, 불의가 해당된다.

개발 전략가들은 오랫동안 인구 과잉으로 촉발될 문제를 지적해왔다. 인구는 증가하는데 그만큼의 식량과 고용을 충족시킬 세계 자원은 부족하리라는 것이다. 인구 폭발로 촉발된 식량 부족으로 대량 기아 사태와 폭동이 일어난다는 등의 충격적인 시나리오도 있었다. 현재 출산율이 급격히 낮아지는 추세를 보이기는 하지만 여전히 많은 사람들이 세계 가난의 중요한 원인을 인구 과잉으로 공공연히 지적한다는 사실은 놀라울 뿐이다.

세계 여러 대도시에 있는 더러운 빈민가를 걷다보면 한곳에 너무 많은 사람들이 몰려 사는 문제가 대규모 가난의 중대한 원인이 될 수 있다는 데 동의할 것이다. 분명히 세계 대도시, 특히 개발도상국들의 대도시는 (인구 과잉이 아닌) 인구 과밀로 수용 능력에 문제가 발생한다. 대도시의 인구 과밀은 물과 위생 시설, 전력 부족을 야기하고 정치 체제와 사법 제도의 불공정성과 교육, 직업, 그 외 다른 서비스의 악화를 초래한다.

인구 과밀로 인한 문제가 심각하다는 사실을 부정할 사람은 아무도 없다. 많은 선동가(alarmist)들은 인구 증가가 오늘날 세계가 직면한 가장 시급한 문제라고 믿는다. 그러나 사실 인구 과밀은 가난의 주요 원인이 아니라 가난의 결과일 경우가 더 많다. 이제 모두 알겠지만 사실 세계 인구는 계속 감소하는 추세에 있다. 많은 나라가 미래에 당면할 더 심각한 문제는 인구 과잉이 아니라 인구 감소일 것이다.

한 국가가 현재와 동일한 인구수를 유지하기 위해서는 한 여성당 2.1명의 자녀를 낳아야 한다. (가임 연령에 도달하기 전에 사망하는 경우와 영아들을 포함시켜야 2.0명이 된다.) 이것을 합계 출산율(Total Fertility Rate, TFR)이라고 한다. 벤 와텐버그(Ben Wattenberg)는 〈작아지는 세계〉(Fewer)에서 선진국뿐 아니라 미개발 국가에서도 출산율이 극적으로 감소세를 보인다고 지적한다.

예를 들어, 와텐버그는 중국은 1가구 1자녀 정책 때문에 합계 출산율이 1.8에 불과하다고 말한다. 중국의 이런 출산율로 발생하는 문제는 아주 많다. 지금 중국 선교사로 있는 내 딸과 사위는 어디서도 지적하지 않는 몇 가지 문제를 알려주었다. 매우 간단하다. 한 자녀 갖기 정책으로 태어난 아이들은 형제자매가 없다. 그러나 딸의 지적에 의하면 그 아이들에게는 숙모나 삼촌도 없다고 한다. 앞으로는 사촌도 없고 조카들도 없을 것이다. 간단히 말해 확대 가족이라는 개념 자체가 사라져버리는 것이다. 이런 일은 한 자녀 갖기를 국가적 공식 정책으로 채택한 중국뿐 아니라 사실상 한 자녀 갖기 정책이 시행되는 다른 나라와 사회에서도 일어나고 있다. 게다가 다른 끔찍한 대가, 즉 광범위하게 자행된 여아 살해, 심각하게 왜곡된 성비, 강제 낙태와 대량 불임 시술과 같은 끔찍한 일들은 여기에 포함되지도 않는다.

놀랍게도 와텐버그는 합계 출산율이 전 세계적으로 이렇게 계속 감소한다면(출산율이 2.1명 이하인 국가가 이제 100여 국에 이른다),[5] 세계 인구가 21세기 중반에 약 80억 명으로 정점을 찍은 후 이 세기가 끝날 즈음에는 55억으로 급격히 감소할 가능성이 있다고 예견한다.[6] 이것은 현재의 전 세계 인구보

---

[5] CIA World Factbook. 'Country Comparison: Total Fertility Rate', https://www.cia.gov/library/publications/the-world-factbook/rankdorder/2127rank.html.
[6] 벤 와텐버그, Fewer(Chicago: Ivan R. Dee, 2004), 85쪽.

다 더 적은 숫자이다. 그러므로 잉구 과잉은 현재 세계 빈곤의 중대한 원인이 아님이 분명하며, 가난의 원인으로 작용할 가능성은 앞으로 더욱 줄어들 것이다.

흔히 가난의 원인으로 거론되는 또 다른 원인은 비효율적인 경제 제도나 불공정한 분배이다. 일부 발달 이론가들은 부자와 권력가들의 재산을 증식시킨 후 그 효과를 가난한 사람들에게 '트리클 다운'하자는 전략을 옹호한다. 반면에 어떤 이들은 공산주의 제도처럼 계급을 철폐해 구조의 평준화 효과로 경제적 불평등을 제거하고 모두가 번영을 누리게 하자고 주장한다.

하지만 어떤 면에서 두 제도 모두 재물과 권력을 소수에게 편중시키는 경향이 있다. 가난한 자가 배제되고 있다. 이렇게 내재적으로 불평등하고 불공정한 제도들은 심각한 가난의 원인으로 작용할 수 있다.

부패와 착취 역시 여러 다양한 형태로 수많은 사람의 가난과 비참한 삶의 실제적인 원인으로 작용하고 있다. 부패와 가난은 언제나 매우 높은 상관관계가 있다. 약자에 대한 착취가 포함되며, 이러한 착취에서 이어지는 부패와 장기간 지속된 전체 사회의 취약 구조가 가난의 중대한 원인이라는 것은 의심할 여지가 없다.

가난의 '구조적' 원인은 적정한 수준의 생활을 가로막는 사회적 장벽에 초점을 맞춘다. 이 장벽에는 억압적인 계급 구조, 가난한 사람들을 대변할 사법 제도의 미비(혹은 불공정), 조작, 부패, 지주와 상인과 대부업자와 독점적 지위를 누리는 기업가, 외국인들과 기타 권력을 가진 자들의 횡포가 포함된다. 이런 분석은 여러 근본주의적 정치사상과 신학적 사상의 근거로 작용한다. 가령, 역사적으로 이런 분석은 마르크스주의와 공산주의의 출현으로 이어졌다. 보다 최근에는 다양한 해방 신학들과 시민 행동 NGO들의 여러 노력으로 표현되었다.

이러한 구조적이고 제도적 원인들은 빈곤층에 심각한 악영향을 미치고 있다. 그러나 인도 월드비전의 전 책임자인 자야쿠마르 크리스찬(Jayakumar Christian)[7]은 가난에 대한 이런 구조적 관점이 모든 문제의 탓을 '외부'의 타인에게 전가하는 경향을 보인다는 단점을 지적했다. 이런 시각은 내부적 요인들에 대한 상응하는 비판 없이 외부에만 초점을 맞추는 경향이 있다. 그리스도인은 이로 인해 빈곤층이 '희생자 의식(victim posture)'[8]에 빠질 위험성이 있다고 지적한다. 이런 희생자 의식, 즉 '내 문제는 누군가의 잘못'이라는 의식은 종종 일종의 빈곤 의식으로 이어지고 자립 의지의 박탈로 이어질 수 있다. 여기서 가장 주목하고 싶은 부분이 이 영역이다. 개인의 문제를 극복하기 위해서는 개인의 책임 의식이 반드시 전제되어야 한다는 것이다.

나아가 성경적 관점에서 이런 문제들은 죄와 인간의 타락 상태에 근본 원인이 있다는 것을, 다시 말해 영적인 이유가 원인이라는 것을 이해하는 것이 매우 중요하다.

가난에 대한 영적 시각

가난에 대한 문제를 다루기 위해서는 단순히 경제적 문제들을 넘어서 마음의 문제를 살펴보아야 한다. 앞에서 열거한 모든 원인은 가난을 초래하고 영속화시키는 상당한 원인으로 작용한다. 부패, 착취, 인구 과잉, 결핍 등

---

[7] 자야쿠마르 크리스찬, The God of the Empty-Handed(Monrovia, CA: MARC, 1999), 30쪽.
[8] 같은 책.

에 대한 고찰은 모두 진실을 담고 있다. 신중한 양육 사역자들이라면 이러한 원인을 면밀히 살피고 공부해야 마땅하다.

그러나 그리스도인으로서 우리는 이러한 다양한 원인보다는, 사실 가난은 인간의 타락으로 인한 결과임을 인식해야 한다. 성경을 공부해보면 가난이 물질적 부의 결핍이나 다른 물자들의 부족을 말하는 것이 아님을 알게 될 것이다. 가난은 부패나 재난이나 다른 저해 요소들 때문만이 아니다. 우리는 가난과 미개발의 문제가 단순히 물질적인 것에만 원인이 있다고 생각하는 우를 범해서는 안 된다.

나는 엄밀한 의미에서 가난의 문제는 근본적으로 영적인 문제라는 시각으로 접근하기를 원한다. 가난을 바라보는 성경적 시각은 그 뿌리가 죄에 있음을 인정한다. 창세기 3장은 아담으로 인해 죄가 세상에 들어왔다고 말한다. 죄는 서로의 관계와 자신과의 관계, 자연 세계와의 관계, 그리고 근본적으로는 하나님과의 관계가 망가지는 결과로 나타났다. 그 결과는 매우 광범위하고 포괄적이다. 불공정한 사회와 경제적 조건, 천연 자원의 고갈, 자연 재해, 억압과 착취, 자기 파괴적이고 무책임한 행위는 그 시작에 지나지 않는다.

그렇다고 개인의 가난이 반드시 개인의 죄가 원인이라는 뜻은 아니다. '모든 사람이 죄를 범하였기' 때문에 개인의 죄와 불의가 잘못된 선택, 무절제, 가난으로 나타날 때가 너무나 많다. 인류의 타락과 죄의 영향으로 착취와 부패와 그 밖의 내외적인 많은 요인이 복합적으로 작용해 비참한 가난과 누추함이 기승을 부리는 세상이 되었다고 말하는 것이다.

감사하게도 빈곤의 원인에 대한 이런 이해는 또한 역설적으로 우리에게 희망의 빛을 주기도 한다. 망가진 이대로 세상을 지속할 필요가 없기 때문이다. 로마서 5장 10-12절은 하나님이 그분의 아들, 즉 예수님을 보내셔서 우리에게 생명과 화목을 선물로 주셨다고 말한다. 그리스도의 생애와 사역은 그분이 우리가 수많은 사람을 괴롭히는 심각하고도 광범위한 가난을 극복하기를 얼마나 원하셨는지를 보여준다.[9]

이것으로 전인적 양육, 즉 신체적, 영적 필요를 포함한 전인적 인간의 문제를 다루도록 양육하려는 노력이 왜 그리스도인의 일이 되어야 하는지 알 수 있다. 성경을 통해 죄의 문제에 대한 해답을 알기에, 그 문제를 해결할 수 있는 필수적이고 본질적인 수단을 가진 이들이 바로 그리스도인이다.

세계관 - 가난을 이해하는 열쇠

세계관은 전인적 양육 사역이 왜 인간의 마음과 생각에 집중하는지를 이해할 수 있는 핵심 열쇠이다. 어떤 이들은 세계관이 마치 색안경이나 렌즈처럼 개인이 주변 세계를 이해하는 데 영향을 미친다고 설명한다. 풀러 신학교의 찰스 크래프트(Charles Kraft) 박사는 세계관을 "한 개인의 현실 이해의 바탕을 이루는 모든 가정과 가치관과 충성과 헌신"이라고 말한다.[10] 대로우 밀러(Darrow Miller)는 이렇게 정의한다. "세계관이란 세계가 어떻게 운행되며 그 기본 구조가 어떠한지에 대해 우리가 의식적이든 무의식적이든 신념으로 갖는 일련의 전제들이다."[11]

그러므로 세계관은 사람들이 혼란스럽고 예측 불가능한 일로 가득한 세상을 이해하도록 도와주는 정신적 지도라 할 수 있다. 인간이 기본적으로 던지는 질문들을 생각해보라. "왜 선한 사람들에게 나쁜 일이 일어나는가?" "옳고 그름이 있는가?" "진리는 무엇이며 진리라는 것이 정말 있기는

---

[9] 컴패션 프로그램 필드 매뉴얼, 2006년 3월.
[10] 찰스 크래프트, Anthropology for Christian Witness(New York: Orbis Books, 1996), 52쪽.
[11] 대로우 밀러, Discipling Nations: The Power of Truth to Transform Cultures(Seattle, WA: YWAM Publishing, 1998), 38쪽.

한 걸까?" "정말 신이 있는가?" "왜 악인이 잘되는가?" 세상의 모든 사람은 늘 이런 불의에 대해 의문을 가졌다. (예를 들어, 하박국 선지자의 절규나 욥기 24장 1-12절의 욥의 절규를 생각해보라.) 어떤 이들에게 세상의 이 도무지 이해할 수 없는 '악'은 신이 없다는 결론을 내리기에 충분한 근거가 된다. "사랑의 하나님이 어떻게 세상의 이런 고통과 불의를 허락하실 수 있단 말인가?"라고 반문하는 소리를 흔히 들을 수 있다.

한 개인(혹은 한 사회)의 세계관은 이런 이해하기 어려운 현상들과 씨름하도록 도와준다. 사실 대로우 밀러가 지적한 대로 개인의 세계관은 그 사람의 운명에 영향을 미칠 수도 있다. 희망과 자족으로 이끌 수도 있고 절망과 박탈을 줄 수도 있다.

> 기본적으로 사람들은 대부분 같은 질문을 한다. 그러나 그들이 받는 대답은 그 세계관에 따라 근본적으로 달라진다. 사람들이나 사회가 이런 질문에 어떤 방식으로 대답하느냐에 따라 그들이 만드는 문화와 사회의 유형이 결정된다. 어떤 대답들은 가난과 야만으로 이어지고 어떤 대답들은 발전과 문명으로 이어진다.[12]

밀러는 세상 사람들의 지배적인 세계관을 크게 정리하면 세 가지로 구분할 수 있다고 말한다. 이 세계관들의 전제와 그 영향이 무엇인지 살펴보면 가난에서 벗어나게 도와줄 가장 확실한 지도는 물론이고, 가난의 본질을 심층적으로 이해할 통찰을 얻을 수 있다. 그 세계관은 다음과 같다.[13]

1. 세속주의. 세속주의는 현대 서구 사회의 세계관이다. 세속주의자들은

---

[12] 같은 책, 39쪽.
[13] 같은 책, 40쪽.

하나님의 실재와 모든 영적 존재를 부정한다. 그들은 "생명은 물질과 에너지, 시간과 우연이 상호작용한 결과"라고 믿는다. 세속주의자들에게 궁극적 실체는 물질(혹은 물질적 세계)이다. 그들은 어떤 보편적인 진리나 절대적 윤리도 믿지 않는다.

2. 애니미즘. 두 번째 주요한 세계관은 힌두교와 불교, '뉴에이지'와 그 외 많은 변종의 온갖 다양한 형태로 나타나는 애니미즘이다. "모든 만물에는 영이 깃들어 있고 만물은 영의 하나 됨을 지향한다. 물질세계는 '나쁘거나' 별로 중요하지 않다. 실제 세계는 눈에 보이지 않으며 진리는 숨겨져 있고 이성으로 이해할 수 없다. 만물은 신비이며… 악으로 충만하고… 무도덕적이다."

3. 유신론. 밀러는 다음과 같이 말했다. "유신론은 궁극적 실체가 인격적이고 관계적이라고 본다. 하나님은 존재하신다. 그는 보이는 세상과 보이지 않는 세상으로 이루어지고 물질적인 차원과 영적인 차원을 가진 우주를 창조하셨다. 하나님이 계시해주시는 진리는 객관적이며 인간이 도달할 수 있는 진리이다. 하나님의 성품이 절대적 도덕의 기반을 형성한다. 유신론은 무한하신 인격적 유일신을 지지하며 성경의 '스스로 계시는' 여호와 하나님을 믿는다."[14] 성경을 믿는 모든 그리스도인은 이러한 세계관을 유지해야 한다.

---

[14] 같은 책, 41쪽.

세계관은 결과를 낳는다

가난에 대해 고찰하는 이 시점에서 주목해야 할 매우 중요한 사실이 있다. 바로 이 각 세계관의 기본 전제들을 믿고 생활 속에 반영할 때 어느 정도 예측 가능한 결과를 낳게 된다는 것이다. 비성경적인 두 세계관은 도덕적 모호함, 숙명론, 영적 가난 그리고 궁극적으로 물질적 가난도 초래할 가능성이 매우 높다. 반면에 성경적 세계관은 하나님이 주신 자원을 지혜롭게 관리하도록 하며 또한 물질적 축복으로 이어질 가능성도 매우 높다. 하나님이 풍족하게 자원을 주셨음을 이해하고, 그 자원을 제대로 관리하고 우리에게 유익한 방향으로 사용하기를 바라시는 하나님의 뜻을 인정하게 된다. 자신의 백성이 운명의 노예가 아니며, 환경이나 우연의 변덕에 굴복하지 않고, 적극적으로 효과적인 조치를 취하도록 하는 것이 하나님의 뜻이라는 것도 이해하게 된다. 적어도 성경적 세계관은 적절한 물질적 자원이 주어져 있음을 인정하며 이것은 복지 의식으로 이어진다. 예수님이 온 백성에게 원하시는 '풍성한 생명'의 경험이 바로 이것이다.

물론 그렇다고 애니미즘이나 세속주의가 반드시 즉각적이고 자동적으로 물질적 가난과 절망과 무기력을 낳는다는 것은 아니다. 이 두 세계관의 '현세적 삶'의 측면은 실제로 욕심과 탐욕과 축재에 집착하여 물질적 부를 얻고자 하는 노력으로 이어진다. 현실을 보면 많은 악한 사람들이 잘 살고 있다. 그러나 이미 지적한 대로 이런 세계관들은 결국 죽음과 파멸로 이어질 수밖에 없다.

마찬가지로, 유신론적(성경적) 세계관을 가진 사람들이라고 다 물질적으로 부유하거나 풍족한 생활을 하지는 않는다. 그런 사람들은 성경적 세계관에 따라 살기 때문에 매우 관용적이며 물질적 풍요보다 영적 자원에 더 깊은 관심을 보이는 경향이 있다. 생활하기에 부족함이 없다면 만족하며 살아간다. 아니면 박해나 핍박으로 재산을 빼앗기고 가난하게 근근이 살아갈 수도 있다. 그들 역시 착취와 부패와 불의에 학대당하고 굴복하며 살 수도 있다.

그러나 유신론적 세계관의 전제와 이해를 믿고 한결같이 삶으로 드러내면 환경에 상관없이 반드시 성경적 온전함과 영적 복지와 물질적 넉넉함(material adequacy)에 도달하게 되고, 자신의 재능과 이용 가능한 자원을 최선을 다해 활용하게 된다. 기회나 에너지, 열망이 있다면 기회와 자원을 놓치지 않고 이용하여 그들 자신의 유익과 이웃의 유익을 위해 노력하게 된다. 이 사실을 어떻게 알 수 있는가? 지금까지 살펴본 대로 성경이 이것을 수없이 약속해줄 뿐 아니라 실제적인 증거 역시 풍성하다.

예수님은 풍성한 생명을 주기 위해 세상에 오셨다

사실 예수님은 인종과 배경, 국적이나 그 어떤 특성에 관계없이 모든 어린이와 가정이 풍성한 생명을 누리기를 원하신다. 예수님이 세상에 오신 목적이 바로 이것이라고 말해도 무리가 아니다. 이 중요한 구절을 상세히 살펴보도록 하자.

"내가 온 것은 양으로 생명을 얻게 하고 더 풍성히 얻게 하려는 것이라"(요 10:10)라는 예수님의 선언은 양을 돌보는 목자의 비유를 말씀하시던 중에 나온 것이다. 예수님은 선한 목자라면 양을 돌보고 보호하며 필요를 제공한다고 말씀하셨다. 양은 그의 음성을 듣고 자신들이 위험하지 않다는 사실을 안다. 양은 들어가며 나오며 꼴을 얻는다(요 10:9).

선한 목자의 돌봄을 받는 양들은 안전하고 평화롭다. 양들은 창조 본연의 상태를 누린다. 물론 선한 목자 비유는 그 제자들을 향한 예수님의 소망이 투영되어 있다. 주님은 모든 사람이 동일한 평화와 안전을 누리며 살기를 원하시며, 시편 23편에서 말한 대로 그들의 평생에 "선하심과 인자하심"이 따르기를 원하신다. 이것이 바로 지금까지 강조했고 하나님이 그 모든 자녀에게 원하시는 전인적 온전함이다.

그러나 풍성한 생명이 주로 물질적 풍요를 가리키는 것이라고 주장하는 우를 범하지 않도록 조심해야 한다. 이것은 재물과 소유의 넘침을 의미하지 않는 것이 분명하다. 나는 일종의 '번영 신학'을 설파하고 싶지 않다. 풍성한 생명은 물질적 풍요만을 의미하지 않는다.

풍성한 생명은 앞에서 강조한 대로 온전하고 만족스러운 삶을 말한다. 한 개인의 재능과 은사와 창의성이 개발되고 적절히 향유되는 삶을 말한다. (어린이를 비롯한) 사람들이 생산적으로 삶을 영위하며 적절한 교육을 받고 건강과 영양에 필요한 충분한 자원을 제공받는 환경을 가리킨다. 사람들은 하나님이 만드신 세계를 통해 모든 필요가 충족됨을 알고 물질적 세계의 자원을 '다스리는' 법을 배운다. 자신들의 능력과 자원을 자신과 타인의 유익과 안녕을 위해 사용하고 싶다는 동기와 열망이 있다. 가족과 친밀하고 만족스러운 관계를 누리며 하나님이 제공하신 모든 것에 만족하고 (어려운 환경 속에서도) 희망과 평안과 기쁨을 누린다.

그렇다면 가난한 아이들과 가정에 우리가 줄 수 있는 가장 중요한 것은 돈이나 물질적 도움이 아니다. 성경적 진리를 이해하고 그 삶에 그 진리를 적용할 수 있도록 돕는 것이 우리의 일이다. 예수님은 "내가 곧 길이요 진리요 생명"(요 14:6)이라고 말씀하셨다. 그들이 진리를 알면 진리가 그들을 자유롭게 할 것이다(요 8:32). 젊은 자나 늙은 자를 가리지 않고 그 자녀들을 향한 하나님의 뜻이 바로 이것이다.

도둑은 훔치러 온다

양에 대해 정확히 하나님과 정반대 의도를 가진 도둑이 있다. 요한복음 10장 10절에서 예수님이 "도둑이 오는 것은 도둑질하고 죽이고 멸망시키려는 것뿐이요"라고 말씀하신 이유가 바로 이 때문이다. 이 도둑이 누구인가? 당연히 사탄이다. 사탄은 아이들이나 그 가족들이 풍성한 생명을 누리는 것을 원치 않는다. 그는 거짓말쟁이다. 실제로 거짓말이 그의 모국어이다(요 8:44 참고). 사탄은 거짓말하고 죽이고 훔치며 파괴하기 위해 무슨 짓이든 서슴지 않는다.

사도 바울은 사람들이 하나님의 진리를 거짓과 바꾼다고 이야기한다.[15] 하나님을 무시하고 사탄의 거짓말을 믿으면 가난과 죽음과 파멸의 구렁텅이로 빠져들게 된다. 사탄은 전 세계의 헤아리기 어려울 정도로 많은 상처 입은 어린이에게서 그 풍성한 생명을 훔쳐갔다. 아이들은 불신과 추악한 더러움과 부패와 착취와 비참함으로 고통당하고 있다. 사탄은 아이들과 가족들이 그의 거짓말을 믿고 그들에게 기회가 있고 활용할 자원이 있음에도 노예처럼 자신에게 속박당해 살기를 원한다.

우리는 성경의 진리를 믿을지 사탄의 거짓말을 믿을지 선택해야 한다. 성경적 세계관을 가지면, 다시 말해 성경의 진리를 믿고 따르기로 하면, 자유와 온전함과 풍성한 생명을 얻게 된다. 그러나 애니미즘과 세속주의 세계관의 바탕을 이루는 거짓을 믿고 따른다면 결국 비참함과 사망과 파멸을 얻게 될 것이다.

골로새서 2장 8절에서 바울은 "누가 철학과 헛된 속임수로 너희를 사로잡을까 주의하라 이것은 사람의 전통과 세상의 초등학문을 따름이요 그리

---

[15] 로마서 1:18-22

스도를 따름이 아니니라"라고 경고했다. 앞으로 살펴보겠지만 비성경적 세계관은 '철학과 헛된 속임수'이다. 인간적이고 세속적인 전통을 따른다. 진리에 기반을 두고 있지 않다. 오히려 사탄의 거짓말에 뿌리를 두고 있다.

> 세계관이 다르다고 무엇이 달라지는가? 우선 애니미즘과 세속주의를 따르는 사람들은 절대적 진리란 존재하지 않는다고 믿거나 그 진리가 있더라도 알 수 없다고 말한다. 그런 사람들은 도덕성과 지식, 관계 등에 적용할 아무 기준이 존재하지 않는 것처럼 인생을 살 위험이 있다. 성경적 세계관은 우리가 원칙과 예수 그리스도의 인격으로 진리를 알 수 있다고 말한다.

헛된 철학과 속임수에 대한 성경적 반응

그렇다면 근본적으로 '헛된 철학과 속임수' 혹은 가난의 노예가 되도록 하는 사탄의 거짓말은 어떤 것이 있는가? 몇 가지 예를 소개한다.[16]

1. 사탄의 근본적이고 지극히 사악한 거짓말은 "절대적인 진리나 보편적인 진리는 없다"라는 것이다. 애니미즘과 세속주의는 객관적 진리가 없다고 말한다. 애니미즘을 믿는 사람들은 또한 진리가 없거나 있다 해도 진리를 알 수 없다고 주장한다. 세속주의라고 다르지 않다. 서구 세속주의자들은 "원하면 무엇이든 믿으라"라고 말한다. 당신이 믿는 진리가 내게는 진리가 아닐 수도 있는 것이다. 서구 세속주의와 동양의 애니미즘은 우주는 무

---

[16] 이 단원의 논지는 대부분 대로우 밀러의 Discipling Nations를 바탕으로 한 것임을 밝힌다.

도덕적이고 비합리적이며 긍휼이 없다고 말한다.

성경의 대답: 진리를 알 수 있고 진리가 우리를 자유케 한다. 어린이들과 그 가족을 자유하게 하는 것은 돈이나 복지나 어떤 계획이나 구조가 아니라 진리이다. 성경을 보면 진리가 얼마나 중요한지 알 수 있다. 하나님은 (어린이를 비롯해) 모든 사람이 진리에 대해 알기를 원하신다.[17] 성경적 세계관은 우주가 합리적이고, 이해할 수 있으며, 질서 정연한 세상이라고 말한다. 하나님이 그 말씀과 행위로 진리를 계시해주셨기 때문에 우리는 진리를 알 수 있다.[18] 예수님은 요한복음 8장 32절에서 진리를 알 때 "진리가 너희를 자유롭게 하리라"라고 말씀하셨다.

2. 다른 아이보다 더 귀한 신분으로 태어나는 아이가 있다. 애니미즘을 믿는 사람들은 날 때부터 신분의 차별이 있다고 생각한다. 어떤 이들은 귀하고 고귀한 대접을 받고, 어떤 이들은 멸시와 차별을 받는다. 힌두교의 카스트 제도가 최악의 사례 가운데 하나이다. 카스트 제도의 하위 계층에 속하는 수백만의 사람들은 평생 가난을 저주처럼 짊어지고 살아간다. 전쟁과 차별과 학대로 이어지기 마련인 인종적 편견, 부족주의, 인종차별주의 등의 각종 '주의'들은 바로 이 거짓말의 증상이다.

많은 사람은 이 세상에서 개인의 운명이 전생의 업보에 따라 달라진다고 믿는다. 전생에 지은 죄 때문에 현생에서 어떤 환경에 처하든 달게 받아들여야 한다고 생각한다. 이런 믿음은 운명론으로 이어지고 자신의 삶을 개선하고자 하는 노력 자체를 포기한다. 심지어 절대 도움을 받아서는 안 된다고 주장하는 사람들도 있을지 모른다. '현재 처한 인생의 굴레는 과거에 지

---

[17] 디모데전서 2:3-4
[18] 대로우 밀러, Discipling Nations, 95-96쪽.

은 죄의 업보이다'라는 시각은, 내생에 더 나은 신분으로 태어나기 위해서는 현재의 환경을 감내해야 한다는 결론에 도달한다. 현실이 시궁창이라도 개선을 위해 노력하는 것은 옳지 않다. 내세에 더 나은 환경에서 살기 위해서는 현실을 불평 없이 받아들여야 한다. 사탄의 이 거짓말이 수많은 사람의 인생을 얼마나 강력하게 틀어쥐고 있는지 두려울 지경이다.

성경의 대답: 우리는 하나님의 형상으로 지음받았다. 이 놀라운 진리는 창세기 1장 27절에 기록되어 있다. "하나님이 자기 형상 곧 하나님의 형상대로 사람을 창조하시되 남자와 여자를 창조하시고." 이 진리는 성경적 유신론에만 특별하게 나타나는 진리이다. 시편은 "주께서 내 내장을 지으시며 나의 모태에서 나를 만드셨나이다 내가 주께 감사하옴은 나를 지으심이 심히 기묘하심이라 주께서 하시는 일이 기이함을 내 영혼이 잘 아나이다"(시 139:13-14)라고 말한다.

이 진리는 어린이들을 비롯한 모든 인간이 다 가치 있고 존엄하다는 사실을 확인해준다. 이런 내재적 가치와 존엄성은 차별 없이 모든 사람을 심겨야 할 근거로 작용한다. 나아가 "나는 중요한 사람이다. 나에게는 은사와 재능과 능력이 있다. 내 은사와 재능과 지성과 에너지를 제대로 활용해 내 권리를 옹호하고 삶을 개선할 수 있다"라고 자신 있게 말할 자부심을 제공한다.

한번은 필리핀 남부의 세부에 있는 프로젝트를 방문하러 간 적이 있었다. 나와 일행은 아홉 살 된 소년의 특송이 준비되어 있다는 말을 들었다. 이전에도 또래 아이들이 노래하는 것을 여러 번 들었기 때문에 별다른 기대감을 갖지 않았다. 그러나 이 어린 소년은 놀라울 정도로 성숙한 목소리를 갖고 있었다. 우리는 마이크를 잡고 노래를 부르는 소년의 당당한 자세와 자신감에 깜짝 놀랐다. 그 소년의 노래는 정말 훌륭했다! 그 또래의 아이들에게서 들은 노래 가운데 가장 훌륭한 노래였다. 그러나 우리가 입이 다물어지지 않을 정도로 놀랐던 이유는 소년이 고른 노래에 담긴 놀라운 진실이었다. 그는 자신이 작고 가난한 어린 소년에 지나지 않아 보잘것없어 보일지도 모른다는 내용의 가사를 온 힘을 다해 불렀다. 그러나 소년은 자신이 하나님께 중요한 존재라서 특별하다는 사실을 알았다. 아이들과 가족들이 가난에서 벗어날 길을 찾기 위한 첫걸음이 바로 자신이 소중한 존재임을 자각하는 것이다.

하나님의 형상으로 창조되었다는 의미는 무엇인가? 하나님의 자녀인 우리는 자신을 비롯해 다른 사람들을 도울 수 있는 자원을 부여받았다.

- 사고력—하나님을 생각할 수 있는 능력
- 마음—정서, 상상력, 신세계를 꿈꾸는 능력, 창의성과 예술
- 개성—기질과 일종의 천성
- 존엄성—하나님의 형상으로 창조된 존재
- 혀—언어로 문화를 창조하여 세상을 이끔
- 도구의 이용—노동의 강도를 낮춤
- 양심—선악을 구별함
- 의지—적극적 행동으로 역사를 만듦
- 영—비물질 세계를 이해할 수 있음
- 지혜를 발휘하며 자제할 줄 아는 능력
- 음악, 스포츠, 통신, 언어, 예술에 필요한 전문 지식과 기술

* 스코트 앨런과 대로우 밀러의 The Forest in the Seed(Phoenix, AZ: Disciple Nations Alliance, 2006), 44–46쪽.

세속주의자들은 대부분 지구의 자원이 한정되어 있고 고갈이 급속히 진행되고 있다고 믿는다. 이런 자원이 다 고갈되면 인류는 멸망한다. 그러나 이런 생각은 부분적으로만 옳을지 모른다. 석유가 완전히 고갈될 날이 올 것인가? 아마 그럴지도 모른다. 그러나 하나님이 우리 인류에게 주신 사고 능력을 활용하면 반드시 다른 대체 에너지를 발견할 것이다. 성경은 하나님이 모든 피조 세계를 다스릴 권한을 주셨다고 말한다. 우리는 부지런히 연구해서 자연 세계에서 발견한 것을 응용하며 개선하며 제대로 관리하고 활용해야 한다.

지구의 자원이 곧 고갈될까 두려워하는 사람들 중에는 한정된 자원의 수요가 늘지 않도록 낙태와 인구 성장률의 정체를 옹호하는 이들도 있다. 그러나 실제로는 지구 자원의 대부분이 사람의 두뇌에 있음에도, 그들은 지구에서 가장 중요한 자원을 파괴하는 일을 적극적으로 조장하고 있다.

가난한 사람들이 착취와 부패와 다른 죄악 된 인간성 때문에 여전히 앞으로도 고통당할 것인가? 물론 그럴 것이다. 이것은 타락의 결과라는 더 거대한 실체의 한 일부일 뿐이다. 그러나 가난한 사람들이 스스로 자신이 누구인지, 또 누구의 소유인지 자각하면 적어도 고통스러운 극도의 가난과 운명론을 극복할 수 있다.

3. 자연이 인간을 지배한다. 애니미즘을 믿는 사람들과 세속주의자들은 인간의 운명이 궁극적으로 별이나 자연의 손에 달려 있다고 믿는다. 인간이 자연을 다스리는 것이 아니라 그 반대라고 믿는 경향이 있다. 애니미즘을 믿는 사람들은 우리가 별과 행성 혹은 예측할 수 없는 자연의 힘에 좌우된다고 믿으며, 그것들은 이해할 수 없고 때로는 달래주어야 할 대상이라고 생각한다.

한번은 3, 4일 일정으로 네팔을 여행한 적이 있는데 차량이 대규모 결혼 행렬 때문에 계속 가다 서다를 반복했다. 참다못한 나는 "왜 오늘따라 이렇게 결혼하는 사람들이 많나요?"라고 물었다. 그러자 별들이 일렬로 늘어서는 상서로운 날짜가 몰려 있어서 그렇다는 대답을 들었다. 그 사람들은 우리에게 자연을 다스릴 권한이 있음을 모르고 있었다. 별과 행성들이 그들을 지배한다고 생각했다.

이럴 때 우주는 '닫힌 체계'가 된다. 부자가 배부르면 나머지는 굶을 수밖에 없다. 누군가 더 많이 가지면 나는 덜 가져야 한다. 그러므로 내가 할 수 있는 것을 움켜쥐고 놓아서는 안 된다. 이런 거짓말은 문제를 타개하는 노력보다 질투심과 사재기를 낳는다.

성경의 대답: 우리는 다스리도록 창조되었다. 시편 8편 5-6절에서 시편 기자는 하나님이 인간을 "하나님보다 조금 못하게 하시고 영화와 존귀로 관을 씌우셨나이다 주의 손으로 만드신 것을 다스리게 하시고 만물을 그의 발 아래 두셨으니"라고 경이로운 마음으로 찬송한다. 창세기 1장 28절은 하나님이 인류에게 모든 피조물을 다스릴 권한을 주셨음을 인정한다.

하나님은 인간에게 풍성한 자원을 누리고 돌보며 활용한 책임과 권한을 주셨다. 나아가 우리는 풍성함을 창출하고 관리해야 한다. 인간은 재배하고 확장시키며 아름답고 유용한 것을 발명하고 만들 능력이 있고 이 자원들을 관리하고 보존할 책임이 있다. 이런 이해는 생산성과 피조물에 관한 관심과 책임과 관리가 다시 가능해지도록 해준다. 자연을 다스린다고 자연을 남용하라는 의미는 아니다. 사실 하나님은 우리에게 그 손으로 만드신 세상을 관리할 책임을 맡기셨다. 우리에게 주신 것을 돌보고 보호하며 올바로 활용할 책임이 있다는 것이다.

> 하나님의 형상으로 창조되었다는 경이로운 축복에도 불구하고 많은 사람은 여전히 사탄의 가장 치명적인 한 가지 거짓말을 믿는다. 그것은 인생이 아무 목적도 의미도 없기 때문에 궁극적으로 허무하다는 거짓말이다. 사람들은 또 우주가 정한 '운명'에 스스로 체념하거나 결과에 전혀 개의치 않고 먹고 마시고 즐기며 생활하기로 결정한다. 그러나 하나님은 우리에게 미래와 소망이 있음을 믿고 목적의식을 가지고 의미 있는 인생을 영위해가기를 원하신다.

4. 인생은 무가치하거나 무의미하다. 많은 애니미즘 신봉자들은 인생이 환생의 끝없는 반복이라고 믿는다. 생존이 목표가 된다. 역사는 우연히 일어나는 무엇이다. 반면에 서구의 세속주의자들은 이 인생이 전부라고 믿는다. 내세 따위는 없다. 이 인생이 끝나면 삶도 사라진다. 애니미즘이든 세속주의든 결과는 동일하다. 현실의 삶보다 더 중요한 의미는 없다. 양측 다 생존이 인생의 유일한 목표가 된다. 가난한 사람들에게는 이생뿐 아니라 내생의 삶도 희망보다 비관론의 지배를 받는다.

성경의 대답: 하나님은 어린이들이 희망적인 미래를 갖기 원하신다. 사람들은 모두 하나님의 형상으로 창조되었을 뿐 아니라, 또한 목적과 의미를 가진 존재로 창조되었다. 그들의 인생과 집단 역사는 목적이 있다. 그들은 고유한 개성을 지닌 존재로 창조되었고 하나님과 이웃과 모든 피조 세계와 화목한 관계를 누리도록 지어졌다. 하나님은 개인들을 이용하셔서 그 뜻과 목적을 이루시므로 우리는 각기 의미 있는 역할과 인생 목적이 있다.

인생을 끝없는 환생의 연속으로 보면 황폐한 결과를 낳을 수 있다. 혼(Hougn, 가명)은 8세의 캄보디아 소녀이다. 이 아이는 어머니와 잘 아는 사람에게 강간을 당했다. 그러나 그 어머니는 가해자에 대한 어떠한 처벌도 원하지 않았다. 그녀의 말에 따르면 내세에 그 남자가 벌을 받을 것이라고 했다. 더 문제는 그녀가 딸에게 일어난 일을 업보, 즉 전생에 지은 죄 때문에 벌을 받는 것이라고 믿는다는 점이었다. 그 딸의 자부심이나 희망과 발전에 이보다 더 가혹한 위해가 어디 있겠는가?

하나님의 진리를 경험하면 자유하게 된다

그렇다면 사람들이 가난하고 굶주리는 이유는 무엇인가? "전쟁, 가뭄, 홍수와 같은 재앙이나 재난이 아니라면 물질적 가난에는 다 이유가 있다. 사람들이 자신과 세상을 바라보는 방식은 (많은 부분에서) 필연적으로 가난과 연관되어 있다. 물질적 가난은 가난의 문화, 특정한 행동을 조장하며 그것이 다시 가난을 초래하는 집단적 사고방식의 원인이 된다."[19]

사실 인생은 목적이 있고 소망이 있다. 가난한 가족들과 어린이를 비롯한 인간은 하나님의 축복과 인도하심으로 적극적으로 삶을 추구하며 미래를 꿈꿀 수 있다. 과거 세대처럼 무작정 고난과 한계를 견딜 필요가 없다. 가난하다고 현실에 순응하며 숙명론자처럼 살 필요가 없다. 어린이들과 가정은 보이지 않는 불가해한 세력에 지배당하거나 가혹한 운명과 환경에 조종당하는 대신, 목적의식을 갖고 자신들의 삶을 개선하며 삶을 주도적으로 개척할 힘이 있다. 가난한 어린이들이라도 더 나은 미래를 꿈꿀 수 있다. 전인적 양육이 목표로 하는 것이 바로 이것이다.

어린이들과 그 가정이 어떻게 사탄이 준 거짓말의 사슬을 끊을 수 있는

---

[19] 같은 책, 38쪽.

가? 가장 기본적으로 세계관을 바꾸고 성경적 진리를 배우고 따르면 가능하다.

유신론적 세계관은 헛된 철학과 속임수에 기만당할 필요가 없다고 말한다. 그 헛된 철학과 속임수는 구체적으로 다음과 같은 모습을 보인다.

- 객관적 진리를 부인하고 모호성과 혼란을 야기한다.
- 우리가 스스로의 환경과 운명을 통제해야 함을 부정하고 더 심할 경우 내세에 해를 입지 않도록 우리 조건을 개선시키려는 노력을 해서는 안 된다고 말한다.
- 계급이나 인종적 이유만으로 차별당하고, 기회가 주어지지 않는 걸 운명으로 받아들이라고 강요한다.
- 미래의 비전이나 희망이 전혀 없어 결국 숙명론, 수동성과 비관론으로 빠지도록 한다.

어린이와 그들의 가정은 더 이상 사탄의 거짓말에 매일 필요가 없다. 요한복음 8장 32절에서 예수님은 "진리를 알지니 진리가 너희를 자유롭게 하리라"라고 말씀하셨다. 바울은 골로새서 2장 15절에서 하나님이 "통치자들과 권세들을 무력화하여 드러내어 구경거리로 삼으시고 십자가로 그들을 이기셨느니라"라고 일깨워준다. 이 논의의 핵심을 정리하면 이렇다. 근본적으로 가난은 자원의 결핍 문제나 인간이 만든 결과가 아니며, 실상 영적인 문제라는 것이다.

하나님은 언제나 어린이를 비롯한 자기 백성이 인생의 모든 영역에서 온전하고 완전하기를 원하신다. 여기에는 아이들과 가정이 성경 진리를 이해하도록 돕는 일도 포함된다. 물질적이고 물리적인 도움이 여전히 필요한가? 물론 당연히 필요하다. 가난한 사람들은 온전한 인격체로서 충족되어야 할 필요들이 여전히 있다. 우리는 제대로 된 음식과 교육, 보건, 그 외 다른 개입으로 도움을 베풀라는 명령을 받았다. 그러나 가장 중요한 것이 돈이나 물질적 도움이라고 생각하는 우를 범하지 말라. 어린이가 하나님이 원하시는 사람으로 성장하기 위해서는 그런 도움 못지않게 배움의 기회를 주고, 성경의 진리를 이해하도록 돕는 것이 중요하다. 다시 말해 그들의 세계관이 변하도록 힘써야 한다.

착취, 부패, 불의와 같은 '악한 구조'와 여전히 싸워야 하는가? 물론 그렇다. 그러나 우리가 섬기는 어린이들과 그 가정이 성경의 진리를 믿고 따르게 된다면 참된 자유와 해방과 온전함과 미래와 희망을 더 빨리 발견할 수 있다.

한 가지 덧붙이자면, 물질적인 문제보다 영적인 문제가 더 근본적이므로 가난의 문제에 전인적으로 접근하기 위해서는 물리적 대처뿐 아니라 영적인 대처가 필요하다는 것이다. 가난의 실제적 원인을 제대로 다룰 수 있는 주체는 정부나 세속 NGO들이나 다른 세속적 기관들이 아니라 교회이다. 그러므로 효과적인 전인적 어린이 양육이 이루어지기 위해서는 반드시 기독교적 시각으로 접근해야 한다. 실제로 전인적 어린이 양육은 그리스도인과 교회에 특별히 주어진 도전이자 기회이다.

비그리스도인들은 양육 사역에 매우 유능하고 탁월하다. 그리스도인들이 많이 배워야 한다. 우리 사역은 비그리스도인들의 일과 매우 유사할지 모른다. 그러나 가난의 문제에 가장 완벽하고 효과적으로 반응할 수 있는 사람들은 그리스도인들이다. 뒤에서 이 문제를 더 자세히 살펴볼 것이다.

묵상과 토론을 위한 질문

1_ 사탄은 하나님의 진리가 가진 능력을 인식하고 온갖 술수로 그 진리를 왜곡하려고 한다. 우리가 하나님의 진리를 거짓과 맞바꾸거나(롬 1장) 거짓말로 대체하기를 원한다. 다음의 거짓말에 대해 하나님이 어린이와 청소년들에게 가르쳐주시기 원하는 성경 진리는 무엇이라 생각하는가?

   a. 우리는 원숭이 같은 동물에서 진화했다. 하나님이 우리를 만드신 것이 아니다.

   b. 한 아이나 한 인간의 가치는 타인들과 사회에 의해 결정된다.

   c. 한 인간의 가치는 피부색, 성, 능력, 재물, 교육 수준, 혹은 외모를 기준으로 한다.

   d. 어린이마다 하나님이 주신 독특한 재능과 잠재력과 창의력이 있다는 것은 거짓말이다.

   e. 남자아이가 여자아이보다 귀중하다.

   f. 어떤 인종의 아이들은 다른 인종들보다 더 우월하게 태어난다.

   g. 하나님이 특별히 사랑하시는 사람들이 있다.

2_ 성경을 모르는 문화/ 사회/ 세계관 가운데 '헛된 철학과 속임수'의 사례를 찾아 이야기해보라(3가지 이상).

   a. 이런 '헛된 철학과 속임수'가 어떤 부분에서 가난을 조장할 가능성이 있다고 생각하는가?

   b. 이런 것들이 직장이나 사회에서 어떤 식으로 어린이와 그 가정의 양육을 가로막는다고 생각하는가?

   c. 이런 철학들을 성경 원리들과 비교해보라.

3_ 비기독교적 세계관은 가난과 파괴를 낳는 경향이 있다는 말에 동의하는가? 아니면 동의하지 않는가?

4_ 성경적 세계관이 온전한 삶을 영위하도록 해주는 이유와 그 방법은 무엇인지 자신의 삶, 사회, 교회에서 경험한 사례를 들어 이야기해보라.

2부
어린이와 교회

Child,
Church
and
Mission

    2부는 어린이와 교회를 다룬 두 단원 가운데 첫 번째 단원이다. 2부와 3부의 제목은 미묘한 차이가 있다. 2부는 '어린이와 교회'이고, 3부는 '교회 안의 어린이'이다. 전자는 교회 안뿐 아니라 교회 밖의 어린이들을 전인적으로 돌보아야 할 성경적 책임이 교회에 있음을 강조한다. 여기서는 모든 어린이와 그 가족들, 사실상 모든 피조물을 돌보고 회복시키며 화목하게 해야 할 교회의 책임에 관한 성경적이고 신학적인 근거를 살펴볼 것이다.

    '어린이와 교회'에서는 또한 복음 전도와 사회적 실천에 관한 오래된 논쟁(그러나 여전히 해결되지 않은)을 살펴보고 교회의 다양한 사역과 기능을 수행하기에 적합한 두 중요한 구조를 살펴볼 것이다. 마지막으로 6장에서는 곤경에 처한 어린이들을 돌보는 책임을 왜 교회가 특별히 감당해야 하는지 보여주는 중요한 성경 구절들을 검토해볼 것이다.

    이어서 '교회 안의 어린이' 단원은 이미 교회 안에 있는 어린이들에 대한 교회 사역의 개선 방향에 대해 이야기한다. 교회 사역은 어린이들의 신앙을 성장시키는 것은 물론 교회 프로그램, 시설, 사역자들이 좀 더 어린이 친화적인 방향으로 개선하는 데 중점을 두어야 한다.

5장

교회의 역할

***

"하나님이 그 아들을 세상에 보내신 것은 세상을 심판하려 하심이 아니요
그로 말미암아 세상이 구원을 받게 하려 하심이라."
-요한복음 3:17

    성경은 하나님이 모든 피조물을 사랑하시며 그들을 구속하기를 원하신다고 말한다. 성경 전체를 관통하는 중심 메시지가 바로 이것이다. 성경은 모든 피조물이 하나님 보시기에 좋았다고 기록한다. 하나님이 우주 만물을 지으신 기사를 보면 "하나님이 보시기에 좋았더라"라는 구절이 수차례 등장한다. 이 구절이 반복되었다는 사실은 하나님의 진심이 정말 그러했다는 반증이다. 그러나 교회 안팎으로 어린이를 포함한 피조물 중의 일부를 부정적으로 인식하는 경향이 여전히 있다. 슬프게도 그런 인식으로 인해 비극적인 일이 벌어지면 우리 역시 하나님이 위임하신 책임을 축소하려는 경향을 보인다.

    전인적 어린이 양육은 피조물이 선하지만 타락했으며, 하나님은 단순히

개인뿐 아니라 전체 문화와 사회를 구속하기 원하신다는 진실에 신학적으로 반응한 결과물이다. 하나님은 이 뜻을 관철시키고자 수많은 사람과 제도를 사용하셨다. 창조 세계를 이용하실 뿐 아니라 아담과 노아와 아브라함과 그 자손들인 이스라엘 백성과 맺은 언약을 통해, 궁극적으로는 그 아들을 십자가에서 희생 제물로 드리심으로 온 세상(우주)을 구속하고자 하셨다.

계속 살펴보겠지만 하나님은 또한 지구상의 유일한 자신의 대리자인 교회에 모든 피조물을 축복하고 회복시킬 책임을 위탁하셨다. 그 책임을 우리가 어떻게 실행할지에 따라 우리의 헌신과 창의성이 규정된다. 이 단원에서는 창조, 언약, 십자가에서 감당하신 그리스도의 구속 사역과 같은 신학적 주제들을 간략하게 살펴보고 전인적 어린이 양육과 관련해 하나님의 뜻을 실천할 교회의 책임을 면밀히 살펴볼 것이다.

전인적 인간-피조 세계의 전인성

전인적 어린이 양육은 한 개인의 신체적, 영적 그리고 그 외 여러 측면을 다룬다는 사실을 살펴보았다. 그러나 전인적 양육을 위한 우리의 노력은 또한 전체 피조물과 세상을 향한 하나님의 뜻과 인간 삶의 규정을 포괄해야 한다.

성경은 하나님의 관점에서 피조물이 선하다는 사실을 지지한다.

"하나님이 뭍을 땅이라 부르시고 모인 물을 바다라 부르시니 하나님이 보시기에 좋았더라"(창 1:10).

"땅이 풀과 각기 종류대로 씨 맺는 채소와 각기 종류대로 씨 가진 열매 맺는 나무를 내니 하나님이 보시기에 좋았더라"(창 1:12).

"하나님이 두 큰 광명체를 만드사 큰 광명체로 낮을 주관하게 하시고 작은 광명체로 밤을 주관하게 하시며 또 별들을 만드시고 하나님이 그것들을 하늘의 궁창에 두어 땅을 비추게 하시며 낮과 밤을 주관하게 하시고 빛과 어둠을 나뉘게 하시니 하나님이 보시기에 좋았더라"(창 1:16-18).

"하나님이 땅의 짐승을 그 종류대로, 가축을 그 종류대로, 땅에 기는 모든 것을 그 종류대로 만드시니 하나님이 보시기에 좋았더라"(창 1:25).

피조 세계는 선하며 구속받을 가치가 있다. 창세기는 모든 만물을 지으신 이가 하나님이시라고 말한다. 따라서 그분이 지으신 모든 피조 세계는 본질적으로 선하고 가치가 있다. 하나님은 모든 피조물이 보시기에 좋았다고 말씀하셨다.[1] 창조 세계가 본질적으로 선하다는 사실은 중요하다. 초창기 이단이며 오늘날도 그 잔재가 여전한 영지주의는 피조 세계가 선하다는 사실을 부인했다. 영지주의에 따르면 피조 세계와, 물질 세계와, 물리적 세계는 구원의 대상이 아니며, (오늘날의 일부 신비주의자들처럼) 영지주의자는 물질 세계를 멀리해야 한다고 주장한다. 그러나 알버트 월터스(Albert Wolters)는 이렇게 지적한다.

> 하나님은 쓰레기를 만드시지 않는다. 따라서 하나님이 손수 만드신 세계를 그렇게 적극적으로 인정하시는 마당에 우리가 그것을 부정적인 시선으로 바라본다면 창조주를 모독하는 것이나 마찬가지이다. 실제로 하나님은 그 손으로

---
[1] 창세기 1:4, 10, 12, 18, 21, 25, 31

창조하신 피조 세계를 인간이 망쳐놓았을 때 그것을 폐기하지 않고 자기 아들의 생명을 대가로 새롭게 회복하기로 결정하셨다. 하나님은 쓰레기를 만드시지 않을 뿐더러 그가 만드신 것을 포기하거나 버리시지도 않는다.[2]

요약하면 구속되어 그리스도 안에서 온전함을 얻는 대상이 인간만이 아니라 하나님이 만드신 모든 피조 세계도 포함된다는 것이다.

(어린이들을 포함한) 인류는 피조 세계에서 특별한 위치를 차지한다. 앞에서 살펴보았듯이 하나님은 우리를 그분의 형상으로 창조하심으로 특별히 존귀하고 소중한 존재로 만드셨다. 또 하나님은 우리로 그와 공동 창조자가 되도록 하시고 온 피조 세계와 구속 관계를 누리도록 해주셨다.[3] 교회가 실행 주체인 전인적 어린이 양육 사역은 어린이들이 하나님이 주신 문화 창조자로서의 역할을 제대로 감당하도록 준비시키는 일을 한다.

 언약과 어린이 양육

시편 기자는 시편 19편 1절에서 "하늘이 하나님의 영광을 선포하고 궁창이 그의 손으로 하신 일을 나타내는도다"라고 선언했다. 인간 타락 이후에도 하나님은 그 피조물을 보호하고 회복하기를 원하신다. 여기에는 특별히 어린이가 포함된다. 먼저 하나님은 언약을 통해 이 사역을 시작하셨다. 첫 언약은 홍수 후 노아와 맺은 언약이었다. 하나님은 노아와 언약을 맺으셨지만 노아의 후손들만이 아니라 살아남은 모든 생명체, 그리고 온 땅과도 언약을 맺으셨다. 창세기 9장 8-10절에 그 언약의 내용이 일부 기록되어 있다.

"하나님이 노아와 그와 함께 한 아들들에게 말씀하여 이르시되 내가 내 언약을

---

[2] 알버트 월터스, Creation regained, 42쪽.
[3] 아더 F. 홈즈, 편집, 아더 홈즈, The Making of a Christian Mind, 'Toward a Christian View of Things'(Downers Grove, IL: InterVarsity Press, 1985), 20쪽.

너희와 너희 후손과 너희와 함께 한 모든 생물 곧 너희와 함께 한 새와 가축과 땅의 모든 생물에게 세우리니 방주에서 나온 모든 것 곧 땅의 모든 짐승에게니라."

나중에 하나님은 아브라함과 더 본격적인 언약을 맺으셨다. 창세기 12장 2-3절에 기록된 대로 하나님은 아브라함을 축복하실 뿐 아니라 아브라함을 통해 온 민족과 족속을 축복해주겠다고 말씀하셨다.

"내가 너로 큰 민족을 이루고 네게 복을 주어 네 이름을 창대하게 하리니 너는 복이 될지라 너를 축복하는 자에게는 내가 복을 내리고 너를 저주하는 자에게는 내가 저주하리니 땅의 모든 족속이 너로 말미암아 복을 얻을 것이라 하신지라."

이 놀라운 약속과 축복은 어린이를 포함한 하나님의 모든 백성을 대상으로 한다. 열방을 축복하시겠다는 이 약속은 성경 전체의 핵심 주제이다. ('족속' 혹은 헬라어로 '에트노스(ethnos)'는 성경에서 그 파생어를 포함하면 1,000번 이상 등장한다.) 이사야 55장 3-5절은 선민 이스라엘 백성이 모든 열방에 복이 되도록 하겠다는 하나님의 뜻을 전하고 있다.

"너희는 귀를 기울이고 내게로 나아와 들으라 그리하면 너희의 영혼이 살리라 내가 너희를 위하여 영원한 언약을 맺으리니 곧 다윗에게 허락한 확실한 은혜이니라 보라 내가 그를 만민에게 증인으로 세웠고 만민의 인도자와 명령자로 삼았나니 보라 네가 알지 못하는 나라를 네가 부를 것이며 너를 알지 못하는 나라가 네게로 달려올 것은 여호와 네 하나님 곧 이스라엘의 거룩하신 이로 말미암음이니라 이는 그가 너를 영화롭게 하였느니라."

구속, 화목, 어린이 양육

성경은 창세기 1장 26-28절에 나오는 인간이 하나님의 대리자로서 '땅에 충만하고 정복하며 다스리는' 책임을 감당하지 못했다고 말한다. 아담은 자신의 이익을 선택했고 그의 불순종, 즉 타락으로 인해 하나님과의 관계와 다른 모든 피조물과의 올바른 관계가 손상을 입었다. 심지어 오늘날까지 우리의 삶과 가족과 사회와 자연 환경까지 이 반역의 결과로 고통당하고 있다.

하나님은 타락한 모든 피조물을 구속하여 다시 그와의 관계를 회복할 계획을 세우셨다. 하나님은 단순히 개인뿐 아니라 온 사회와 문화들도 구속하기를 원하신다. 구속(redemption)과 화목(reconciliation)은 원래 상태로 회복된다는 의미를 내포한다. 화목은 사람들과 모든 피조 세계가 맺은 관계와 관련이 있다. 교회를 통해 피조 세계와 하나님이 구속 관계를 맺으심으로 창조 질서를 회복하는 것이 하나님의 계획이다. 화목은 하나님이 보시기에 좋았다고 하신 그 피조 세계의 약점을 제거하고 완전하게 하기로 작정하셨음을 보여준다. 알버트 월터스는 그것을 이렇게 말한다.

> 신학자들은 때로 구원을 재창조로 표현해왔다. 하나님이 첫 창조 세계를 폐기하시고 예수 그리스도 안에서 새 창조 세계를 만드신다는 의미가 아니라, 첫 세계가 타락했음에도 포기하지 않고 구원하기로 작정하셨다는 의미이다. 하나님은 그 손으로 만드신 세상을 절대 포기하지 않고 자기 아들을 희생 제물로 드리시고 원래 계획을 회복하기로 작정하셨다. 원 계획을 망치고 그로 인해 온 자연 세계를 망가뜨린 인간은 그리스도 안에서 또 한 번의 기회를 얻게 되었다. 원래 선하게 창조된 피조 세계가 회복될 수 있게 된 것이다.[4]

이 적극적인 구속 사역은 신약에서 예수 그리스도가 오셔서 십자가에 죽으시는 사건으로 정점에 이른다.

복음주의 그리스도인이라면 요한복음 3장 16절을 잘 알고 있다. 이 말씀은 모든 믿는 자에게 주시는 구원을 이해할 핵심 열쇠이다. 그러나 바로 다음 구

---

[4] 알버트 월터스, 58쪽.

절인 3장 17절과 전인적 사역으로서의 그 의미에 대해 아는 그리스도인은 별로 많지 않다. "하나님이 그 아들을 세상에 보내신 것은 세상을 심판하려 하심이 아니요 그로 말미암아 세상이 구원을 받게 하려 하심이라."

이 두 절의 세상(world)에 사용된 헬라어는 둘 다 코스모스(cosmos)이다. 이 세상은 전체 피조 세계를 가리키며 여기에는 인간 개인뿐 아니라 인간이 만든 사회 구조와 관계들도 포함된다. 사람들이 삶을 이어가는 공간으로서 인간 문화의 전 지구적 환경을 말한다. 이 코스모스의 건설과 회복은 그리스도인들이 구원과 구속을 통합적으로 접근해야 할 필요가 있음을 강조한다. 현대 복음주의자들은 속죄를 개인 구원에 한정시킴으로 요한복음 3장 16절을 강조하고, 17절은 간과하는 경향이 있다. 개인 구원을 강조하면 코스모스의 구속을 등한시하게 된다.

골로새서 1장에서 바울의 핵심 주제가 담긴 15-20절은 구원, 화목, 구속이 단지 인간 구원에 한정되는 것이 아니라 온 피조물에 적용되기로 되어 있음을 강조한다.

"그는 보이지 아니하는 하나님의 형상이시요 모든 피조물보다 먼저 나신 이시니 만물이 그에게서 창조되되 하늘과 땅에서 보이는 것들과 보이지 않는 것들과 혹은 왕권들이나 주권들이나 통치자들이나 권세들이나 만물이 다 그로 말미암고 그를 위하여 창조되었고 또한 그가 만물보다 먼저 계시고 만물이 그 안에 함께 섰느니라 그는 몸인 교회의 머리시라 그가 근본이시요 죽은 자들 가운데서 먼저 나신 이시니 이는 친히 만물의 으뜸이 되려 하심이요 아버지께서는 모든 충만으로 예수 안에 거하게 하시고 그의 십자가의 피로 화평을 이루사 만물 곧 땅에 있는 것들이나 하늘에 있는 것들이 그로 말미암아 자기와 화목하게 되기를 기뻐하심이라."

이 구절은 하나님의 뜻이 온 피조물에 적용됨을 일곱 번이나 일깨우고 있다. 바울은 이것을 강조하였다! 예수님은 온 만물의 회복을 위해 보혈을 흘리셨다. 왜 그렇게 하셨는가? 타락으로 만물이 저주를 받았기 때문이다. 하나님은 그가 만드신 피조 세계를 사랑하시며 만물이 그와 화목하기를 원하신다.[5]

전인적 어린이 양육을 포함한 전인적 발달은 우리 그리스도인들이 만물을 구속하고 자신과 화목하게 하시는 하나님의 사역에 동참하는 한 방법이다.

교회의 역할과 그 비밀

신약 시대 이후로 하나님은 교회를 구속 사역의 도구로 선택하셨다. 에베소서 1장 9-10절에서 사도 바울은 이것을 비밀이라고 부른다. 하나님이 모든 피조 세계가 그와 화목하도록 하시는 일을 그의 백성이자 그의 몸 된 교회에 맡기셨고, 그 일은 우리에게도 비밀에 속한 일이다.

> "그 뜻의 비밀을 우리에게 알리신 것이요 그의 기뻐하심을 따라 그리스도 안에서 때가 찬 경륜을 위하여 예정하신 것이니 하늘에 있는 것이나 땅에 있는 것이 다 그리스도 안에서 통일되게 하려 하심이라."

에베소서 1장 22-23절은 이어서 이렇게 말한다.

> "또 만물을 그의 발 아래에 복종하게 하시고 그를 만물 위에 교회의 머리로 삼

---

[5] 밥 모핏, If Jesus Were Mayor(Phoenix: Harvest Publishing, 2004), 61쪽.

으셨느니라 교회는 그의 몸이니 만물 안에서 만물을 충만하게 하시는 이의 충만함이니라."

에베소서 3장 8-11절에서 바울은 교회의 이 신비스러운 역할을 우리에게 밝힐 은혜를 받았다고 설명한다.

"모든 성도 중에 지극히 작은 자보다 더 작은 나에게 이 은혜를 주신 것은 측량할 수 없는 그리스도의 풍성함을 이방인에게 전하게 하시고 영원부터 만물을 창조하신 하나님 속에 감추어졌던 비밀의 경륜이 어떠한 것을 드러내게 하려 하심이라 이는 이제 교회로 말미암아 하늘에 있는 통치자들과 권세들에게 하나님의 각종 지혜를 알게 하려 하심이니 곧 영원부터 우리 주 그리스도 예수 안에서 예정하신 뜻대로 하신 것이라."

이유가 무엇이든 하나님은 모든 만물을 구속하는 일에 교회를 도구로 사용하셨다.[6] 교회는 그 피조 세계를 구속하기 위해 준비하신 유일한 계획이다. 컴패션 아시아 지역 부총재 밤방 부띠얀토는 이렇게 지적한다.

에클레시아(교회)는 오직 한 가지 사명만 부여받았다. 바로 제자 삼는 사명이다. 예수님은 교회에 대위임 명령으로 '제자 삼는 일에 동참하며 가난한 사람들을 돌아보라'라거나 '제자를 삼고 피조 세계를 돌보라'라고 명하시지 않았다. 또한 '제자를 삼으며 광장에서 전하라'라고 명하시지도 않았다. 제자를 삼는 일은 이 모든 면을 다 포함하는 일이기 때문이다.[7]

---

[6] 교회의 역할의 신비에 관한 이 단상에 대해서는 밥 모핏과 그의 저서 If Jesus Were Mayor을 참고로 하였다.
[7] 밤방 부띠얀토, 'The Ecclesia of Jesus Christ', 미출간된 문서, 9쪽.

예수 그리스도의 역동적 공동체 에클레시아는 하루도 쉬지 않고 매일 하나님 나라를 확장하는 일에 적극적으로 참여한다(행 2:46-47). 그러나 불행하게도 멈추지 않고 지속되어야 할 변화의 노력은 세계 여러 곳에서 일회성 주일 행사로 대체되고 있다. 교회가 일주일에 한 번 있는 주일 행사로 연명한다면 예수님이 교회를 그 나라의 공동체로 지명하시며 부여하신 새로운 의미가 퇴색하게 된다.[8]

실제로 진정한 전인적 양육은 오직 교회나 그리스도인만이 감당할 수 있다. 죄의 본질과 그 백성과 그 피조물을 향한 하나님의 뜻을 이해하고, 실제적인 전인적 치유를 얻도록 하는 복음의 능력을 이해하는 이들은 그리스도인이 유일하다.

하나님 나라의 예정된 이러한 방식은 전 고대 세계의 사회들을 변화시키는 힘으로 작용했고, 때로 수많은 박해와 개인의 희생이 동반되었다. 역사를 이루는 하나님의 새로운 방식[9]은 예수님 당시 사람들에게 완전히 새로운 패러다임이었다. 교회로 대표된 기독교는 타종교와 사회에서 한 번도 들어보지 못한 관계와 행동의 이해 방식과 놀라운 새 개념들을 소개해주었다. 교회는 인간성에 대한 새롭고 확고한 비전을 제공함으로 개인을 변화시키고 사회를 변화시켰다.

로드니 스타크(Rodney Stark)[10]는 하나님의 사역 방식에 대한 몇 가지 혁명적 측면을 확인해준다. 이런 면들은 당시 일반적으로 통용되던 인식이나 관습과는 너무나 달라서 로마 세계를 충격에 빠뜨렸다.

---

[8] 같은 출처, 6쪽.
[9] 친구 키이스 화이트 박사는 아주 단순한 하나님 나라의 개념을 제시했다. 성경의 '하나님 나라'라는 구절을 '하나님의 일하시는 방식'이라는 구절로 대체해보면 그 의미가 단순 명료해진다고 주장한다.
[10] 로드니 스타크, The Rise of Christianity(San Francisco:HarperOne, 1997), 212쪽.

1. '사랑의 하나님'이라는 개념. 당시 그들이 섬기는 신들은 늘 자신들이 중요했고 허구한 날 서로 싸우며 인간들의 충성을 확보하고 지배력을 높이기 위해 경쟁하는 신들이었다. 그런 신들은 그들을 숭배하는 사람들에게는 거의 관심이 없었다.

2. 기독교의 사랑의 하나님은 그 추종자들, 즉 교회 역시 서로 사랑하기를 요구했다. 그 당시 사람들은 자기 가족이나 정치적으로나 경제적으로 이득이 되는 사람들이 아니면 누구도 사랑하지 않는 것이 일반적이었다. "연민은 지혜자의 자격이 미달된 인격에 나타나는 결함이었고 미성숙한 사람들에게만 해당되는 감정이었다."[11] 그러나 심지어 이 새로운 신은 "너희(교회)는 가난하고 상처 입은 자들을 사랑해야 한다. 특히 세상의 비천한 자들을 사랑해야 한다"라고 말했다.[12]

3. 이 새로운 신이 신자들 사이에 어떤 지위나 신분의 차별이 없어야 한다고 말한 점 역시 충격적이었다. 이것은 그들의 통념을 완전히 벗어나는 일이었다. 부자나 가난한 자나 비천한 자나 권력자나 그 보기에 모두 동등한 존재였다. 교회는 완전히 새로운 차원의 인간관계에 대한 비전을 보여주었다.

4. 하나님은 자비를 요구하는 자비의 하나님이시다. 당시 로마는 그 무자비함과 잔혹함으로 악명을 떨쳤다. "자비는 아무 노력하지 않은 이에게 도움을 베풀고 원조하는 것이므로 정의에 위배된다고 보았다."[13] 그들은 왜

---

[11] 같은 책, 212쪽.
[12] 밥 모핏, 38쪽.
[13] 로드니 스타크, 212쪽.

아무 이유 없이 가난한 사람들을 돌보는지 도무지 이해하지 못했지만 그것은 기독교의 핵심 신념이었고 교회의 신앙 행위였다.

후에 복음은 유럽이 야만성을 버리고 시민 사회의 리더로 변화하는 데 기여했다. 수세기 동안 교회는 늘 선행을 행하고 인류를 향한 보편적 사랑을 실천하는 일에 앞장서왔다. 이 새로운 개념들은 강력하고 영향력이 컸으나, 또한 인간의 전인적 필요에 교회가 부응한다는 개념이 급진적 개념이었던 것만큼 실제로 교회가 행하는 선행이 미흡할 때도 많았다.

교회가 성장하고 이 새로운 개념이 확산되었음에도 불구하고, 이러한 미흡한 측면 때문에 종종 교회가 전인적 사역에 미온적으로 임했고 그로 인해 그 성과 역시 미미한 결과를 낳았다. 실제로 교회가 선행을 행하는 일에 관여해야 하는지를 두고 일부에서 의문을 제기했다. 최근 사회 참여에 대한 교회의 역할을 두고 계속 의문이 제기되었고, 특히 복음주의자들은 이 성경적 책임을 관철하는 일에 소극적일 때도 있었다. 이런 태도를 보인 이유는 하나님 나라가 현재가 아닌 미래적 나라, 즉 그리스도의 재림 이후에 임할 나라라는 일부의 오해에 한 원인이 있다.

일반적으로 구호 활동과 양육 사역, 구체적으로 전인적 어린이 양육과 관련된 어려움은 사회적 행동과 복음주의 사역의 상관성을 이해하는 것과 관련이 있다. 이제 이 오래된 문제를 살펴보고자 한다.

복음 전도와 사회 참여: 대논쟁

교회는 가난한 사람들을 위시한 모든 사람의 삶에 근본적 변화가 일어나도록 해야 할 책임이 있다. 실제로 빈곤층을 위한 기독교 사역은 매우 광범위한 규모로 진행되고 있다. 오늘날 교회는 어린이 전도, 사역, 현지 사역자라는 측면에서 볼 때 위기에 처한 어린이들을 대변하며 그들을 위해 일하는 가장 규모가 큰 조직에 속한다. 교회의 이 부분은 별로 알려져 있지 않다. 위기에 처한 어린이를 위한 교회 사역의 규모를 알고 사람들은 종종 놀라움을 나타낸다. 심지어 교회 내 사람들도 이런 반응을 보인다.

그러나 다른 면에서 보면 교회는 마땅히 요구되는 만큼 제대로 된 영향력을 발휘하지 못하고 있음을 알 수 있다. 실제로 교회는 종종 상처 입은 어린이들과 그 가족들을 돌볼 책임과, 교회만의 특별한 능력을 무시하거나 무시하기로 결정한다. 하나님의 모든 피조 세계의 구속을 위해 그 역할을 감당해야 할 교회가 역사적으로 늘 실제적인 모범을 보인 것은 아니었다.

복음주의 진영은 때로 어려움에 처한 사람들을 돌보는 책임을 제대로 감당하지 못했다. 1850년대 유럽 신학교에서 '고등 비평'이라는 신학적 운동이 시작되었고 결국 이 운동은 이른바 '사회적 복음(Social Gospel)'으로 알려진 운동의 시초가 되었다. 밥 모핏(Bob Moffitt)은 이렇게 설명한다.

> 강조의 초점이 미래적인 하나님의 영적 왕국에서 현재의 물리적이고 세속적인 왕국으로 이동하고 있었다. 사회 참여를 통해 지금 여기 이 땅에서 사회 개선이라는 목표를 이루고 인간적 노력과 선한 행동으로 개화된 정부 프로그램을 정착시키자고 역설했다. 이것을 신념으로 하는 자유주의 교회 진영은 사회적인 문제에 집중하기 시작했다. 요약하자면 사회적 복음은 선한 행동의 결과로 하나님 나라가 지상에 임할 것이라고 주장했다. 개인이 그리스도께 인격적으로 회심하는 일은 더 이상 필요하지 않았다.[14]

---

[14] 밥 모핏, 104-105쪽.

보다 최근에는 교회의 합법적 기능을 두고 여러 '계열' 즉 자유주의 혹은 주류 교회와 복음주의 계열이나 은사주의 계열에서 중요한 논쟁이 제기되었다. 어떤 면에서 이것은 주류 교단 교회들 간의 논쟁이었다. 세계 교회 협의회(WCC)에 동조하는 자들과 복음주의 교회들, 즉 세계 복음주의 협의회(WEF, 현재는 세계 복음주의 연맹, WEA)에 동조하는 이들 간의 논쟁인 것이다.

1966년 스웨덴 웁살라에서 개최된 WCC 대회는 이런 의견을 내놓았다. "교회를 통해 세상에 말씀하시는 하나님에서, 하나님이 세상에 행하시는 일을 통해 교회에 말씀하시는 하나님으로 강조점이 이동했다."[15]

20억을 배신할 것인가?

웁살라 대회의 이 입장은 1973년 WCC 방콕 선교 대회에서 강화되었다.

> 오늘의 구원은 교회 안이든 밖이든 하나님이 지금 세상에서 행하고 계신 일에 대한 우리의 인식에 의해 결정되어야 한다고 그들은 주장한다… 복음 전도는 거의 관심의 대상이 아니었고 복음을 듣지 못한 자들에 대해서는 어떤 언급도 없었다.[16]

선교의 이 새로운 이해를 실행하기 위해 세운 다양한 프로그램 중에는 인종 차별 금지 프로그램이 있었고, 당시 로데시아(지금의 짐바브웨)에서 활동 중인 게릴라 집단에 재정 지원을 하는 계획도 포함되어 있었다. "대부분의 복음주의자들은 선교의 개념이 이렇게 변화하는 것에 강하게

---

[15] 티모시 체스터, Awakening to a World of Need(Leicester, UK: InterVarsity Press, 1993), 62쪽.
[16] 같은 책, 63쪽.

반대했다. 웁살라 총회가 열리기 전 도날드 맥가브란(Donald McGavran)은 '웁살라는 20억을 배신할 것인가?'라고 반문하는 기사를 썼다."[17]

많은 복음주의자들이 복음 전도를 더 강조하게 된 것은 부분적으로는 WCC 소속 교회들의 이런 방침에 대한 반발 때문이었다. 많은 복음주의자는 복음 전도와 미종족 선교의 총체적 배신이라 이해한 이 현상에 놀라움을 금치 못했다. 그리고 대위임 명령에 내포된 책임들을 성경적으로 이해했음에도, 너무나 많은 사람이 약자와 소외된 자들을 돌보는 사역 자체를 완전히 포기해버렸다.

사회적 복음

복음주의 그리스도인들이 이런 종류의 사회적 복음을 멀리하는 이유는 쉽게 알 수 있다. 실제로 이런 사회적 복음에 맞서 많은 복음주의자는 교회의 합법적 기능인 선한 행위 자체를 거부하기 시작했다. 보수주의자들은 주로 하나님의 총체적 관심사보다는 복음 전도와 영적 회심에 초점을 맞추기 시작했다.

많은 복음주의자가 통합적 사역을 외면한 두 번째 요인은, 아무리 노력한다 해도 예수께서 재림하시기까지 세상은 필연적으로 더욱 악화될 것이라는 주장 때문이었다. 복음 전도자인 드와이트 L. 무디(Dwight L. Moody)는 이렇게 표현했다. "세상은 침몰하는 배와 같다. 하나님은 나를 구명정에 태워주시고 생명 보조 장치를 주시며 '무디야, 나가서 할 수 있는 대로 모든 사람들을 구원하거라. 배는 신경 쓰지 마라. 결국 가라앉게 되어 있다'라고

---
[17] 같은 책.

말씀하셨다."[18]

분명한 것은 가난한 사람들이 우리와 함께 있다는 것이다. 때로 교회는 어린이들을 귀히 여기지 않고 무시했다. 더 괴로운 사실은 교회가 어린이들의 필요를 통합적으로 돌보는 일이 교회의 책임에 포함된다는 사실 자체를 모르거나 심지어 부정할 때가 너무나 많았다는 것이다. 이 '위대한 누락'은 어느 정도는 교회의 근본적 역할에 대한 역사적 몰이해와 신학적 차이에 뿌리가 있다.

그 이유가 무엇이건, 역사적으로 교회는 선행으로 그리스도의 사랑을 보여주어야 함에도 그 책임을 충분히 다하지 못했다. 실제로 어떤 사람은 "복음주의자들은 하나님 나라를 버리고 영혼 구령으로 후퇴했다"라고 말했다.[19] 가난의 정도와 불의가 더 심각한 수준으로 악화되었음에도 이런 일이 벌어졌다. "이런 현상에 대한 온갖 이론적 설명과 조치들이 취해졌음에도 불구하고 우리는 가난의 문제가 그 어느 때보다 심각하다는 사실을 직시해야 한다… 부자들은 더 부유해지고 가난한 사람들은 더 가난해졌다… 우리 주변에는 가난한 사람들이 그 어느 때보다 많다."[20]

존 H. 웨스터호프(John H. Westerhoff) 3세는 자신의 저서 〈변화를 이루는 교회〉(Living the Faith Community)에서 교회의 역할을 이렇게 지적했다.

> 교회가 제도화되는 경향이 또다시 노골화되고 있다. 교회가 본질적으로 종교를 전문으로 하는 사회적 제도라면 종교적 영역에만 관심을 갖는 선택을 할 수도 있다. 그러나 교회가 믿음의 공동체가 되어야 한다면, 다시 말해 제도가 아

---

[18] 밥 모핏, If Jesus Were Mayor, 106쪽에 인용.
[19] 봉 린 로, Word and Deed: Evangelism and Social Responsibility 중 'The perspectives of Church History from New Testament Times to 1960', 브루스 니콜스 편집(Carlisle, Cumbria: Paternoster Press, 1985).
[20] 휴즈, The God of Poor, 13-14쪽.

닌 가족과 더 흡사한 기초적 공동체라면 마땅히 인간 삶의 모든 영역에 관심을 갖고 모든 인간에게 고루 적용되는 정의와 삶의 풍성함을 위해 종교적이고 사회적이며 정치적이고 경제적인 영역을 통합하고자 부단히 노력해야 한다.[21]

우리는 어린이들을 위해 이 노력을 게을리하지 말아야 한다. 역사의 무대에서 우리 교회는 어떤 역할을 해야 하는가?

복음 전도와 사회 참여의 관계

이미 앞에서 분명하게 지적했듯이 복음 전도와 사회 참여는 교회의 본질적인 역할에 해당한다고 믿는다. 실제로 이 두 영역의 실천은 이 책이 누누이 강조한 전인적 양육을 위한 또 다른 실천 방식이다. 그러나 이 논쟁이 아직 다 정리되지 않았기 때문에 복음 전도와 이른 바 사회 참여의 관계에 관해 그동안 제기된 다양한 입장과 가능성들을 살펴보는 것이 필요하다.

아프리카 복음주의 협회(Africa Association of Evangelicals)의 전 총재였던 토쿰보 아데예모(Tokumboh Adeyemo)는 사회 참여와 복음 전도의 관계를 크게 여덟 가지로 정리했다.[22]

1. **사회 참여는 복음 전도의 한 분야이다.** 복음 전도는 교회만이 가진 사명이다. 사회 참여 사역은 그리스도인들에게 필요할 수도 있지만, 그들이 섬기는 사람들의 '실제적 필요'를 충족시키는 유일한 방법은 아니다.

---

[21] 존 H. Living in the Faith Community(Minneapolis: Winston Press 1985), 78-79쪽.
[22] 토쿰보 아데예모, Word and Deed: Evangelism and Social Responsibility 중 'A Critical Evaluation on Contemporary Perspectives', 브루스 니콜스 편집(Carlisle, Cmbria: Paternoster Press, 1985), 48-57쪽.

2. 사회 참여는 복음 전도에 역행한다. 이 입장은 사회 참여를 복음 전도의 이탈로 보는 극단적 입장이다. 그리스도인들은 사회 참여라는 배신행위에 가담하지 말고 오직 영혼 구원에만 힘쓸 것을 요구한다.

3. 사회 참여는 복음 전도의 도구이다. 그리스도인들은 사회 활동에 참여하여 복음 전도의 기회를 만들어야 한다. 그러나 기독교 선교는 사회 참여에 별다른 관심이 없다.

4. 사회 참여는 복음 전도의 표현이다. 그리스도인들은 하나님의 사랑을 나타내는 통로로 사회 참여를 해야 한다. 사회 참여는 복음을 드러내는 중요한 방편이다.

5. 사회 참여는 복음 전도의 결과이다. 그리스도인들은 사회 참여를 해야 하는데, 이는 더 풍성한 신앙적 삶을 누리기 위함이다.

6. 사회 참여는 동등한 자격을 갖지는 않지만 복음 전도의 동반자이다. 사회 참여와 복음 전도 사역은 예수 그리스도의 복음 안에서 서로 다른 성격을 지닌다. 이 둘은 서로 돕는 동역자 관계이다.

7. 사회 참여와 복음 전도는 그리스도인의 사역에 있어서 동등한 동역 관계이다. 사회 참여와 복음 전도는 새의 두 날개처럼 서로 보완하는 역할을 한다. 한 날개가 다른 날개보다 더 중요하지는 않다. 완전한 사역을 위하여 서로 보완할 필요가 있다.

8. 사회 참여는 복음 전도의 일부이다. 이 입장은 사회 참여가 복음 전도

의 중심 역할을 한다고 주장하는데, 그 이유는 그리스도의 복음은 사회 전체를 구원하는 데 초점을 둔다고 보기 때문이다.

대계명과 대위임 명령 둘 다 유효하다

이 책은 교회를 사용해 사회를 변화시키며 통합적인 방법으로 그 일을 수행하는 것이 시종여일 하나님의 뜻이라는 입장을 취한다. 복음 전도가 중요한가? 물론 그렇다. 사회 참여가 중요한가? 그 역시 매우 중요하다. 대계명과 대위임 명령 둘 다 유효하다. 로잔 언약(1974)은 "이 둘은 '가위의 양날이나 새의 두 날개'와 같다. 이런 협력 관계는 복음을 전파하셨을 뿐 아니라 굶주린 자를 먹이시고 병든 자를 낫게 하신 예수의 공적 사역에 명확하게 드러나 있다"라고 말한다.[23]

복음과 실제적 도움을 인위적으로 구분하는 일이 그대로 계속되었더라면 여호수아(Joshua)와 같은 아이는 어떻게 되었을까? 여호수아는 교회에 기반한 가나의 한 어린이 양육 센터에서 돌봐준 수많은 아이들 가운데 한 명이다. 그 또래 아이들이 그렇듯 여호수아는 모기에 한 방만 물려도 말라리아가 재발되어 수일 동안 양육 프로그램에 참여하지 못했으며, 때로 몇 주씩 격리가 필요했다. 이럴 경우 모기에 물리지 않도록 실제적인 조치를 취하는 것이 아이들이 지속적으로 센터에 참여하도록 돕는 확실한 전략이라는 것은 명확하지 않은가? 그래서 그 센터는 가나의 다른 많은 교회들처럼 각 가정에 모기장을 나누어주자는 캠페인에 적극 참여했다. 이 캠페인으로 인해 가정마다 아픈 아이들을 고치기 위해 허비하는 시간이 줄어들게 되었다. 이

---

[23] 로잔 언약(1974년 7월, 스위스 로잔: International Congress on World Evangelization), 23쪽.

후 교회와 센터들은 어린이 중심 프로그램의 출석률이 획기적으로 높아졌다고 보고한다.

이런 교회는 어린이들에게 복음을 가르치고, 그 가정을 대상으로 주일 예배를 드리며, 학교를 운영하고, 가능한 모든 가정에 모기장을 보급하는 일에 아무 구분이 없다. 이 모든 것은 전인적 기독교 어린이 양육 사역의 일환이다.

세계 복음화를 주제로 한 로잔 2차 대회에서 작성된 마닐라 선언문은 "세계를 향하여 온전한 복음을 전파하도록 온 교회를 부르셨다"라고 선언했다. 이 선언은 교회가 서로 복음의 다른 면들을 강조하는 경향이 있다는 사실에 대한 구체적 반응이었다. 이미 보았듯이 교회들은 각 교회별로 세계 각지에 온전한 복음이 아닌 반쪽 복음을 전하는 실정이었다.

복음주의자들은 그들과 반대 입장에 있는 그리스도인들이 복음 전도에 더 지대한 관심을 갖기를 바랄지 모른다. 하지만 복음주의자들 역시 반쪽짜리 복음을 전하며 실제적인 고통을 당하는 사람들을 향한 하나님의 관심을 무시하지 않도록 대계명의 요구를 더 진지하게 수용해야 한다. 사실 각기 저마다의 역할이 있다. 멕 크로스만(Meg Crossman)은 이렇게 지적한다. "자유주의 교회는 우리에게 이 통합의 필요성을 알려주고, 복음주의 교회는 우리에게 통합을 위한 구체적 계획을 알려주며, 은사주의 교회는 하나님이 그것을 통해 역사하심을 알게 해준다."[24]

양육 사역은 다음의 사실에 대한 신학적 반응이라고 생각한다.

- 선하지만 타락한 피조 세계라는 진리에 대한 반응
- 개인을 구속하실 뿐 아니라 온 문화와 사회를 구속하기를 원하시는 하

---

[24] 멕 크로스만, 모펏의 If Jesus Were Mayor, 114쪽에서 인용.

나님에 대한 반응
- 타락한 세계와 화목하고자 하시는 하나님에 대한 반응
- 인류를 향한 하나님의 사랑과 구속 계획에 관한 성경의 핵심 구절(사 65장, 골 1:15-20, 눅 4:16-18)에 대한 반응

실제로 우리는 이사야 65장 17-24절의 진리를 구현하고자 노력한다.

> "보라 내가 새 하늘과 새 땅을 창조하나니 이전 것은 기억되거나 마음에 생각나지 아니할 것이라… 내가 예루살렘을 즐거워하며 나의 백성을 기뻐하리니 우는 소리와 부르짖는 소리가 그 가운데에서 다시는 들리지 아니할 것이며 거기는 날 수가 많지 못하여 죽는 어린이와 수한이 차지 못한 노인이 다시는 없을 것이라 곧 백 세에 죽는 자를 젊은이라 하겠고 백 세가 못되어 죽는 자는 저주 받은 자이리라… 그들의 수고가 헛되지 않겠고 그들이 생산한 것이 재난을 당하지 아니하리니 그들은 여호와의 복된 자의 자손이요 그들의 후손도 그들과 같을 것임이라 그들이 부르기 전에 내가 응답하겠고 그들이 말을 마치기 전에 내가 들을 것이며."

교회 사역의 핵심 대상

교회 사역의 핵심 대상으로는 특별히 세 집단이 있다.[25] 가난한 사람들,[26] 불의에 희생되었거나 억압당하는 사람들,[27] 마지막으로 어린이들[28]이다. 가

---
[25] 이 단원은 밤방 부띠얀토의 'The Ecclesia of Jesus Christ'를 참고했다.
[26] 누가복음 6:20
[27] 마태복음 5:10
[28] 마가복음 10:14-15

난한 사람과 사회의 소외된 사람들은 처음부터 하나님 나라에서 특별한 위치를 차지했다. 누가복음 6장 20절에서 예수님은 "너희 가난한 자는 복이 있나니 하나님의 나라가 너희 것임이요"라고 말씀하셨다. 평행 구절인 마태복음 5장 10절에서는 "의를 위하여 박해를 받은 자는 복이 있나니 천국이 그들의 것임이라"라고 말씀하셨다. 이사야 61장을 차용하여 예수님이 직접 선언하신 사명 선언문인 누가복음 4장 18-19절은 일차적으로 버림받고 소외된 자들에게 초점을 맞추고 있다.

> "주의 성령이 내게 임하셨으니 이는 가난한 자에게 복음을 전하게 하시려고 내게 기름을 부으시고 나를 보내사 포로 된 자에게 자유를, 눈 먼 자에게 다시 보게 함을 전파하며 눌린 자를 자유롭게 하고 주의 은혜의 해를 전파하게 하려 하심이라 하였더라."

심지어 예수님이 제자들을 가르치실 때도 먼저 가난한 자들과 곤궁한 자들에 대한 관심으로 시작하셨다. 부띠얀토 박사는 이렇게 지적한다.

> 예수님은 이 제자 삼기 과정을 교실에서 이론적 기초를 다지는 대신 생생한 현장을 경험하는 것으로 시작하셨다. 열두 제자가 하나님 나라의 핵심 대상들과 직접 대면하도록 데려가셨다. 누가복음은 예수님이 열두 제자를 부르신 직후 가난한 자, 버림받은 자, 유대 주류 사회에 소속하지 못한 자, 다시 말해 문둥병자, 세리, 중풍병자, 죄 지은 여자, 로마 군인,[29] 귀신들린 자, 부정한 질병에 걸린 여자[30]와 일곱 번에 걸쳐 만나신 일을 기록하고 있다(5-8장).

---

[29] 백부장은 이 명단의 다른 부류들과 비교해 유복하게 살았을 것으로 보이지만 그의 종 때문에 먼저 예수님을 찾았고 또 로마 군인으로서 유대 주류 사회 일원이 아니었다.
[30] 밤방 부띠얀토, 12쪽.

이어서 그는 이렇게 말한다.

> 예수님은 장차 교회의 기둥이 될 사람들이 가난하고 연약한 자들과 버림받은 자들을 섬기는 일을 제자 사역의 핵심으로 삼도록 확실히 못 박고자 하셨다. 나아가 열두 제자에게 하나님 나라의 핵심 청중들과 핵심 내상을 직접 대변할 기회를 제공하셨을 뿐 아니라, 그리스도의 제자로서 어떻게 그들을 섬겨야 할지 직접 보여주셨다.[31]

마찬가지로, 그리스도와 동행하는 삶 역시 가난한 자들을 섬기는 실천이 없으면 진정성이 없다. 스스로 자각하든 그러지 않든, 하나님 나라에서 그리스도를 닮아가는 여정을 이어나가며 그 개인이 변화되는 과정은 가난한 자들과 연약한 자들과 소외된 자들에게 영향을 미칠 것이다.

어린이가 하나님 나라에서 특별한 위치를 차지하는 것 역시 분명하다. 예수님은 어린아이처럼 하나님 나라를 받아들이는 사람만이 그 나라의 시민이 될 수 있다고 말씀하셨다.[32] 제자들이 그들 중에 누가 큰지를 두고 싸울 때 예수님이 어린아이들을 언급하신 사실은 매우 놀랍다.[33] 마태복음 19장 14절을 보면 예수님은 하나님 나라의 위대함에 대한 평가 기준으로 아이들과 그들의 겸손함을 설정하셨다. "어린 아이들을 용납하고 내게 오는 것을 금하지 말라 천국이 이런 사람의 것이니라."

하나님 나라는 어린아이들의 것이다. 하나님 나라에 들어갈 수 있는지는 아이들을 대하고 인식하는 사람들의 태도로 결정된다. 예수님은 이렇게 경고하셨다.

---

31 같은 책.
32 누가복음 18:17
33 마태복음 18:4

"또 누구든지 내 이름으로 이런 어린 아이 하나를 영접하면 곧 나를 영접함이니 누구든지 나를 믿는 이 작은 자 중 하나를 실족하게 하면 차라리 연자 맷돌이 그 목에 달려서 깊은 바다에 빠뜨려지는 것이 나으니라"(마 18:5-6).

두 구조, 한 기능

이제 교회가 가난에 노출된 어린이들을 돌볼 마땅한 책임이 있음을 확인했으리라 믿는다. 그렇다면 교회가 어린이들을 돌보는 방식을 간략히 정리할 필요가 있다.

물론 지역 교회가 효율적이고 장기적이며 혁신적인 전인적 어린이 양육 사역을 수행할 인력과 기술과 시설 혹은 다른 핵심 자원이 결여되어 있는 경우가 많은 것이 사실이다. 그러나 양육 사역을 수행할 책임이 잘 조직되고 유능한 인력들이 준비되어 있는 대형 교회에만 있는 것은 아니다. 따라서 교회의 공통된 구조에 대한 더 명확한 설명이 필요하다.

이와 관련해 교회가 전통적으로 선교를 수행해온 방식에서 배울 것이 있다. 교회 역사상 늘 두 종류의 교회 구조가 있었다. 하나는 모이는 교회로서 연령과 성별에 관계없이 사람들을 양육하고 돌보는 지역 교회가 여기에 해당한다. 그러나 기독교 초기부터 모이는 교회는 종종 더 특수화된 조직이 별도로 구성되는 경우가 빈번했는데, 새로운 형태의 복음 전파나 교회의 특수한 사역을 감당하기 위해서였다.

작고한 선교학자 랄프 윈터(Ralph Winter) 박사는 이 두 구조를 교회적 구조(modalities)와 선교적 구조(sodalities)라고 명명했다.[34] 교회적 구조는 교적

---

[34] 랄프 D. 윈터, Perspectives on the World Christian Movement: A Reader 중 "Two Structures of God's Redemptive Mission", 랄프 D. 윈터와 스티븐 C. 호손 편집(Pasadena, CA: William Carey Library, 1999).

이 확실한 지역 교회를 말하고, 선교적 구조는 교회의 외부 기관으로서 특수한 선교를 감당하거나 양육 사역을 감당할 목적으로 세워진 것을 말한다. 교회적 구조는 그리스도의 모든 지체를 환대하고 양육해야 하는 명확한 역할이 있다. 안정된 조직, 권위, 일체성, 지속성을 제공함으로 교회의 안정성을 담보한다. 선교적 구조는 지역 교회로는 불가능한 특수 사역을 감당한다.

전 지구적 교회뿐 아니라 지역 교회적 차원에도 이 두 구조가 존재한다. 예를 들어, 전 지구적 차원에서는 카톨릭 교회가 선교적 구조의 특수 조직을 잘 운영하는 것으로 유명하다. 특수한 선교 활동을 목적으로 조직된 예수회와 프란시스코 수도회가 여기에 해당한다. 개신교는 각종 선교회, 청년 운동, C.C.C.와 같은 특수 선교 단체, 그 외 항공 선교회(MAF)와 컴패션과 같은 유사 교회 조직을 만들었다.

지역 교회 차원에서도 동일한 일이 일어난다. 지역 교회들은 어린이 개발 프로그램, 미션 스쿨, 쉼터, 고아원이나 장애아 시설과 같은 특수한 형태의 사역에 대한 비전과 열정이 있을 수 있지만 그런 시설을 운영할 능력이나 전문적 역량이 부족할 수 있다. 그래서 교회는 종종 어린이 양육 시설을 운영하거나 전도 프로그램을 전담할 위원회나 다른 특수 부서나 조직을 만든다. 이들에게는 이 사역을 실행하기 위해 필요한 인력, 기술, 설비, 특수한 전문 지식을 확보해야 할 임무가 부여된다.

교회가 운영하는 특수 선교 구조의 한 예를 소개하자면, 지역 학교나 쉼터가 있다. 산간벽지나 외진 마을에 사는 아이들은 동네에 학교가 없기 때문에 교육을 받기 위해 집을 떠나야만 한다. 또 학교를 다니는 동안 안전하면서 형편에 맞는 거주지를 물색해야 한다. 그러므로 교회에서 운영하는 지역 학교나 쉼터 같은 소규모 특수 시설은 이 아이들과 가정에 하늘에서 내려온 선물이나 마찬가지다. 이런 소규모 특수 시설은 건전한 생활 환경과 양육 환경, 그리고 교육의 기회를 얻기 위해 외지로 떠날 수밖에 없는 아이들에게 수많은 전인적 양육 가능성을 제공해준다. 이런 지역에 지역 교회가 있다 해도 그들만으로는 아이들에게 충분한 기회를 제공해줄 수 없다.

이와 같은 기독교 기관은 비록 모이는 교회가 아니지만 행동하는 교회의 증거이다. 도움이 필요한 아이들의 삶을 변화시키는 교회이다.

지역 교회이든 아니면 희생적으로 섬기며 나누는 그리스도인의 수많은 특수 조직이든, 모든 형태의 교회는 하나님의 구원과 구속 사역을 완성하기 위한 특별한 도구로 선택받았다. 어린이를 사역과 선교 계획의 중요한 대상으로 삼는 것은 책임감 있는 긍휼의 실천일 뿐 아니라 전략적이고 미래 지향적인 선택이다.

묵상과 토론을 위한 질문

1_ 부띠얀토 박사가 말한 하나님이 새롭게 세우신 교회의 '핵심 대상'에 대해 이야기해보라. 어린이는 처음부터 핵심 대상이었다는 주장에 동의하는가? 그 이유는 무엇인가? 자신의 입장을 뒷받침해주는 성경 구절을 제시해보고 설명해보라.

2_ 현재 당신이 속한 교회는 그런 핵심 대상의 중요성을 어떻게 증명해주고 있는가?

3_ 하나님이 우리와 그의 피조물을 늘 살펴보시며 우리를 '좋다'라고 인정해주신다는 생각이 드는가?

4_ 하나님이 지으신 피조물이 선하다는 사실이 어린이 사역에 어떤 의미를 갖는지 이야기해보라.

5_ 요한복음 3장 16-17절을 읽으라. 이 구절에 사용된 세상이라는 헬라어(코스모스)가 전 피조 세계를 의미한다고 생각한다면 교회는 어린이를 위해 어떤 사역을 감당해야 하는가?

6_ 교회나 사역 기관의 자원, 즉 인적, 재정적, 물질적, 환경적, 관계적 자원에 대해 생각해보라. 그 자원들을 최대한 활용함으로 교회가 동참할 수 있는(혹은 이미 동참하고 있는) 세 가지 어린이 관련 사역은 무엇인가?

어린이를 돌보는 일이 교회의 특별한 책임인 이유

***

"엘리야가 그 아이를 안고 다락에서 방으로 내려가서 그의 어머니에게 주며 이르되 보라 네 아들이 살아났느니라 여인이 엘리야에게 이르되 내가 이제야 당신은 하나님의 사람이시요 당신의 입에 있는 여호와의 말씀이 진실한 줄 아노라 하니라."

_열왕기상 17:23-24

나는 세속 세계, 즉 각국 정부나 유엔, 주류 NGO 기관들, 그 외 유사한 기관들이 어려운 이들을 돌보기 위해 감당하는 모든 수고에 감사를 드린다. 그리스도인은 그들의 방법과 접근 방식에서 많은 것을 배울 수 있고 실제로 배우고 있다. 그러나 이 책은 어린이와 청소년에 대한 전인적 사역에 관심이 있다. 그리고 나는 교회가 어린이 사역을 전인적으로 접근해야 할 뿐 아니라 실제로 그렇게 할 수 있는 곳도 오직 교회밖에 없다고 주장한다. 물론 그 이유는 다시 한 번 말하지만 전인적 필요를 다룰 수 있는 유일한 곳이 교회이기 때문이다. 더욱이 어린이 양육이 교회와 그리스도인들의 특별한 책임이라는 성경적 근거도 풍성하다.

우리는 교회에 어려운 이웃을 돌봐야 할 특별한 책임이 있음을 신학적 입장에서 살펴보았다. 교회는 하나님의 모든 피조 세계를 구속하는 하나님의 도구이다. 그리고 그의 백성인 우리는 그리스도의 손이자 팔이다.

이 장에서는 왜 교회만이 실제로 전인적 양육을 감당할 수 있는지를 보여주는 몇 가지 성경 구절을 살펴볼 것이다. 우리는 시종일관 "어린이들을 돌보는 것이 왜 교회의 특별한 책임인가?"라는 질문을 염두에 둔다.

오직 교회(그리스도인)만이 전인의 필요에 반응할 수 있기 때문이다

누가복음 2장 52절은 예수님의 성장 과정에 대해 "지혜와 키가 자라가며 하나님과 사람에게 더욱 사랑스러워 가시더라"라고 말한다.

앞에서 보았듯이 이 짧은 구절은 모든 어린이 양육의 놀라운 모델을 제시한다. 컴패션은 전인적 어린이 양육 사역의 근거로 이 구절을 오랫동안 이용해왔다. 컴패션은 컴패션의 프로그램에 참여한 모든 어린이가 예수님처럼 자랄 수 있는 기회를 가지기를 원한다. 컴패션이 지원하는 모든 프로그램은 최소한 네 가지 요소를 포함해야 한다. '지혜'는 컴패션의 교육(혹은 학습) 방향과 계획을 이야기하며 또한 성경적 가치 훈련, 분별력, 판단력, 성경적 원리에 근거한 현명한 의사 결정을 가리킨다. '키'는 건강과 신체적 성장과 관련된 모든 것을 가리킨다. '하나님께 사랑을 받는다'는 것은 어린이의 영적 양육과 성장과 관련이 있다. '사람에게 사랑스러워간다'는 것은 사회적인 발전과 아이가 관계를 맺고 타인과 적절하게 상호작용할 수 있는 능력의 성장을 가리킨다. 컴패션은 그들이 섬기는 모든 어린이 역시 이 네 영역에서 성장하기를 기대하고 고대한다. 실제로 이 네 영역은 사역의 실제적인 영역에 대한 놀라운 통찰을 제공해준다.

지혜의 성장은 공식적으로나 비공식적으로 어린이에게 학습 기회를 제공하는 일과 관련된 모든 것을 의미한다. 지혜가 성장한다는 것은 단순한 지식이나 교육 이상의 의미를 지닌다. 지식과 사실을 배우는 것은 어렵지 않다. 어린이들은 교실이나 거리 혹은 오락 방송을 통해서도 지식과 사실을 습득할 수 있다. 그러나 지식만으로는 어린이들이 옳고 그름과 지속적인 가치를 지닌 것이 무엇인지 분별할 수 있는 능력을 기르는 것은 어렵다.

빌 가써드(Bill Gothard)[1]는 지혜란 "하나님의 관점에서 인생을 바라보는 것"이라고 말한다. 나는 그의 이런 시각이 좋다. 한 가지는 분명하다. 전 세계에서 제도적 교육을 받는 어린이들 가운데 하나님의 시각으로 인생을 보는 법을 배우는 어린이들이 거의 없다는 것이다. 오히려 어린이들은 세속 세계의 관점에서, 미디어나 또래 친구들에게서 인생을 바라보는 법을 배울 것이다. 베드로는 아마 이런 이유로 믿음에 덕을, 덕에 지식을 더하라고 말했으리라 생각한다.[2] 먼저 덕이 갖추어지지 않으면 지식을 진정으로 활용하는 법을 알 수 없다.

나는 아이들의 지혜가 자라기 위해 전인적 어린이 양육 프로그램이 훨씬 더 깊이 있고 의미 있는 방향으로 실행되어야 한다고 믿는다. 그러면 이미 수차례 보았듯이 아이들은 사춘기가 되고 성인이 되어도 올바른 인생의 결정을 내릴 수 있을 것이다.

컴패션 역사에서 이와 관련된 한 사례로 필리핀의 보카우 출신, 로베르

---

[1] 빌 가써드, Advanced Seminar Textbook(Oakbrook, IL: Institute in Basic Life Principles, 1986), 358쪽.
[2] 베드로후서 1:5

토 크리스토발(Roberto Christobal)의 경우를 들 수 있다. 로베르토의 가족은 수준 높은 교육을 받도록 아이를 지원하고 싶었다. 로베르토는 컴패션 후원 프로그램과 연결되자 그 기회를 최대한 활용했다. 열심히 공부해 우수한 학업 성적으로 대학에 입학할 자격을 얻게 되었다. 대학에 진학할 기금을 마련하는 일은 만만치 않은 일이었지만 로베르토는 대학을 다니면서 자립을 할 수 있었고, 대학을 졸업한 후에는 중학교 교사로 재직하면서 대학원 과정을 다녔다. 로베르토는 공부할 수 있는 기회를 놓치지 않았고 결국 성공적인 교육자가 되었을 뿐 아니라 컴패션 프로젝트의 책임자가 되었다. 후원을 받던 어린이가 전문 교육자로 성장한 것이다.

키의 성장은 한 어린이의 건강, 적절한 영양, 질병 예방, 스스로 건강을 지킬 능력, 깨끗한 공기와 물과 옷과 주거지, 음식 그리고 위생 시설이라는 아이의 필요를 개선시키는 것과 직접적인 연관이 있는 모든 것을 의미한다. 예수님은 건강하고 튼튼하셨다. 적절한 영양을 공급받았고 튼튼하고 활기가 넘치셨다. 장거리 도보 여행을 할 수 있는 체력이 있으셨다. 오랜 세월 망치질을 하고 톱질을 하느라 분명히 근육질의 몸을 갖고 계셨을 것이다. 늘상 '온유하고 착하기만' 하지도 않으셨다. 채찍을 어떻게 휘두르는지 잘 알고 계셨다.

하나님께 사랑받는 아이로 자란다는 것은 실제로 신앙적 양육과 성장에 관한 것을 모두 포함한다. 아름다움과 선량함과 같은 개념뿐 아니라 기도, 예배, 하나님을 필요로 하는 아이의 상태, 구원이 모두 해당 사항이다. 하나님과의 관계가 올바로 회복되면 그가 만드신 모든 피조 세계와 관계가 회복된다. 세속적인 개입으로는 성경적 관점으로 이런 문제들을 다루기가 불가능하다. 오직 그리스도인만이 어린이가 예수님처럼 이 부분에서 성장하도록 도울 수 있는 영적 진리와 자원을 갖추고 있다.

사람들에게 사랑스러운 아이로 자란다는 것은 다른 사람들과의 관계와 관련이 있으며 여기에는 우정과 나눔과 웃음의 필요성과 더불어 안전감, 자존감, 은사의 발견, 창의성의 발현을 도와줄 배움의 기회가 포함된다.

이러한 네 영역에서 예수님이 성장하신 모습을 살펴보는 일은 흥미롭다. 로버트 모핏(Robert Moffitt)은 주님의 가정 형편이 풍요롭지 않았고, 그 가정에는 수도 시설과 전기도 없었고 또 세속적으로 최고의 교육을 받을 수도 없었을 것이라고 지적한다.[3] 또 예수님은 다소 적대적인 정치적 분위기에서 성장하셨다. 오늘날 어린이들의 성장 환경과 어느 면에서 유사하지 않은가? 신체적, 정신적, 사회적, 영적인 면에서 예수님의 건강한 전인성은 부자거나 많은 것을 소유했기 때문이 아니었다. 그것은 하나님과 올바른 관계를 통해 환경과 인간관계가 올바로 회복되었기 때문이었다. 다시 말해서 성경적 세계관을 소유하셨기 때문이었다.

전인적 어린이 양육은 모든 어린이가 예수님처럼 성장하는 것을 목표로 하고 기대한다. 이런 전인적 어린이 양육을 특별히 교회가 책임져야 하는 이유는 무엇인가? 이 일을 이룰 성경적 세계관과 이해를 갖춘 이는 오직 교회, 즉 우리 그리스도인밖에 없기 때문이다.

---

[3] 밥 모핏, 37-39쪽.

하나님은 어린이의 울부짖음을 들으시기 때문이다

교회가 이런 특별한 책임을 맡아야 하는 두 번째 이유는 우리 그리스도인들이 '그리스도의 마음'을 갖고 있기 때문이다. 그리스도의 마음은 어떤 면에서 어린이를 향한 하나님의 마음을 이해하는 것이고, 우리가 동일한 마음을 갖기 원하시는 그의 기대하심을 인정하는 것이다. 하나님은 어린이들이 부르짖는 소리를 들으시며 우리도 그들의 부르짖음을 듣고 응답하기를 원하신다. 고통당하는 어린이들을 사랑하고 그들에게 관심을 가지시는 하나님 때문에 우리도 어린이들을 사랑하고 그들에게 관심을 가져야 한다.[4]

창세기 21장 17절을 보면 하나님이 소년(이스마엘)의 울부짖는 소리를 들으셨다고 한다. 하나님은 그 소리를 들으셨을 뿐 아니라 실제로 행동하셨다. 그 구절을 살펴보고 우리가 무엇을 할지 알아보도록 하자. 창세기 21장 17절은 "하나님이 그 어린 아이의 소리를 들으셨으므로 하나님의 사자가 하늘에서부터 하갈을 불러 이르시되 하갈아 무슨 일이냐 두려워하지 말라 하나님이 저기 있는 아이의 소리를 들으셨나니"라고 기록하고 있다.

아브라함은 믿음의 영웅 가운데 한 명이지만, 언제나 한결같은 믿음을 견지하거나 올바른 판단을 내린 무결점 인간은 아니었다. 그 아내의 여종 하갈을 통해 이스마엘을 얻은 사건은 아브라함이 잘못된 판단을 한 한 사례에 해당한다. 창세기 21장은 어린이들이 울부짖는 소리를 하나님이 어떻게 들으시는지 또 어려움에 처한 어린이들을 어떻게 돌봐야 하는지에 대한 지침을 준다.

하갈과 이스마엘은 아브라함의 집에서 쫓겨나 광야를 배회하고 있었다. 곧 가지고 있던 음식과 물이 떨어졌다. 이제 목숨을 연명할 수단이 없었다.

---

[4] 이 부분은 알레무 비프투 박사의 God Heard the Boy Crying이라는 책자(Colorado Springs, CO: Compassion, 2001)를 참고한 것이다.

당연하겠지만 하갈은 이스마엘이 이대로 죽어가는 것을 두고 볼 수 없었다. 그래서 그를 나무 그늘에 두고 물을 찾으러 갔다. 그녀는 자신과 아들의 운명이 어떻게 될지 알았다. 하지만 하나님의 생각은 다르셨다.

하나님은 소년이 우는 소리를 들으셨다. 하나님의 천사가 하늘에서 하갈을 불러 "하갈아, 왜 그러느냐? 두려워하지 말라. 하나님이 소년의 소리를 들으셨느니라. 소년을 일으켜 세워 손을 잡아주거라"라고 말했다. 그러자 하나님이 하갈의 눈을 열어주셔서 우물을 보게 하셨다. 모자는 결국 살아남았고 심지어 성공했다. 성경은 하나님이 이스마엘과 함께하셨다고 기록한다.[5]

하나님이 어린이들을 돌보신 이 이야기에서 무슨 교훈을 얻을 수 있는가?

하나님은 어린이의 부르짖는 소리를 들으신다. 오늘날도 하나님이 어린이들의 소리를 들으신다는 것을 확신할 수 있다. 하나님은 그들의 부르짖음에 응답해주기를 원하신다.

하나님은 듣고 외면하시지 않으며 하늘에서 말씀하신다. 그분은 천국의 천사들을 보내신다. 또한 어린이들을 사랑하고 돌볼 책임이 있는 가족과 더불어 교회를 보내신다.

하나님은 문제가 무엇이냐고 물으신다. 천사가 하갈에게 왜 그 아들이 울고 있느냐고 물었듯이, 하나님은 오늘날 교회에 "왜 아이들이 울고 있느냐?"라고 묻고 계신다고 나는 믿는다. 교회는 어린이들이 왜 울고 있는지 묻는 일을 유니세프, NGO, 정부 기관에 일방적으로 떠맡긴다. 교회는 가난한 사람들이 어떤 환경에서 사는지 알아야 한다. 가난을 야기하는 착취에

---

[5] 창세기 21:9-21

관해 교인들을 교육해야 한다. 아이들이 상처 입고 다쳐서 울고 있음을 알아야 한다. 아이들은 기아, 질병, 헐벗음, 안식처의 부족, 방치, 학대, 공포, 문맹, 위험한 환경으로 인해 고통당한다. 아이들은 또한 하나님이 부여하신 인간적 존엄과 존중과 사랑을 달라고 울부짖고 있다.

하나님은 어린이를 돌보는 사람을 격려하신다. 하나님이 보내신 천사는 문제가 무엇인지 묻고 나아가 하갈을 위로해주었다. 천사는 하갈에게 "두려워하지 말라"라고 말했다. 교회는 어린이들, 특별히 어려운 환경에 있는 어린이들을 돌보는 일이 얼마나 힘들고 '두려운' 일인지 알아야 한다. (정상적인 환경의 어린이들을 돌보는 일도 충분히 힘들다!) 교회 지도자들은 어린이들을 돌보고 가르치며 양육하는 일이 얼마나 벅차고 힘든지 이해하지 못할 때가 너무나 많다. 교회는 육아로 바쁜 엄마들, 주일학교 교사들, 보육 교사, 교회에서 운영하는 어린이 양육 프로그램의 사회 복지사들을 격려하고 지원하는 일을 쉽게 망각한다. 교회는 어린이들을 양육하는 사람들에게 관심을 가지고 지원해야 한다. 그들에게 "두려워하지 말라"라고 말해주어야 한다.

하나님은 어린이를 돌보는 일에 관한 지침을 제공해주신다. 천사는 하갈에게 아들을 어떻게 돌보아야 하는지 알려주었다. "아이를 일으켜 네 손으로 붙들라." 흥미롭게도 이 두 명령은 오늘날 구호(relief)와 양육(development)이라는 사역과 부합하는 측면이 있다.

"아이를 일으키라"라는 명령은 신체적, 정서적, 도덕적 지원을 가리킨다. 이것은 오늘날 많은 기독교 NGO들의 구호 활동과 일맥상통한다. 필요한 일은 모두 하라. 그래야 소년이 죽지 않는다.

"네 손으로 붙들라"라는 명령은 소년의 옆에서 걸으며 격려하고 지원하며 훈련하는 것을 말한다. 이것은 컴패션을 비롯한 여러 기독교 NGO의 장기 사역과 일맥상통한다. 도움이 필요한 어린이들에게 장기적 훈련과 양육, 돌봄을 제공함으로 성장하고 번성하도록 돕는 것이다.

하나님은 어린이에 대해 여러 약속을 해주신다. 하나님은 또 하갈에게 그 아들에 관해 여러 약속을 해주셨다. 창세기 21장 18절은 "그가 큰 민족을 이루게 하리라"라는 하나님의 약속을 기록하고 있다. 하갈은 아들과 함께 사막에서 갈증으로 죽을 것이라고 생각했지만 하나님은 이스마엘의 가능성을 말씀해주시고 약속을 주셨다. 오늘날 교회는 모든 어린이를 하나님의 약속으로 보고, 그들에 대해 '여러 약속을 해야 하는' 도전에 직면해 있다. 교회는 어린이들에게 기꺼이 약속을 하려고 하는가? 그리고 그 약속을 지키기 위해 구체적인 행동을 하고 있는가?

이스마엘은 오늘날도 여전히 존재하며 번성한 큰 나라가 되었다. 내 친구 알레무 비프투(Alemu Beeftu) 박사는 중동의 '이스마엘' 민족들의 땅에 묻혀 있는 석유는 하나님이 이스마엘에 관해 하갈에게 주신 약속을 이루어주신 증거라고 말한다.

하나님은 우리 눈을 열어 필요한 자원을 보게 하신다. 하갈이 물이 없어 죽을 것이라고 체념했을 때, 하나님은 그 눈을 열어 근처의 우물을 보게 하셨다.[6] 다른 나라의 구호 기관이나 물 트럭을 보내주시지는 않았지만 가까이 있는 자원으로 그녀의 필요를 채워주셨다. 하나님은 하갈이 미처 몰랐던 가능성들을 보게 해주셨다. 오늘날 가난한 사람들의 어려운 한 부분은 그들의 가용 자원을 스스로 인식하는 문제이다. 하나님은 때로 어른들의 눈을 여는 방법으로 어린이들의 부르짖음에 반응해주신다. 이 구절의 핵심 교훈

---

[6] 창세기 21:19

가운데 하나가 바로 이것이다. 교회는 그들 가운데 있는 어린이들의 필요에 반응할 자원이 교회에 없다고 생각할 때가 너무나 많다. 그러나 하나님은 적극적인 의지와 자원이 있는 교회에 하갈에게 그러신 것처럼 필요한 것을 보게 해주시리라고 믿는다. 교회의 문을 열어 교회가 미처 모르고 있던 자원들, 특히 정확히 필요한 자원들을 보게 해주실 것이다. 종종 그런 자원들은 바로 코앞에 있을 때가 많다.

하나님은 친구가 되어주신다. 하나님은 하갈과 이스마엘의 즉각적 필요를 채워주셨을 뿐 아니라 이스마엘의 평생을 함께해주셨다.[7] 하나님이 함께 하시면 사막에도 생기가 돌고 희망이 생긴다. 실제로 그는 가난한 자들의 친구이자 보호자이시다. 오늘날 우리는 어린이들에게 하나님이 그들의 친구이심을 확실히 알려주어야 할 의무가 있다.

하나님은 어린이의 부르짖는 소리를 들으시니 절대 실수하지 말라. 하나님은 교회를 향해 그 소리에 응답하라고 도전하신다. 그 문제에 관해 묻고 계신다. 그는 어린이들의 신체적, 정서적, 영적 필요가 충족되기를 원하신다. 우리 눈을 열어 가용 자원들을 보게 해주신다. 그는 모든 어린이의 친구가 되신다. 그리스도인들은 어린이를 향한 하나님의 마음을 이해할 유일한 사람들이므로 어린이를 돌볼 특별한 책임이 있다.

---

[7] 창세기 21:20

어린이를 돌보면 불신이 사라지기 때문이다

그리스도인에게 어린이를 돌봐야 할 특별한 책임이 있는 또 한 가지 이유는 우리 역시 하나님 나라를 확장시키는 데 관심이 있고, 어린이와 청소년과 그 가정에 그 나라의 일원이 될 기회를 주기 원하기 때문이다. 오로지 그 부모에게 다가갈 목적으로 어린이를 돌봐서는 안 되지만 실제로 부모와 다른 성인들에게 영향을 미칠 수 있는 아주 효과적인 방법이 어린이들을 돌보는 일임을 부정할 수는 없다. 선교학자로서 나는 특별히 열왕기상 17장의 엘리야와 사르밧 과부의 풍성하고도 시사성 짙은 이야기를 좋아한다.

왜 이 구절이 선교와 관련된 구절로 깊은 인상을 받았는지는 나중에 이야기할 것이다. 그러나 먼저 이 익숙한 이야기를 살펴보도록 하자. 엘리야의 사역과 관련해 우리가 가장 먼저 떠올리는 사건은 3년간의 가뭄이다. 엘리야는 그릿 시냇가에서 까마귀들이 물어다주는 음식으로 목숨을 연명했다. 그런데 시냇물이 완전히 마르자 북쪽의 사르밧으로 가라는 하나님의 지시를 받았다. 그곳에서 그는 과부에게 음식과 물을 달라고 구했지만 그녀는 이제 마지막 남은 밀가루와 기름을 먹고 죽음을 기다려야 할 처지라고 말한다. 실제로 그것마저 떨어지면 그녀는 목숨을 부지할 길이 없었다.

엘리야는 믿음을 잃지 말고 시키는 대로 먼저 그를 위해 떡을 만들어 오라고 말한다. 그녀는 그 지시대로 순종했고 그 믿음으로 기적이 일어났다. 엘리야가 약속한 대로 그 집의 밀가루와 기름이 떨어지지 않았다. 그녀는 그가 다락에 거하도록 해주었다. 엘리야가 그곳에 얼마나 머물렀는지는 모르지만 아마 2년 정도가 아닐까 생각된다. 확실한 사실은, 그가 그곳에 있는 동안 그 과부의 집에 기름과 밀가루가 떨어지지 않았다는 것이다.

그러나 엘리야가 그 집에 머무르는 동안 그 과부의 아들이 병이 들었다. 그의 상태가 계속 위중해졌고 결국 숨을 거두었다. 처음에 과부는 엘리야를 원망하며 죄책감과 슬픔으로 뒤죽박죽된 감정 상태를 보였다. 열왕기상 17장 18절은 "여인이 엘리야에게 이르되 하나님의 사람이여 당신이 나와 더불어 무슨 상관이 있기로 내 죄를 생각나게 하고 또 내 아들을 죽게 하려고 내게 오셨나이까"라고 기록하고 있다. 엘리야 역시 큰 슬픔에 빠진 채 자신이 그 집에 기거할 때 과부의 아들을 죽게 하신 이유가 무엇이냐고 하나님께 반문했다. "내 하나님 여호와여 주께서 또 내가 우거하는 집 과부에게 재앙을 내리사 그 아들이 죽게 하셨나이까."[8]

그러나 엘리야는 그대로 있지 않고 구체적인 행동을 취했다. 열왕기상 17장 21-23절은 이렇게 기록하고 있다.

> "그 아이 위에 몸을 세 번 펴서 엎드리고 여호와께 부르짖어 이르되 내 하나님 여호와여 원하건대 이 아이의 혼으로 그의 몸에 돌아오게 하옵소서 하니 여호와께서 엘리야의 소리를 들으시므로 그 아이의 혼이 몸으로 돌아오고 살아난지라 엘리야가 그 아이를 안고 다락에서 방으로 내려가서 그의 어머니에게 주며 이르되 보라 네 아들이 살아났느니라."

이 이야기에 대해 지금까지 여러 분석과 설명을 들었을 것이다. 먼저 하나님은 종종 가난한 자들을 선택하셔서 그의 종이 되게 하신다. (하나님이 왜 엘리야를 부유한 집으로 보내시지 않았는지 생각해보라.) 하나님은 또한 가난한 사람에게 믿음을 가지라고 요청하신다. 과부의 경우, 아들을 엘리야에게 맡기는 데 믿음이 필요했다. 그러나 오늘날 사람들에게 교회가 바로 이런 말을 해야 한다. "내게 당신의 아들을 맡기고 딸도 맡기시오." 그런데 지금 이 말을 하는 이들은 세상이다. 거리의 마약상들이 이 말을 하고 있다. 전쟁광들

---

[8] 열왕기상 17:20

이 이 말을 하고 있다. MTV가 바로 이 말을 하고 있다. 교회는 "내게 그 소년을 맡기시오, 그 소녀를 맡기시오, 이 아이들을 구하고 회복시키기 위해 함께 노력합시다"라고 말해야 한다.

엘리야는 소년을 자신이 머무는 다락으로 데리고 갔다. (성경에서 '다락'은 종종 기도의 장소를 의미한다. 엘리야는 기도의 사람이었다.) 엘리야는 소년의 몸 위로 세 번 몸을 구푸려 엎드렸다. 그는 주인의 집안일에 아무 관심이 없는 단순한 하숙생이 아니었다. 그는 그 가정의 일을 자신의 일처럼 생각했다. 엘리야가 다시 살아난 소년을 데리고 내려왔을 때 그 과부가 얼마나 기뻐하고 행복해했을지 생각해보라. 그리고 이 시점에, 즉 하나님이 선지자의 믿음에 응답하여 소년을 살려주셨을 때 과부는 놀라운 고백을 한다. "내가 이제야 당신은 하나님의 사람이시요 당신의 입에 있는 여호와의 말씀이 진실한 줄 아노라."

그 여인은 대략 2, 3년 동안 매일 그 집에서 기적이 일어나는 것을 보며 살았다는 사실을 기억하라. 기적, 혹은 다른 말로 구호와 양육 프로젝트가 매일 그녀의 집에서 진행되고 있었다. 그러나 그녀가 엘리야를 보고 진리를 말하는 하나님의 사람이라고 인정하고 이해한 것은, 그가 그녀의 마음에 가장 절박한 필요, 즉 아들의 목숨을 살려주었을 때였다.

어린이 돌봄 사역에 참여하는 많은 사람이 바로 이와 유사한 일을 경험한다. 그리스도인들은 종종 다양한 사역으로 한 공동체에 복음을 전하고자 노력한다. 그러나 그들이 마음을 열고 하나님의 진리를 받아들일 때는 그들에게 가장 소중한 존재, 즉 자녀들을 돌봐줄 때이다. 그들의 마음에 가장 소중한 존재인 자녀들의 필요를 다루어줄 때 그들은 그리스도인들이 두려워하거나 멀리해야 할 대상이 아니라는 사실을 깨닫게 된다. 다양한 종교적 배경을 가진 많은 성인은 우리가 그 자녀들을 돌봐줄 때 과부처럼 놀라운 고백을 한다. "당신이 우리 아이들을 돌봐주는 것을 보니 우리에 대한 관심이 진심임을 이제 알겠다."

여기서 이 선교 학자는 마음이 훈훈해지는 깨달음을 얻는다. 기독교 선교의 궁극적 목표는 이 목표로 요약될 수 있다. 즉 우리의 청중들에게서 "당신이 진리를 말한다는 것과 정말 당신이 하나님의 사람이라는 것을 이제 알겠다"라는 고백을 듣는 것이다.

왜 어린이를 돌보는 것이 교회의 책임인가? 그것은 어린이를 돌봄으로 성인들의 신앙에 영향을 미쳐야 하는 특별한 역할 때문이다. 많은 경우, 아이들은 그 부모와 다른 성인들에게 기독교 진리를 전할 중요한 시발점이자 자원일 수 있다. 아이들을 돌보는 주된 이유는 부모나 다른 성인들에게 더 잘 다가가기 위해서가 아니다. 하지만 그렇게 하는 자체가 불법이거나 속임수는 아니다. 하나님은 종종 그런 방식으로 온 가족과 마을 사람들의 마음 문을 열어주신다.

오직 교회만이 모든 인간의 존귀함을 이해하기 때문이다

존엄성에 대한 기독교적 이해[9]는 어린이를 돌보는 것이 교회의 특별한 책임인 또 다른 이유로 작용한다. 그리스도인은 모든 하나님의 자녀가 존귀하며 참된 가치를 지니고 있음을 알고 있다. 존엄성은 하나님이 인간을 그 형상으로 만드실 때 부여하신 천부적 성격이다(창 1:27, 시 8:3-6). 존엄성은 나이, 문화, 성, 경제, 교육, 인종, 신체적·정신적 능력, 유명세, 직위, 명성에 구애받지 않는다.

존엄성은 어떤 외부적 요인으로 결정되지 않는다. 불완전하더라도 그 자

---

[9] 어린이의 존엄성에 관한 이 내용은 웨스 스태포드 박사가 컴패션 직원을 대상으로 한 대담 내용의 일부를 참고했다.

체에 내재되어 있다. 다윗은 요나단의 아들 므비보셋의 명예를 회복시켜주었다(삼하 9:3-8). 그는 신체적 장애를 가진 사람으로서 자신의 신분, 즉 자신이 왕의 손자임을 모르고 있었고, 하나님의 형상으로 창조된 그분의 사랑을 받는 존재임을 망각하고 있었다.

우리는 어린이에게 존엄성을 부여하는 수체가 아니다. 그들은 이미 그것을 타고났다. 우리는 그것을 존중하며 보호해주고 때로 회복시켜주어야 한다. 존엄성은 사랑과 긍휼과 존중함으로 회복할 수 있다. "바보 같은 놈", "빌어먹고 살 놈", "뭐가 옳은지 천지 분간도 못하는 놈"과 같은 언어 학대는 아이에게 씻을 수 없는 상처를 준다.

이런 유사한 말을 들었을 때 얼마나 참담한 심정이었는지 기억해보라. 반면 단 한 마디의 격려나 친절한 행위만으로 한 아이의 인생이 새로운 출발을 할 수 있다. 살면서 누구나 한 번쯤은 믿어주고 격려해주는 말 한 마디에 힘을 얻고 삶에 대한 의욕이 샘솟았을 때가 있었을 것이다.

오직 교회만이 저주를 사라지게 할 수 있기 때문이다

말라기 4장 6절의 구약의 마지막 말이 매우 충격스럽게도 저주라는 사실을 이미 살펴보았다. "그가 아버지의 마음을 자녀에게로 돌이키게 하고 자녀들의 마음을 그들의 아버지에게로 돌이키게 하리라 돌이키지 아니하면 두렵건대 내가 와서 저주로 그 땅을 칠까 하노라 하시니라"라고 말한다. 아버지가 자녀들을 훈련하고 양육할 책임에 무관심할 때 심각한 결과가 초래된다. 하나님은 아버지가 그 일을 감당하지 못할 때 그 땅이 저주를 받을 것이라고 말씀하셨다. 흥미로운 점은 요한과 예수님의 탄생과 관련된 이야기들을 통해 신약에서 가장 먼저 관심을 보인 문제가 바로 이와 동일한 문제, 즉 아버지들의 마음을 자녀에게로 돌이키는 일이었다(눅 1:17).

'저주로 그 땅을 친다'라는 말씀이 정확히 무슨 의미인지 논쟁의 여지가 있겠지만, 전 세계의 빈민가를 방문해 가난한 사람들을 만나본 나로서는 그런 곳이 저주를 받았다고 주저 없이 말할 수 있다. 그런 모습은 하나님이 그 백성에게 원하시는 모습이 아니다. 그곳은 훔치고 죽이며 파괴하는 사탄이 지배하고 있다. 아이들의 마음이 그 아버지에게로 향하지 않으며 아버지의 마음이 그 자녀에게로 향해 있지 않다는 것을 확인하기 위한 특별한 노력이 필요하지 않다.

4장에서 살펴본 대로 전 세계의 가난한 사람들을 보며 확인한 것은 가난이 단순히 물질적 문제가 아니라 영적 문제라는 사실이었다. 사탄은 하나님이 원하시는 풍성한 생명을 훔치고 죽이며 파괴하기 위한 계획을 실행에 옮기고 있다. 저주는 영적 문제라는 사실을 기억하라. 저주는 축복과 정반대된다. 음식과 약품을 제공한다고 저주가 사라지지 않는다. 담요와 옷을 준다고 저주가 해결되지 않는다. 저주는 학교를 지어주고 배움의 기회를 준다고 없어지지 않는다.

저주를 축복으로 바꿀 수 있는 이는 교회와 그리스도인뿐이다. 가난의 근본 원인인 죄의 문제를 다룰 수 있는 이들은 교회와 그리스도인뿐이다. 이것은 우리 세속 친구들이 할 수 없는 역할이며 능력이다.

그러므로 교회와 그리스도인만이 진정한 전인적 기독교 어린이 양육 사역을 할 수 있다. 교회는 아버지들과 자녀들의 마음을 만지는 하나님의 도구이다. 이것이 어린이를 돌보는 것이 교회의 특별한 책임인 이유이다.

묵상과
토론을 위한
질문

1_ 교회는 어떻게 어린이의 지혜가 자라도록 도울 수 있는가? 키는 어떠한가? 하나님과 사람 앞에서 사랑스러워지도록 도울 방법은 무엇인가? 각 질문에 대해 최소 다섯 가지의 방법을 적어보라.

2_ 오늘날 어린이들이 부르짖는 이유는 무엇인가? 당신이 속한 나라 또는 공동체에서 어린이가 직면한 문제들을 신체적, 정서적, 영적 영역으로 나누어 최소 다섯 가지씩 적어보라.

3_ 사소한 말 한 마디로 스스로가 하찮게 느껴지거나 낙심했을 때, 누군가의 격려나 칭찬의 말 한 마디에 인생이 달라진 적이 있는가? 사람들과 이 내용에 대해 이야기해보라.

4_ 말라기 4장 6절 말씀을 묵상해보라. 당신이 사는 나라의 어린이들을 괴롭히는 '저주'는 무엇인가? 그 저주를 없애기 위해 교회와 당신이 할 수 있는 역할은 무엇인가?

5_ 6장에서 소개한 다섯 가지 성경적 시각 가운데 어린이를 돌보는 일이 교회의 특별한 책임인 이유에 대해 가장 강력한 이유가 된다고 생각하는 것은 무엇인가? 그렇게 선택한 이유를 설명해보라.

3부
교회 안의 어린이

Child,
Church
and
Mission

3부에서는 교회 안에 있는 어린이들의 영적 양육, 교회의 어린이 사역, 교회 환경에서의 어린이 보호에 대해 다룰 것이다.

먼저 신앙적 결단을 내릴 수 있는 심리적 성숙의 문제, 영적 책임을 질 수 있는 연령의 문제, 영적 민감성을 지닌 4세에서 14세 사이의 아이들을 일컫는 '4/14 창'과 같은 문제들을 살펴볼 것이다. 그리고 어린이 친화적 교회의 특징이 무엇인지 알아보고 어떻게 하면 어린이 친화적인 방향으로 교회의 프로그램과 시설을 개선하고 사역자들을 훈련할 것인지 고민해볼 것이다. 또 모든 나라의 다양한 수준의 교회를 인정하고 아이들을 위해 헌신할 때 사용할 서약서 형식을 제공할 것이다.

마지막으로 거론하는 것조차 가슴 아프지만, 어린이 보호와 교회의 문제를 다루어야만 한다. 구체적으로 우리 자신, 다시 말해 우리 직원들과 어린이들을 착취할 목적으로 우리 프로그램에 참여하는 자원 봉사자들로부터 아이들을 보호하는 문제를 다룰 것이다. 그런 다음 교회의 어린이 보호 정책의 핵심 요소와 어린이 양육 사역들을 살펴볼 것이다.

7장

어린이의 신앙 발달

***

"오늘 내가 네게 명하는 이 말씀을 너는 마음에 새기고 네 자녀에게 부지런히 가르치며 집에 앉았을 때에든지 길을 갈 때에든지 누워 있을 때에든지 일어날 때에든지 이 말씀을 강론할 것이며 너는 또 그것을 네 손목에 매어 기호를 삼으며 네 미간에 붙여 표로 삼고 또 네 집 문설주와 바깥 문에 기록할지니라."

_신명기 6:6-9

어린이 양육 사역자라면 대부분 성장하는 어린이에게 기대하는 정신적, 사회적, 정서적 발달의 과정을 설명할 수 있다. 그러나 영적 발달을 다루지 않는다면 전인적인 양육이라 할 수 없다. 이것은 오직 교회만이 감당할 수 있는 전인적 기독교 어린이 양육 논의에 중요한 한 가지 주제이다.

심지어 매우 기독교적인 상황에서도, 전인적 어린이 양육의 관점에 지대한 영향을 미치는 어린이와 관련된 신학적인 중대 질문이 많이 있다. 로이 B. 주크는 자신의 명저, 〈하나님의 눈으로 자녀를 바라보라〉(Precious in His

Sight)에서 민감한 여러 질문 가운데 다음과 같은 질문을 제기한다.[1]

- 죄에 대해 책임을 지는 나이란 무엇인가?
- 회심하기 위해 아이들에게 무엇을 가르쳐야 하는가?
- 죽은 아기는 천국으로 가는가?
- 그리스도인의 자녀들은 하나님과 언약 관계에 있는가?
- 어린 시절의 회심을 인정할 수 있는가?
- 기독교 가정 출신 아이들에게 근본적 회심의 필요성을 다시 강조해야 하는가? 아니면 회심할 필요성이 없으므로 그리스도인으로서 변함없이 성장하도록 격려하기만 하면 되는가?

이 질문들은 대부분 이 책의 범위를 벗어나는 질문이다. 그러나 어린이를 둘러싼 성경의 신학적 탐색이 얼마나 깊이 있게 이루어져야 하는지를 엿볼 수 있다. 어린이 전인적 양육의 영적 양육 요소에 기본 토대가 되고 또 '교회 안의 어린이'에 관한 논의에 매우 중요하기 때문에 어린이의 신앙 발달 문제를 고찰해보는 작업은 꼭 필요하다.

이 장에서 제기할 문제들은 주로 교회 안 어린이들의 신앙 발달과 관련이 있다. 다시 말해서 교회 안에서 성장하며 대체로 부모가 그리스도인인 아이들, 주로 서구적 (그리고 역사적인 기독교적) 상황에서 자라는 아이들의 신앙 발달과 관련이 있다. 비기독교적 상황에 있는 어린이들과 관련된 복음 전도와 회심의 문제들, 다시 말해 비기독교 신앙을 가진 아이들의 복음 전도(선교)와는 완전히 다르다. 이 문제는 11장에서 논의할 것이다.

---

[1] 로이 B. 주크, 하나님의 눈으로 자녀를 바라보라(Precious in His Sight, 도서출판 디모데), 24쪽.

교회 안의 어린이를 향한 하나님의 뜻

모든 세대의 모든 어린이가 하나님 보시기에 얼마나 소중한지 이해하고, 예수 그리스도를 통해 그분과 올바른 관계를 회복하도록 그들을 돕는 것이 하나님의 뜻이다. 또 하나님은 교회가 어린이들에게 복음의 증인이 되어 그들이 그 인생을 향한 하나님의 뜻을 알고 좇을 수 있도록 돕기를 원하신다. 〈어린이들을 위한 하나님 마음 이해하기〉(Understanding God's Heart for Children)에서 비바 네트워크와 여러 기관이 제시한 중요한 성경적 틀은 그것을 이렇게 설명한다.[2]

> 아이들은 교회 생활과 사역에 필수적인 존재로서 영적 은사와 능력을 통해 분명한 역할을 감당한다. 교회는 어린이들이 하나님과 역동적으로 교제하며 의미 있는 활동에 참여할 수 있는 장이 되어야 한다. 제자로 훈련되고 인생과 사역에 필요한 준비와 힘을 갖추도록 하는 곳이 되어야 한다. 하나님의 가정의 일원인 어린이는 아들과 딸처럼 돌봄받아야 하며, 서로를 사랑하고 섬기도록 훈계받아야 한다. 하나님은 교회가 아이들에게 하나님을 알고 그리스도의 몸 안에서 소명을 감당할 기회를 제공하기를 원하신다.

어린이가 어떤 방식으로 언제 그리스도를 진정으로 영접할 수 있는지, 그리고 어린 시절의 신앙적 결단이 온당하거나 진실한 것인지를 두고 오랫동안 논쟁이 있었다. 흥미롭게도 몇 년 전 남침례교에서 시행한 한 연구는, 많은 신자가 "12세 혹은 13세 이하의 아이들은 죄를 진심으로 회개하고 구세주로서 그리스도께 복종하는 경험을 하는 데 꼭 필요한 정신적, 정서적

---

[2] 맥코넬, 더글라스를 위시한 공동 저작(Colorado Springs: Authentic Pblishing, 2007), 225쪽.

혹은 영적인 성숙에 도달하는 것이 불가능하다"라고 생각한다는 결과를 발표했다.[3] 그러나 바로 그들이 "12세 이전에 자녀들이 그리스도를 위해 살겠다는 결단을 했다"[4]라고 고백하고 있다. 성인들이 어린이에 대해 생각하는 것과 사실과는 다소 차이가 존재한다.

이에 앞서 "교회와 기독교 가정에서 성장하는 아이들이 회심을 해야 할 필요성이 있는가?"라는 질문을 생각해볼 필요가 있다. 모든 사람이 이 아이들이 회심을 해야 한다고 주장하지는 않을 것이다. 성경 어디서도 유아가 죄에 대해 책임을 져야 한다고 가르치지 않는다. 하지만 동시에 성인들 못지않게 아이들 역시 구세주가 필요한 죄인이라고 말한다. 그렇다면 아이들이 스스로 영적 상태에 대해 책임을 지게 되는 나이는 언제인가?

그때는 개인이 자기 행동에 도덕적 책임을 지고 하나님의 은혜에 의식적으로 반응할 수 있을 만큼 성숙한 시기를 가리킨다. 이 표현은 어린이들의 영적 의식과 하나님 앞에서 책임을 지는 모습과 관련된 여러 성경 구절을 참고한 것이다.[5] 아이들도 영적 책임을 질 수 있다고 주장하는 사람들 가운데 그 나이를 구체적으로 말하는 사람은 아무도 없다. 성경도 명확하게 답을 제시하지 않는다. 결국 나이보다는 책임성 자체를 강조하는 것이 현명하다. 임의로 회심할 수 있는 연령을 정하는 것은 잘못이다. 마찬가지로 아이들의 이해 능력의 한계를 무시하는 것도 잘못이다.

이 문제에 대해 고대 이스라엘의 유대인들이 선택한 방법에서 교훈을 얻을 수 있다. 로이 허니컷(Roy Honeycutt)이 설명한 대로 고대 이스라엘에서는 한 가정의 가장이 하나님과 일차적 관계를 맺고 가족들은 가장의 언약적 관계를 기초로 그 언약에 편입되었다.[6]

---

[3] 클리포드 잉글 편집, Children and Conversion(Nashville, TN: Broadman Press, 1970), 12쪽.
[4] 같은 책.
[5] 같은 책, 62쪽.
[6] 로이 L. 허니컷 2세, Children and Conversion, 중 'The Child within the Old Testament Community' 클리포드 잉글 편집((Nashville, TN: Broadman Press, 1970), 33쪽.

이스라엘의 많은 사람에게 가족 중심적 성격의 종교란 자녀가 태어날 때부터 가족의 신앙을 물려받는다는 뜻일 뿐 아니라, 자녀의 일차적 교육 주체가 종교 제도가 아닌 가정이라는 의미였다… 또 종교 생활은 대체로 가정을 중심으로 한 개인적 발달과 양육을 통해 이루어졌다.

허니컷은 계속해서 이렇게 말한다.[7]

이스라엘의 자녀는 일정한 연령이 되면 언약적 신앙과 무관한 외부인이 된 것처럼 취급받는 좌절감을 겪지 않았다. 어릴 때 누렸던 사랑과 기쁨을 다시 누리기 위해 무언가 특별한 일을 해야만 한다는 생각도 하지 않았을 것이다… 본질적으로 언약 신학에 관한 구약의 관점은 하나님의 구원하시는 은혜에 한 번 속한 아이는 결코 유기되지 않는다는 입장을 진지하게 고수했다.

구약에서는 어린이와 청소년들의 회심이 전혀 필요하지 않았다. 유대인 가족의 일원인 이상 모든 어린이와 청소년은 이미 신앙 공동체의 일원이었다.

허니컷은 이렇게 설명한다.[8]

이스라엘에 속한 개인이 내려야 할 유일한 결정은 '언약 관계를 맺고 예배 공동체에 참여할 것인가?'가 아니라 '언약을 그대로 유지할 것인가?'였다. 그 개인과 개인이 속한 공동체는 이미 언약적 믿음 안에 있었다. 하나님이 약속하신 이 언약은 이스라엘의 모든 연령에 적용되었다. 개인은 그 믿음의 공동체에 계속 남을 것인가 떠날 것인가만 결정하면 됐다.

---

[7] 같은 책, 35쪽.
[8] 같은 책, 25쪽.

한 걸음 나아가 윌리엄 헨드릭스(William Hendricks)는 다음과 같이 지적한다.[9]

> 어린이에 대한 신학적 불안은 많은 부분 아이들에 대한 우리 어른들의 불안이 투사된 데서 기인한다. 스스로 의미 있고 깊이 있는 결정을 내릴 수 있을 때까지 하나님이 아이들에게 긍휼과 자비로 보살펴주시리라고 믿지 말아야 할 어떤 성경적 이유도 없다. 실제로 그리스도로 표현된 하나님과 인류의 은혜 언약은 아이들이 그 긍휼하신 사랑으로 하나님의 보호를 받는다고 확신할 충분한 이유가 된다.

실제로 아이들을 향한 하나님의 자비하심 때문에 우리는 아이들의 믿음이 어떻게 성장하고 자라는지 더 잘 이해할 수 있다.

어린이의 신앙 발달

기독교적 환경에서 자라는 대부분의 아이들은 4세에서 14세 사이에 처음으로 의미 있는 신앙적 결단을 한다고 이미 언급했다. 성인들이 생각하는 것보다 아이들은 영적 진리를 더 쉽게 이해하고 받아들일 수 있다. 죄가 잘못이라는 것을 본능적으로 직감하며[10] 예수님이 그들을 위해 행하신 사역을 인정하고 예수님을 영접하려면 어떻게 해야 하는지 이해한다. 예수님은 어린아이들의 특별한 감수성과 인지 능력을 암시하신 적이 있다.[11] 또 예수님 스스로 어릴 때부터 예외적 영적 통찰력을 지닌 분이셨다.

---

[9] 윌리엄 헨드릭스, Children and Conversion의 'The Age of Accountability', 클리포드 잉글 편집 (Nashville, TN: Broadman Press, 1970), 94쪽.
[10] 로이 B. 주크, 19쪽.
[11] 마태복음 11:25

하나님이 믿음을 이해하는 아이들의 능력을 확실하게 인정하신다는 사실도 지적했다. 구약을 보면 여러 곳에서 아이들이 예배와 절기에 참여하는 모습이 나온다. 성경이 부모에게 자녀들을 믿음으로 양육하도록 자주 지시한다는 사실은, 계명을 이해하고 순종할 수 있는 아이들의 능력을 전제로 하지 않으면 설명이 되지 않는다.

실비아 포스(Sylvia Foth)는 어린이와 선교를 연관시킨 탁월한 저서, 〈아빠, 아직 우리가 거기 있나요?〉(Daddy, Are We There Yet?)에서 믿음을 이해하는 아이들의 능력을 심리적 발달의 관점에서 강조한다. 그녀는 이렇게 지적한다.[12]

> 뇌 연구가들은 갓 태어난 신생아라 해도 그 뇌는 여러 관계에 대해 신뢰하는 반응을 보이도록 설계되어 있다고 말한다. 이런 현상은 아이들이 먼저 엄마와 신뢰 관계를 형성하고 나아가 가족들과 신뢰 관계를 구축하는 데서 볼 수 있다. 아마 다윗은 이 사실을 이해하고 "오직 주께서 나를 모태에서 나오게 하시고 내 어머니의 젖을 먹을 때에 의지하게 하셨나이다 내가 날 때부터 주께 맡긴 바 되었고 모태에서 나올 때부터 주는 나의 하나님이 되셨나이다"(시 22:9-10)라고 썼을 것이다.

신뢰할 수 있는 이런 능력은 아이들이 또한 궁극적으로 하나님을 신뢰하는 능력의 기초가 된다. 아이들은 어릴 때부터 반응하는 능력이 있다.

포스는 양심이 발달하는 시기가 3세에서 6세 사이라고 지적한다. 추상적 개념(하나님, 천국, 영원, 죄, 용서 등)을 이해하는 능력은 학령전기를 지나 초등학교에 진학하면서 더욱 성장한다. 나아가 복잡한 개념들을 종합해 결론을

---

[12] 실비아 포스, Daddy, Are We There Yet?(Mukilteo, WA: Kidzana Ministries, 2009), 158쪽.

도출하는 정보 통합 능력은 초등학생 후기에 개발된다.[13] 이런 능력의 발달은 아이들이 신앙의 문제를 이해할 수 있음을 의미한다. 포스는 이렇게 말한다.[14]

> 물론 아이들은 자신들의 결정을 세세한 부분까지 다 이해하지 못한 상태에서 복음을 받아들일 수 있다. 그러나 이런 면은 성인들도 마찬가지가 아닌가? 어른들도 십자가에서 그리스도의 피 흘리심으로 값 주고 사신 은혜와 구원의 은사를 지금도 여전히 배우며 깨달아가고 있지 않은가?

전 세계의 어린이 가운데 약 3분의 2가 여전히 그리스도를 알기 위해 기다리고 있는 상황에서 복음을 전하는 일은 결코 중단되어서는 안 된다. 그러나 실비아 포스의 조언대로[15] 복음을 전하는 우리 방법에 대해서는 끊임없는 검토가 필요하다.

아이에게 먼저 배우라. 예수님이 하늘나라의 참된 시민의 가장 모범적인 예로 어린아이를 지목하셨다는 사실을 잊지 말라. 어떤 아이든, 심지어 아직 주를 모르는 아이라 할지라도 하나님 나라에 대한 우선순위에 대해 어른들이 배울 점이 있다. 그리스도의 왕국에 대해 아이에게 무엇을 배우고 있는가? 자신에 대해서는 무엇을 배우고 있는가? 아이처럼 성장하고 변해야 한다는 것을 어떻게 깨닫게 되었는가?

아이를 한 인간으로 존중하라. 어린이와 청소년들은 대화하며 나누고,

---

[13] 같은 책.
[14] 같은 책, 159쪽.
[15] 같은 책, 160-161쪽.

질문하고, 의문을 제기하고, 때가 되어 결정할 수 있도록 시간을 주고 기다려주어야 한다. 이런 말을 하게 되어 유감이지만 때로 아이들을 마치 가축 떼처럼 한곳에 몰아넣고 단체 구원 기도를 시키기도 한다. 아니면 기계처럼 취급할 때도 있다. 앵무새처럼 외운 답변을 반복시키고 기도를 외우게 한다. 아직 글을 읽지도 못하는 아이에게 성경책을 주고 집으로 돌려보내면서 밤새 마술처럼 제자가 만들어지기를 기대하기도 한다.

발달 단계를 존중하라. 우리 중에는 처음으로 예수님을 따르기로 결정했을 때를 기억하는 사람도 있을 것이다. 하지만 기억하지 못하는 사람도 있다. 아이들은 예수님을 그들의 구주와 주로 모시기 위해 중요한 단계를 하나씩 밟아갈 때 지속적으로 격려와 확인이 필요하다.

가족이 동참하도록 하라. 하나님이 아이들을 가정에 주신 이유가 있다. 우리는 하나님이 그들에게 주신 가정을 존중해야 한다.

책임을 질 수 있는 나이

책임을 지는 나이라는 것이 존재하는가? 책임을 지는 나이는 개인이 도덕적 책임을 질 정도로 성숙하고 하나님의 은혜에 의식적으로 반응하는 시기를 말한다. 이 용어가 성경에서 발견되지는 않지만 여러 성경 구절로 유추해볼 수 있다.

다음의 성경 구절들을 살펴보라. 책임을 지는 나이에 대해 무엇이라고 말하는가? 이 구절들을 통해 어떤 추론을 할 수 있는가?

고린도전서 13:9-11

(힌트_바울의 비유를 볼 때 어린아이와 어른의 능력이 서로 다른 범주에 속하는 것으로 보아야 하는가?)

요한복음 9:20-21

"그에게 물어 보소서 그가 장성하였으니 자기 일을 말하리이다."

신명기 1:39

"또 너희가 사로잡히리라 하던 너희의 아이들과 당시에 선악을 분별하지 못하던 너희의 자녀들도 그리로 들어갈 것이라."

예레미야 1:6-7

"여호와께서 내게 이르시되 너는 아이라 말하지 말고 내가 너를 누구에게 보내든지 너는 가며 내가 네게 무엇을 명령하든지 너는 말할지니라."

> 책임을 질 나이와 관련해 가장 관련성 있는 성경 구절은 신명기 1장 37-40절이다. "또 너희가 사로잡히리라 하던 너희의 아이들과 당시에 선악을 분별하지 못하던 너희의 자녀들도 그리로 들어갈 것이라." 그렇다고 이 구절이 이 아이들은 결백하다는 의미로 말한 것은 아니다. 아이들이 어느 수준에서 책임을 져야 하는지는 그들의 도덕적 자각과 직접적 관련이 있다.

책임을 지는 나이에 관한 우리의 이해, 기독교 가정과 교회에서 자라는 어린이들의 극적 회심의 필요성, 연령대에 따른 특정한 능력에 관계없이 우리는 어린이들의 신앙 발달 문제를 살펴보아야 할 필요가 있다. 부모들과 교회는 어릴 때부터 아이들의 신앙 발달에 적극 개입해야 한다. 어린이 발달의 신체적, 사회적, 정서적 그리고 다른 측면이 시간에 따라 변화되듯이 신앙 발달 역시 시간에 따라 변한다는 것을 이해해야 한다. 선상하게 성상하도록 돕기 위해서는 연령을 고려한 적절한 자료와 교육이 필수적이다. 어린이와 청소년들을 위한 면밀하고 일관되며 체계적인 종교 훈련 프로그램도 중요하지만, 교회의 역할 역시 못지않게 중요하다.

모든 어린이는 생후 몇 개월이 지난 뒤부터 일종의 믿음을 표현한다. 엄마 품에 안긴 아기는 의식적으로 믿거나 행동하는 것이 아니라 단순히 신뢰하는 방법으로 믿음을 표현한다. 이 책의 1장에서는 아이들은 신성한 것이나 '신비로운 것', 하나님의 손길에 대한 일종의 자각 혹은 민감성을 의미하는 내재적 초월성을 지니고 있다는 비네 사무엘 박사의 흥미로운 개념을 소개해주었다. 아이들의 내재적 초월성은 자연과 타인에 대한 개방성, 경이감, 현재에 충실한 능력, 신뢰와 하나님의 역사에 대한 단순한 수용을 포함한 단순한 삶의 시각을 특징으로 한다는 캐서린 콥시의 주장도 살펴보았다. 또한 이런 특징들이 놀랍고 경이롭지만 세속 사회의 가혹한 현실에서 쉽게 꺼질 수 있는 연약한 것임을 지적했다. 아이의 개방성과 신비에 대한 포용력은 보통 이른 나이에 망가질 수 있고, 또 실제로 그러하며, 그와 더불어 영적인 의식과 민감성도 함께 망가질 수 있다. 실제로 캐서린 콥시는 "아이 속에 있는 하나님의 형상은 계속 손상되고 망가져간다"[16]라고 말한다. 이어서 이렇게 말한다.[17]

---

[16] 캐서린 콥시, Celebrating Children, 9쪽.
[17] 같은 책, 9, 10쪽.

우리는 아이의 영성을 믿음의 도약판으로 이용할 수 있기를 바란다. 하지만 이 영성이 망가지는 정도에 따라(하나님의 형상이 손상되는 정도에 따라) 믿음으로 나아가는 아이의 능력도 영향을 받는다. 아이가 신뢰하는 능력을 상실해버릴 경우 예수님을 신뢰하는 것이 무엇인지 이해하는 데 큰 어려움을 느낀다. 이런 경외감을 키울 수 없는 환경에 살고 있다면 창조주 하나님에 대해 경이감을 느끼기란 매우 어렵다.

그렇다면 어릴 때부터 아이의 신앙이 자라도록 돕기 위해 무엇을 할 것인지 진지한 고민이 필요하다. 신앙 발달에 대한 관심은 출생 직후 시작되는 모든 다른 분야의 발달과 병행되어야 한다. 아이들이 신체적, 사회적, 정서적 성장과 더불어 믿음이 자라도록 하기 위해서는 어떻게 해야 하는가?

성경의 사례들을 통해 보았듯이, 하나님은 때로 어떤 아이들에게 특출한 신앙을 허락하시기도 한다. 그러나 신앙은 대부분 아이의 신체적이고 심리적인 성장에 비례하는 경향이 있다. 믿음으로 남들을 가르치고 인도하는 일에 종사하는 사람들은 신앙 발달을 인간 발달의 모든 요소와 연결시킴으로써 더 효과적으로 사람들에게 복음을 전할 방법을 찾아낼 수 있다.

스티브 웸버그(Steve Wamberg)는[18] 성경이 믿음을 설명하기 위해 사용하는 예화는 성장의 과정을 설명하거나 성장 과정과 관련된 것이 많다고 지적한다. 예를 들어, 시편 1편은 신실한 믿음의 사람은 싱싱하게 자라서 열매를 맺는 나무와 유사하다고 설명한다. 시편 92편 12-15절은 의인을 노년이 되어서도 그 믿음이 성장하며 번성하는 사람들이라고 설명한다. 마가복음 4장 26절에서 예수님은 비유를 통해 신실한 믿음의 사람을 좋은 땅에 뿌려

---

18 스티브 웸버그, Youth and Faith Development(Prepared as a Continuing Education Training Module for Compassion International, January 2004), 4쪽. 어린이 신앙 발달에 관한 논의는 대부분 웸버그의 주장을 참고했다.

져 많은 열매를 맺는 씨와 유사하다고 설명하셨다. 바울은 데살로니가교회의 믿음이 성장하기 때문에 하나님께 감사한다고 그들에게 편지했다.

베드로는 초대교회에 믿음이 성장하기 위해서는 아이의 성장 과정과 비슷한 과정이 필요하다고 말했다. 처음에는 젖을 먹지만 더 단단한 음식을 먹게 된다는 것이다.[19] 그렇다면 어떤 식으로 신잉 양육을 해야 건강하고 성장하는 믿음이 생기는가?

믿음의 성장 방법

듀크 대학의 존 웨스터호프(John Westerhoff)는 나무를 이용해 믿음이 자라는 과정을 설명한다. 그는 나무의 네 가지 성장 원리를 믿음의 성장에 적용하였다.[20]

첫째, 나이테가 하나 있는 나무는 나이테가 네 개인 나무와 마찬가지로 온전한 나무이다. 수종이 1년밖에 되지 않았다 해도 나무는 그 자체로 온전한 나무이며 나이테가 네 개라고 해도 더 좋은 나무라기보다 더 자란 나무일 뿐이다. 한 아이(혹은 새신자)의 신앙은 아이의 전체 발달 정도에 영향을 받지만 그 자체로 온전한 신앙이다. 하나님은 성숙한 사람의 신앙 못지않게 그 신앙을 귀중한 자원으로 생각하신다. 이때 교사는 각 사람이 모든 면에서 잠재된 믿음을 제대로 발휘할 수 있도록 돕는 것을 목표로 해야 한다.

---

[19] 베드로전서 2:2
[20] 존 웨스터호프, Will Our Children Have Faith? 개정판(Harrisburg, PA: Morehouse Publishing, 2000), 88-89쪽.

둘째, 환경이 제대로 갖춰지면 나무는 자란다. 성장 환경이 제대로 구비되지 않을 경우 적절한 환경이 마련될 때까지 성장을 멈춘다… 마찬가지로 우리는 적절한 환경, 경험, 상호 관계가 있을 경우에만 이 단계에서 다음 단계로 믿음이 성장한다. 웨스터호프는 다른 그리스도인들과의 건강한 관계와 건강한 환경을 신앙 발달의 중요한 요소로 강조한다.

셋째, 나무는 한 번에 하나의 나이테만 생성하는 방법으로 느리고 점진적으로 성장한다. 우리 눈에 그 결과는 보이지만 그 나이테가 생성되는 과정은 보이지 않는다. 그러나 하나씩 나이테가 생기는 과정을 생략할 수는 없다는 것은 잘 알고 있다… 믿음도 마찬가지다. 믿음의 성장은 속성 코스를 밟듯이 재촉한다고 되는 것이 아니다. 한 번 보는 것으로 한 개인의 신앙 상태가 다 파악되지 않는다. 그러나 시간이 흐르면 그 과정을 통해 그 사람이 어떻게 성장해 가는지 알 수 있다.

넷째, 나무가 성장하면서 나이테가 사라지고 다시 생기는 것이 아니라 전에 있던 나이테에 하나씩 추가되기 때문에, 나무가 자라더라도 이전의 나이테는 여전히 그대로 있다. 믿음도 마찬가지다… 믿음의 단계와 단계에 따른 필요를 생략한다고 더 빨리 자라는 것이 아니다. 새로운 요소와 새로운 필요가 생기면서 더 성장하게 된다. 실제로 이전 단계에서 믿음에 필요한 요소들이 제대로 충족되지 않으면 그 이전의 단계로 되돌아가는 경향이 나타난다.

어린이의 신앙 발달에 대한 존 웨스터호프의 분석을 계속해 살펴보자.[21] 그의 말에 따르면 어릴 때는 믿음에 '감화되는' 경향이 있다고 한다. 아이들

---

[21] 같은 책. 이 요약 내용 역시 스티브 웸버그의 주장을 참고했다.

은 머리로 이해하기보다 마음으로 받아들인다. 우호적인 환경을 본능적으로 포착하며 교회라는 곳에서 따뜻한 환대를 받고 돌봄을 받을 때 예수님을 긍정적으로 인식한다. 어른들이 안아주고 칭찬해주면 어른들이 섬기는 하나님 덕분이라는 생각을 부분적으로나마 하게 된다. 그렇게 안아주고 칭찬해주지 않는다면 아이들의 믿음이 성장하기가 쉽지 않을 것이나. 그러므로 웨스터호프가 교회(그리고 부모)를 향해 아이들이 어릴 때부터 긍정적이고 적극적이고 생기를 북돋워주는 환경을 마련해주라고 권장하는 것이 그다지 놀랍지 않다. 교회의 목표가 신앙 성장이라면 아이들을 아무 도전도 없는 수동적 양육 환경으로 과보호해서도 안 된다. 상호 작용을 통해 성장 과정에 참여하도록 해야 한다.

신앙을 가진 사람들과 긍정적으로 상호작용할 때 아이의 인생에 미치는 영향은 결코 사소하지 않다. 후안 라모스(Juan Ramos)는 도미니카 공화국에서 성공한 예술가이다. 오래전 그는 컴패션 어린이 양육 센터의 결연 어린이로 후원을 받았다. 후안은 센터에서 배려받고 인정받는 분위기를 경험했고, 그로 인해 초등학생이었지만 하나님의 사랑을 알 수 있었다고 말한다. 시간이 흐르면서 후안은 매달 후원금을 보내주는 후원자들에게 진심으로 감사하게 되었다. 그는 "그분들은 단 한 번도 내게 보내주는 재정적 지원에 대해 언급하지 않았어요. 늘 사랑한다고 말해주었고 칭찬하고 격려해주셨어요. 내가 부담스럽다는 느낌이 들게 한 적이 한 번도 없었고 마치 아들처럼 대해주셨어요"라고 말했다. 그런 양육 태도는 심지어 멀리 떨어져 있다 해도 아이의 신앙 발달에 강한 영향을 미칠 수 있다.

믿음의 성장은 과정이다. 어린 시절 첫 신앙 경험은 머리로 이해하는 것이 아니라 체험적인 것이다. 칭찬과 격려, 사려 깊은 양육 환경, 어른들의 모범을 통해 신앙 양육을 받는다. 아이들은 하나님이 그들을 사랑하시며 하나님 앞에서 자신이 소중한 존재라는 사실을 배운다. 신앙 발달의 두 번째 단계는 어린이와 청소년들이 그 부모나 또래들의 신앙을 자신의 신앙으로 받아들이는 것이다. 이 단계에서 아이들은 자신이 교회와 신앙 공동체에서 필요한 존재이며 용납받고 중요한 존재라는 사실을 확인하는 것이 매우 중요하다.[22]

나이가 들면 아이들의 믿음은 보통 질문, 의심, 탐구, 실험의 과정을 거친다. "탐구하는 믿음은 이전의 이해와 방식에 대한 대안을 찾게 된다. 사람들은 다른 사람들에 대해 배우는 과정을 통해 그들이 지금까지 갖고 있던 전통을 테스트할 필요가 있다. 그렇게 해야만 그들 자신의 진정한 믿음을 갖게 된다."[23]

이 탐구 단계의 청소년들은 마음껏 탐험하도록 배려해주어야 한다. 동시에 그들은 "지적인 씨름과 실험, 결단을 위한 노력을 하는 과정에서 신앙 공동체를 떠나지 않도록 격려받아야 한다."[24]

신앙 발달의 마지막 단계는 '소유된 믿음 단계(owned faith)'이다. 웨스터호프는 이렇게 말한다.[25]

> 소유된 믿음 단계는 의심하고 진지하게 씨름하는 이전 과정이 있었기 때문에 종종 놀라운 자각이나 깨달음을 경험한 것처럼 보일 때가 있다. 하지만 어떤 경우든 그 신앙은 행동과 새로운 필요로 증명될 수 있다. 이제 이 사람들은 신앙을 개인적이고 사회적 행동으로 실천하기를 원하며, 심지어 자신을 키워준 공동체의 신념과 맞서야 하는 경우라도 그 믿음을 기꺼이 대변할 수 있게 된다.

스티브 웸버그는 사도 바울이 '소유된 믿음'의 가장 적합한 본보기라고

---

[22] 같은 책, 92쪽.
[23] 같은 책, 94쪽.
[24] 같은 책, 95쪽.
[25] 같은 책.

지적한다. 바울은 그리스도를 믿는 믿음을 갖게 되자 그 신앙을 행동으로 실천하고 싶은 열망으로 불타올랐다. 기회가 닿는 대로 그리스도에 대한 신앙을 대변했고 심지어 그가 성장한 유대교 신앙의 공동체와 맞서는 일도 불사했다.[26]

부모와 교사들은 아이들이 소유된 믿음의 단계에 이르도록 다음과 같이 격려하고 도와주어야 한다.[27]

- 성경을 일상생활과 접목시키도록 이끌어줌.
- 개방형 질문을 통해 성숙한 사고를 유도함.
- 현실적이고 시사적인 주제를 폭넓게 다룸.
- 매일 성경을 읽고 기도하도록 권면함.
- 사회적 필요에 부응해 성경적인 행동을 하도록 권면함.

다시 한 번 말하지만 신앙 발달은 과정이다. 아이들의 신앙 발달 과정을 잘 이해할수록, 그들의 경험과 하나님에 대한 이해가 폭넓어지고 성숙하는 데 효과적인 도움을 제공할 수 있다.

복음의 수용성이 높은 '4/14 창'이 정말 있는가?

일반적으로 신앙은 나무가 자라듯이 성장하며 육체와 정신이 성숙함에 따라 여러 단계를 거친다는 것을 우리는 인정한다. 아이들이 진지하게 그리고 평생토록 그리스도를 따르겠다는 삶의 변화를 동반한 결단을 하게 된다

---

[26] 스티브 웰버그, 14쪽.
[27] 같은 책, 15쪽.

면, 그 결단은 종종 15세 이전에 이루어진다는 흥미로운 증거들이 제시되었다. 달리 말해 어린이와 청소년들이 그리스도를 따르기로 결단하기 쉬운 4/14 창이 있다는 것이다. 15세 이전에 그런 결단을 하지 않았다면, 삶의 변화로 이어지는 '회심' 결단을 할 가능성이 크게 줄어든다.

최근 유명한 교회 연구가 조지 바나(George Barna)는 이것이 옳다는(적어도 미국에서는) 것을 확인해줄 중요한 근거를 제시하였다. 그는 〈당신의 자녀를 영적 챔피언으로 훈련시켜라〉(Transforming Children into Spiritual Champions)[28]라는 자신의 저서에서 미국인의 신앙적 결단과 관련해 광범위하게 이루어진 연구 결과를 소개하고 있다. 그 보고에 따르면 미국의 13세 어린이 가운데 93퍼센트가 스스로를 그리스도인으로 여긴다. 실제로 그리스도인이 된다는 것이 무엇인지 제대로 이해한 이들은 그들 가운데 34퍼센트에 불과했다.[29] 그러나 그리스도인 가운데 13세 이후보다 13세 이전에 그런 결단을 한 경우가 훨씬 많았다. 바나는 이렇게 말한다.[30]

> 5세에서 12세 사이의 어린이들이 예수님을 구주로 영접할 가능성은 32퍼센트였고, 13세에서 18세 사이의 청소년들은 4퍼센트, 19세 이상의 사람들이 그리스도를 영접할 가능성은 6퍼센트였다. 다시 말해서 십대가 되기 전에 예수 그리스도를 구주로 영접하지 않는다면 그 이후에 믿음을 가질 가능성은 현저히 낮아진다는 것이다.

이 놀라운 통계를 발표하면서 바나는 다음과 같이 촉구한다.[31]

---

[28] 조지 바나, Transforming Children into Spiritual Champions(Ventura, CA: Regal, 2003).
[29] 같은 책, 33쪽.
[30] 같은 책, 34쪽.
[31] 같은 책, 41쪽.

사람들은 어릴 때 그리스도를 구주로 영접할 가능성이 훨씬 높다. 성경 진리와 원리를 수용하는 경우는 일반적으로 십대 이전이 가장 많다… 개인의 신앙 훈련과 관련된 습관은 어릴 때 개발되며 시간이 흐를수록 그 가능성은 놀라울 정도로 줄어든다.

이런 결과는 여러 나라와 여러 문화권에서 반복적인 조사를 거쳐 확인되었다. 14세 이전에 그리스도를 따르기로 결단한 경우는 모든 조사마다 50퍼센트가 넘었다(어떤 경우는 더 높게 나오는 경우도 있었다). 아이들이 그리스도를 믿겠다는 장기적이고 진지한 결단을 한다면 그 결단은 대부분 15세 이전에 이루어졌다. 다시 말해, 어린이와 청소년들이 그리스도를 따르기로 결단할 가능성이 높은 4/14 창이 존재한다는 것이다.[32]

따라서 전략적으로 어린이 선교를 해야 할 필요성이 분명하게 드러난다. 우리는 아이들의 성장과 잠재력에 맞게 아이들과 아이들의 영적 능력에 대한 우리 시각을 조정해야 한다. 바나는 이렇게 말한다. "이런 결과가 지니는 함의는 분명하다. 개인의 도덕적이고 영적인 기초 발달에 의미 있는 영향을 미치고자 한다면 아직 마음이 열려 있고 수용적일 때, 다시 말해 어릴 때 그 영향력을 발휘해야 한다는 것이다."[33]

하나님이 우리에게 맡겨주신 아이들에게 무엇을 가르쳐야 하는가? 나는 제임스 돕슨(James Dobson) 박사의 신앙 훈련 점검 리스트(Checklist for Spiritual Training)[34]를 종종 추천한다. 그가 제안한 다섯 가지 성경적 개념은 앞으로 배울 교리와 신앙의 토대가 될 수 있으므로 의식적으로 가르쳐야 한

---

[32] 필리스 킬번 편집, Children in Crisis: A New Commitment(Monrovia, CA: MARC, 1996)에 수록된 댄 브루스터의 'The 4/14 Window: Child Ministries and Mission Strategies'. 이 단락의 내용은 2004년 10월 태국 파타야에서 개최된 로잔 세계 복음화 대회에서 다니엘 브루스터와 패트릭 맥도날드가 'Children: The Great Omission'(Oxford: Viva Network, 2004)이라는 제목으로 발표한 내용을 기초로 했다.
[33] 같은 책, 47쪽.
[34] 제임스 돕슨, Dr. Dobson Answers Your Questions,(Carol Stream, IL: Tyndale, 1992) 요약판.

다. 돕슨 박사는 이 가운데 많은 항목이 아이들이 아닌 성숙한 성인에게 적합할 수 있다는 것을 인정한다. 우리는 미성숙한 어린아이들에게 성숙한 성인의 모습을 요구해서는 안 된다. 그러나 아직 복음에 대해 열려 있는 어린 시절, 따스한 손길로 그들을 이끌어줄 수 있다는 그의 말에 동의한다.

첫 번째 개념은 "네 마음을 다하고 목숨을 다하고 뜻을 다하고 힘을 다하여 주 너의 하나님을 사랑하라"(막 12:30)라는 위대한 진리에서 찾을 수 있다. 아이들은 우리의 모범과 성경과 기도로 하나님을 아는 법을 배워야 한다. 하나님을 알아야만 그분을 온전히 사랑하는 법을 배우게 된다.

1. 당신의 사랑과 관용, 자상함을 통해 하나님의 사랑을 배우고 있는가?
2. 주님에 대해 대화하고 하나님을 중심으로 계획을 짜는 법을 배우고 있는가?
3. 두렵거나 불안할 때나 외로울 때 주님께 도움을 구하고 의지하는 법을 배우고 있는가?
4. 성경 읽는 법을 배우고 있는가?
5. 기도하는 법을 배우고 있는가?
6. 믿음과 신뢰의 의미를 배우고 있는가?
7. 신앙생활의 기쁨을 배우고 있는가?
8. 예수님의 탄생과 죽음의 의미를 배우고 있는가?

두 번째 개념은 "네 이웃을 네 자신과 같이 사랑하라"(막 12:31)라는 예수님의 말씀이다. 우리는 자기중심적인 세상 속에 살더라도 다른 사람들을 이해하고 공감하도록 아이들에게 가르쳐야 한다.

1. 다른 사람의 감정을 이해하고 공감하는 법을 배우고 있는가?
2. 이기적이고 고압적이지 않도록 노력하는 법을 배우고 있는가?
3. 나누는 법을 배우고 있는가?
4. 남들에 대해 험담하거나 비난하지 않는 법을 배우고 있는가?
5. 스스로를 용납하는 법을 배우고 있는가?

세 번째 개념은 "나를 가르쳐 주의 뜻을 행하게 하소서"(시 143:10)라는 말씀의 핵심으로, 아이들에게 하나님께 순종하는 것이 실제적이고 관계적으로 중요함을 가르치는 것이다.

1. 부모님께 순종해야 하나님께 순종할 수 있음을 배우고 있는가?
2. 하나님의 집인 교회에서 예의 바르게 처신하도록 배우고 있는가?
3. 사랑과 정의에 대해 건강한 개념을 배우고 있는가?
4. 순종해야 할 여러 형태의 권위들이 있음을 배우고 있는가?
5. 죄와 그 죄의 필연적 결과들의 의미를 배우고 있는가?

네 번째 개념은 "하나님을 경외하고 그의 명령들을 지킬지어다 이것이 모든 사람의 본분이니라"(전 12:13)라는 말씀의 핵심으로, 아이들이 하나님을 경외하고 성령의 음성을 듣도록 돕는 것이다.

1. 진실하고 정직하게 살아야 함을 배우고 있는가?
2. 주일을 거룩하게 지키도록 배우고 있는가?
3. 물질을 좇아서는 안 된다는 것을 배우고 있는가?
4. 그리스도인들이 서로 하나님 안에서 한 가족임을 배우고 있는가?
5. 양심의 명령을 거스르지 않고 살아야 함을 배우고 있는가?

다섯 번째 개념은 "오직 성령의 열매는… 절제니"(갈 5:22-23)라는 말씀의 핵심으로, 건강한 자기 부정을 아이들에게 가르치는 것이다.

1. 용돈의 일부를 하나님께 바치는 법을 배우고 있는가?
2. 충동을 자제하는 법을 배우고 있는가?
3. 열심히 노력하고 끝까지 책임지는 법을 배우고 있는가?
4. 자존감과 이기적 오만은 완전히 다르다는 사실을 배우고 있는가?
5. 우주의 하나님 앞에 경외감으로 엎드리는 법을 배우고 있는가?

그러나 아이들의 신앙 발달을 위한 전략을 세우는 과정에서 이미 이런 점검 목록을 사용해보았을 것이다. 이 세대 아이들이 책임을 질 수 있는 나이가 되었을 때 "주여 제가 여기 있나이다. 저를 보내소서"라고 말할 수 있도록 준비시킬 수 있다면 얼마나 멋지겠는가.

1_ 책임을 지는 나이가 있다고 믿는가? 당신의 생각을 말해보라.

2_ 당신의 경험이나 그동안 읽은 글을 통해 초등학생 아이와 신앙을 이야기할 때 민감하게 신경 써야 할 부분이 있다면 무엇인가? 중학생의 경우는 어떠한가?

3_ 당신은 15세 이전에 그리스도를 따르겠다고 처음 결단한 경우에 해당하는가? 가족 중 다른 형제자매들은 어떠한가?

4_ 4세에서 14세 아이들이 특별히 신앙의 수용성이 높다고 믿는가? 믿는다면 그 이유와, 믿지 않는다면 그 이유는 무엇인가?

5_ 주변 사람의 경험이나 당신의 첫 신앙 경험으로 어린이가 '믿음을 이해하고 체험한' 사례가 있다면 소개해보라.

6_ '질문, 의심, 탐구, 실험'이라는 특징을 지닌 어린 시절의 신앙 경험이나 주변의 사례를 한 가지 말해보라.

8장

어린이 친화적 교회의 특징

***

"만군의 여호와가 이같이 말하노라 예루살렘 길거리에 늙은 남자들과 늙은 여자들이 다시 앉을 것이라 다 나이가 많으므로 저마다 손에 지팡이를 잡을 것이요 그 성읍 거리에 소년과 소녀들이 가득하여 거기에서 뛰놀리라."

_ 스가랴 8:4-5

    황폐하고 때로 범죄가 횡행하는 지역 한가운데 위치한 어린이 친화적 교회 시설을 방문해보면 매우 인상적인 느낌을 받는다. 깜깜한 곳에서 갑자기 밝은 곳으로 나온 듯 극명한 대비를 경험한다. 문 앞만 나서면 길에 깨진 유리와 날카로운 캔 같은 위험한 쓰레기들이 널려 있지만 시설 안은 청결하고 안전하다. 밖에서는 고통스러운 울부짖음과 욕설과 저주가 난무하지만 시설 안은 아이들과 직원들의 유쾌한 웃음소리와 열정적인 찬양 소리로 가득하다.

    우리는 아이들이 예수님께 나아와 배우고 성장하며 섬기고 나가서 제자 삼는 일을 하도록 초청해야 한다. 하나님은 우리를 세상으로 보내셔서 사람들을 섬기고 제자로 삼아 교회 안으로 돌아오도록 돕는 일을 맡겨주셨다. 그러면 그들이 다시 제자가 되어 밖으로 나간다. 이 과정이 반복되면 교회는 성장한다. 이 과정은 성인들에게만 해당될 뿐 아니라 어린이와 청소년들에게도 적용된다.

아이들은 이 과정에 참여할 안전한 장소가 필요하다. 예수님과 더불어 한 단계씩 성장할 때 발달 단계에 맞게 필요를 채워줄 곳이 필요하다. 예수님이 직접 "어린 아이들을 용납하고 내게 오는 것을 금하지 말라 천국이 이런 사람의 것이니라"(마 19:14)라고 말씀하셨다. 아이들은 제대로 된 양육과 돌봄을 받아야 한다. 그러므로 교회 프로그램과 시설에 아이들의 안전과 복지에 방해가 되거나 신앙 여정에 해가 될 것이 있어서는 안 된다.

2006년 페낭 어린이 신학회의(Penang Child Theology Consultation)에서 참가자들은 "교회의 관심은 어디에 있습니까?"라는 질문을 받았다.[1] 이 물음은 어린이를 교회의 중심으로 삼는 일에 세계 교회가 얼마나 제대로 대처했는지 알아보기 위한 것이었다. 이 회의에서는 여러 반응이 나왔고, 대부분 아이가 아닌 프로그램이나 사람들이 중심이 될 경우, 그 교회는 하나님이 원하시는 방식으로 아이들을 대하지 못한다는 사실을 입증해주었다. 그 회의에서는 다음과 같은 사실을 요약해 발표했다.[2]

- 교회는 어른 중심으로 운영되는 경우가 많다.
- 어린이는 영적으로 열등한 존재로 치부된다.
- 어린이를 목적을 이루는 수단으로 보는 경우가 있다(예를 들어, 어린이 사역을 장차 목회자가 될 사람들이 임시로 거쳐가는 일종의 훈련 과정으로 보는 경우).
- 성탄절, 부활절 같은 교회 행사 때 교회는 아이들을 행사를 빛내는 일

---

[1] 존 콜리에와 동료들, Toddling to the Kingdom(UK: The Child Theology Movement, 2009), 204쪽.
[2] 같은 책, 205쪽.

종의 '장식품'처럼 활용한다.
- 교회가 아이들을 대하는 태도가 일관되지 않고 분열적 증상을 보인다. 아이들은 '어린 교회'라 불리지만 성찬에 참여하거나 투표를 할 수 없으며 중요한 역할을 맡지도 못한다.

교회는 교회 안팎에서 아이들을 돌볼 성경적 책임과 명령을 부여받았음을 살펴보았다. 교회는 (그 부모와 더불어) 아이들을 가르칠 책임도 있음을 알고 있다. 또한 아이들은 어린이 친화적 환경에서 훨씬 더 잘 배울 수 있다는 사실도 알고 있다.

이 장에서는 어린이 친화적 교회 환경의 특징이 무엇인지 알아보고, 어린이 친화적 교회가 되기 위해 교회가 실천해야 할 행동 목록도 살펴볼 것이다. 먼저 아이들이 교회에서 마땅히 기대해야 하는 기본적인 것이 무엇인지 살펴볼 것이다. 그런 다음 어린이 친화적 교회 프로그램, 시설, 인력이 갖추어지기 위한 개선점을 살펴볼 것이다. 마지막으로 어린이에 대한 교회의 '상부 구조'의 책임이 무엇인지 살펴볼 것이다. 여기에는 전국적 단위의 기관, 교단, 지역 교회가 포함된다.

어린이가 사랑하고 사랑받을 수 있는 어린이 친화적 세계

키이스 화이트 박사는 "모든 어린이의 가장 절실한 필요는 한두 명의 중요한 어른에게 사랑받고 사랑할 수 있는 것이다"라고 말한다.[3] 그는 '어린이

---
[3] 키이스 화이트, 'An Integrated Biblical and Theoretical Typology of Children's Needs'. 글렌 마일즈와 조세핀 조이 라이트 편집 Celebrating Children(Carlisle, UK: Paternoster Press, 2003)에 수록. 이런 개념들은 The Growth of Love(Abingdon, OX: The Bible Reading Fellowship, 2008)라는 책에서 본격적으로 다루었다.

친화적 교회의 다섯 가지 필수 요소'를 소개하며 이 필요가 제대로 충족되지 않으면 사랑을 경험하고 표현하는 아이의 능력이 손상된다고 지적한다. "어린 시절에 이 가운데 하나라도 실제적으로 충족되지 않는다면 그 아이는 심각한 정서적 손상과 상처를 입을 가능성이 농후하다."[4] 이번에 소개할 이 기본적인 필요는 일차적으로 가정에서 충족되어야 한다. 그러나 어린이 사역과 어린이 친화적 환경을 개선하고자 하는 교회 역시 이 필요를 충족시켜주는 중요한 역할을 할 수 있다.[5]

어린에게 필요한 중요한 요소는 먼저 관계와 탐색, 놀이, 발달의 공간을 통해 안전감을 누리는 것이다. 아이가 스스로 안전하다는 확신이 없으면 어떤 개입도 효과가 없다.

또한 있는 그대로의 모습으로 소중한 존재라는 확신이 필요하다. 모든 어린이는 그들을 무조건적으로 사랑하고 헌신하는 성인이 적어도 한 명은 있다는 사실을 알아야 한다. 어린이 양육과 돌봄 프로그램이 아무리 좋아도 아이들을 대하고 그 관계를 유지할 때 이 점을 확신시켜주지 못하면 아무 소용이 없다.

어린이들은 안전함을 느끼고 타인과 적절하게 관계를 맺기 위해서는 일종의 경계가 필요하다. 경계라는 말을 들으면 종종 우리는 규율과 규칙을 떠올리게 된다. 그러나 경계보다 더욱 중요한 것은 한 개인의 인생을 규정하는 가치와 원리들이다.

---

[4] 같은 책, 123쪽.
[5] 같은 책, 123-126쪽.

성경적으로 어린이는 우리 어른들과 마찬가지로 공동체와 관계를 이루며 살도록 창조되었다. 교회는 그런 공동체가 되어주고 있는가?

어린이들은 창의성을 마음껏 발휘할 수 있어야 한다. 아이들은 근본적으로 창의성이 풍부한 창조자들이다. 나는 빈번가 아이들이 나무 부스러기와 플라스틱, 고무, 종이로 장난감을 만들어 노는 것을 기쁜 마음으로 (때로는 부러운 마음으로) 지켜보았다. 어찌 보면 당연한 모습이다. 아이들은 하나님의 형상으로 창조되었으므로 창조하고 만들고 빚을 수 있는 기회를 마음껏 누려야 마땅하다. 교회는 크레용, 점토, 종이 찰흙과 같은 안전하고 나이에 맞는 재료들을 제공하고 아이들이 창의성을 발휘하도록 권장해야 한다. 그들은 뛰어난 배우나 극작가가 될 수도 있다.

이상 다섯 가지 기본 필요 외에 아이들이 교회에 기대하는 구체적인 요구들이 있다. 이런 요소들을 제대로 충족시켜주면 전반적인 어린이 사역 강화와 개선에 도움이 되고 더 어린이 친화적 환경을 조성할 수 있다.

어린이 친화적 교회 프로그램 만들기

앞에서 소개한 요소들은 아이들이 교회에서 기대할 수 있는 최소한의 요구에 속한다. 이외에 교회 상황에 맞게 구체적인 항목들을 추가로 포함시킬 수 있다.

또한 교회 프로그램과 모임 장소가 어린이에게 더 안전하고 흥미롭고 양육에 도움이 되는 방향으로 개선될 수 있도록 취해야 할 조치들이 있다. 다시 말하지만 사고 활동을 자극하고 처한 상황과 교회의 특정 환경에 맞게 아이들의 필요에 부응하도록 도움이 될 점검 목록을 만들어도 좋다.

성인들의 경험에 비추어 성인의 기준에 따르는 예배가 아니라 아이들에게 의미 있는 예배가 되도록 해야 한다. 많은 교회가 대예배에 아이들을 수용할 만한 공간과 시설을 갖추지 못한 경우가 많다. 그러나 많은 교회가 어린이 중심적인 교회가 되도록 순수하게 노력한다. 예를 들어, 어떤 교회는 성찬 의식이 있는 경우 가족 예배를 드린다. 아이들은 그런 분위기에서 자신들이 환영받는다는 것을 알게 된다.

어린이에게 예배 내용에 대해 물어보고 또 그들의 말을 귀 기울여 들어야 한다. 교회가 그들을 어떻게 대해주었으면 하는지 물어보아야 하고 의사 결정 과정에 참여시켜야 한다.

교회가 어린이에게 맞춘 설교를 하거나 예배 순서에 그들을 포함시킬 수 있으며, 그들이 소중하고 관심의 대상이라는 것을 알도록 어린이들이 이해할 수 있는 용어를 사용할 수도 있다. 그러나 어린이 설교를 따로 하지 말아야 하는 이유도 있다. (이 책의 '교회는 어린이 설교를 해야 하는가?' 단락을 참고하라.)

교회 제직회에서 교회의 1년 계획을 세울 때 정식 안건에 아이들에 관한 문제와 교회의 어린이 사역 개선 방향을 포함시켜야 한다.

연령별로 성경 공부반과 교재가 달라져야 하며 나이와 성숙도에 맞아야 한다. 인터넷으로 모든 것이 가능한 세상에서 주일학교 교재는 가능한 쌍방향적이며 다양한 멀티미디어 자료를 활용해야 한다. 교재 구입, 교사 훈련, 활동, 절기를 비롯한 중요한 어린이 사역에 교회 예산이 배정되어야 한다.

교회는 성탄절, 부활절 등의 절기, 생일, 주일학교 졸업, 기념일과 같은 각종 절기를 강조하고, 어린이들에게 의미 있고 특별한 날이 되도록 해야 한다. 또 교회는 아이들만을 위한 날과 시간을 연례 프로그램으로 정하고 실천해야 한다.

목회자가 아이들을 개인적으로 알아야 하며 어린이 사역 현장을 꾸준히 방문해야 한다.

이런 단순한 지침들은 간단하지만 제대로 실행하면 더 효과적으로 어린이, 청소년 사역을 할 수 있다.

 어린이들이 교회에서 공급받아야 할 기본적 필요

다음의 내용은 그동안 가르친 어린이들이 제안한 내용을 정리한 것으로, 교회와 모든 어린이에게 필요한 것이다.

- **하나님 말씀 가르치기.** 교회 교육은 내용이나 비전, 방향성에서 어린이들과 성인들을 구분할 필요가 없다. 모든 연령에 필요한 커리큘럼을 짜되 약간의 융통성만 발휘하면 된다.

- **어린이의 제자화.** 어린이들은 나이에 맞게 단순히 믿는 것으로 끝나지 말고 예수님처럼 하나님 말씀의 교훈을 삶으로 증명하도록 권면과 기회를 받아야 한다. 이것은 모든 교회의 핵심 목표가 되어야 한다.

- **기도.** 전 교회적 차원에서 모든 어린이를 위해 꾸준히 기도하되 연합적으로 또 개인적으로 기도해야 한다. 부모들도 어린이들을 위해 기도하도록 가르침받아야 하며 당연히 어린이 스스로도 꾸준히 기도하도록 가르쳐야 한다.

- **사랑의 돌봄**. 어린이들은 교회의 사랑과 돌봄으로 성장하고 자라야 한다. 교회는 어린이들의 말을 귀담아들어야 하고 어린이들은 자신의 생각과 필요와 상처와 희망과 꿈을 마음껏 표현할 수 있어야 한다.

- **사역에 참여할 기회**. 교회는 어린이들을 사역의 자원으로 생각해야 하며 하나님의 일을 하도록 준비시켜주어야 한다. 어린이들이 영적 은사를 발휘할 기회를 마련해주어야 한다.

- **어린이 친화적 교회 시설**. 교회 시설은 어린이들에게 안전하고 즐거운 곳이어야 한다. 어린이들이 마음껏 뛰놀며 동심을 펼칠 수 있는 안전한 곳이어야 한다. 가능하다면 운동장이나 놀이 시설을 갖추어야 한다.

- **적합한 교실 환경**. 교회는 어린이들이 성경 공부와 여러 활동을 하기에 적합한 교실을 마련하는 데 힘써야 한다. 어린이의 키에 맞춘 탁자와 의자와 눈높이에 맞는 다양한 시청각 교재가 있어야 한다.

- **능력 있는 교사**. 교사들은 어린이들의 필요에 맞게 가르칠 수 있도록 정기적이고 지속적인 교육을 받아야 한다. 그리고 교사들의 교수 내용이 건전하고 연령에 적합한지 계속 모니터링을 받아야 한다.

- **연령별 반 배정과 커리큘럼**. 교회는 어린이들이 나이와 능력에 맞게 건전하며 성경적인 교육을 정기적으로 받을 수 있도록 해야 한다.

- **가족의 협력과 교육**. 교회는 어린이들의 양심과 신앙을 해치는 유해한 문화와 환경으로부터 보호받도록, 부모가 하나님의 말씀에 어긋나지 않는 방식으로 자녀를 양육하고 교육하도록 격려해야 한다.

- **해로운 관습으로부터 보호하기**. 교회는 어린이들이 부정적인 전통적 태도와 신념, 습성의 영향을 받지 않고 자랄 수 있도록 노력해야 한다.

교회는 어린이 설교를 해야 하는가?

어린이 설교는 아이가 자신이 이해할 수 있는 말로 설교를 듣는 중요한 한 방법이다. 그러나 교회는 어린이의 필요를 면밀히 살펴보아야 한다. 어린이 설교 외에 아이들이 참여할 수 있는 더 효과적인 방법이 있을 수 있다. 실제로 성인 예배에서 어린이 설교를 하지 않는 게 더 나을 때가 있고 그 이유도 타당하다.

제임스 몽고메리 보이스(James Montgomery Boice)[6]는 어린이 설교가 사람들이 하나님을 예배하는 데 집중하지 못하도록 방해할 수 있다고 지적한다. 어린이 설교는 아이들을 예배에 함께 참석시키고 그 수준에 맞게 설교를 하는 것을 의미한다. 그러나 결과적으로 하나님보다는 어린이들에게 관심을 두고 초점을 맞출 수 있다.

어린이 설교는 또한 복음의 메시지를 가볍게 만드는 결과를 낳을 수 있다. 앞에서 살펴보았듯이 아이들은 우리가 생각하는 것보다 복음을 이해하는 능력이 뛰어나다. 보이스는 "우리는 아이들이 성인들의 수준에 이르도록, 다시 말해 성인들처럼 하나님과 관계를 누릴 수 있도록 양육하는 것을 목표로 해야 한다. 그런데 우리는 오히려 어른들을 아이들의 수준으로 끌어내리는 데 성공했다"[7]라고 지적했다. 보이스는 계속해 이렇게 말한다.[8]

> 많은 교회에서 순수하게 성인의 이해 수준에 맞춘 설교는 눈을 씻고 보아도 찾기 힘들고, 찬양은 성경의 하나님을 예배하는 것이라기보다 고등학교 학생들의 모임에 더 어울릴 법하며, 어린이 설교는 아이들보다는 오히려 미성숙한

---

[6] 제임스 몽고메리 보이스, 'Children's Worship', Christian Unite Articles, http://articles.christiansunitr.com/article.christianunite.com/article2544.shtml.
[7] 같은 출처.
[8] 같은 출처.

성인에게 맞춘 듯하다. 실제로 어린이 설교는 보통 가장 어린 유아의 수준에 맞추므로 더 큰 아이들은 무시되는 실정이다.

이런 잘못된 관행을 교회가 옹호하는 까닭은 아이들이 교회 프로그램을 제대로 따라오지 못할 것이라는 오해 때문인 것 같다. 그러나 이것은 사실이 아니다. 그리고 설령 아이들이 처음에는 따라갈 수 없더라도 그 내용을 이해할 수 있도록 가르치는 것이 우리의 일이다. 그런데 왜 이 일을 제대로 하지 못하고 있는가? 그동안 내가 들었던 수준의 어린이 설교라면 차라리 그 시간에 아이들이 예배에 제대로 참가하도록 가르치는 게 훨씬 낫다.

어린이 친화적 교회 시설

그동안 어린이 행사와 모임을 주최한 해외 교회들을 방문하면서, 아이들이 오고 싶어 하는 곳으로 교회 시설을 만드는 데 너무나 무신경한 교회들을 보고 때로 마음이 아팠다. 거의 매일 어린이 모임을 하고 있지만 어린이가 사용하기에 편한 시설도 없었고, 벽면에 아이들이 좋아할 만한 자료가 거의 전시되어 있지 않은 교회들도 있었다. 더 최악의 경우는 시설들이 위생적으로 불결하고 안전하지도 않은 경우였다.

물론 많은 교회가 협소한 공간을 다용도로 활용해야 하는 실정에 있다. 그러나 모임 장소의 안전을 점검하고, 아이들의 흥미를 유발시키고, 환대받는다는 느낌이 들도록 여러 가지 노력을 할 수는 있다. (아마 주중에) 시설이 다용도로 활용되는 교회라면 아이들이 모이는 날만이라도 아이들이 환대받고 편안한 느낌이 들도록 외관을 꾸밀 수 있다. 교회는 최소한 다음과 같은 노력을 해야 한다. (다시 말하지만 이 목록에 추가하고 싶은 것은 추가할 수 있다.)

교회 건물이나 주변이 어린이들에게 안전해야 한다. 날카로운 모서리나 물건이 없는지, 깨진 가구나 배선 시설이 밖으로 드러나 있지는 않은지 확인하고 아이들의 안전에 위협이 될 다른 문제는 없는지 점검해야 한다. 교회가 깨끗하고 호감이 가며 어린이 친화적이 되도록 노력해야 한다.

성경 공부를 하는 교실은 어린이에게 맞게 장식하고 그들이 좋아하는 공간이 되게 해야 한다.

어린이가 놀고 활동하며 즐겁게 지낼 수 있는 공간을 준비해주어야 한다.

이런 제안들은 너무나 실제적인 것이라서 영적으로 전혀 무의미한 것처럼 보일 수도 있다. 그러나 우리는 하나님이 귀히 여기시는 아이들에게 전인적 기독교 사역을 해야 할 소명이 있음을 기억해야 한다.

어린이 친화적 교사가 되도록 노력하기

어린이 사역 담당자들을 뽑고 훈련하고 지원하는 일에 관심을 기울이지 않는 교회는 아이들에게 필요한 의미 있는 프로그램을 준비할 수 없다. 교회의 일차적 기능은 아이들을 가르치고 훈련하여 예수님의 제자가 되는 것이 무슨 의미인지 이해하도록 돕는 장을 제공하는 것이다. 이 일의 성공적 수행은 사역자, 교사, 그 외 필요한 양육자의 자질과 헌신 정도에 달려 있다. 슬프게도 교회는 종종 성경적 이해가 거의 없고 아이들의 학습 방식과 행동, 교육, 양육에 대한 이해가 없는 무자격자들에게 어린이 사역을 맡기는 부주의를 저지른다.

다음은 교회가 어린이 사역자와 교사의 어린이 친화성을 향상시키도록 도와줄 몇 가지 지침이다.

교회는 지도자들에게 순결을 요구해야 한다. 교회 지도자와 사역자들은 어린이들의 모델이다. 부정적으로든 긍정적으로든 자신들이 늘 아이들에게 모델이 되고 있음을 알아야 한다. 아이들은 늘 그들을 주시하고 있다.

어린이의 교육을 담당하는 사람은 훈련을 통해 경험을 축적해야 한다. 교회는 교사와 도우미들이 정기적으로 훈련 과정을 거치도록 투자해야 한다. 별도의 기구를 마련해 어린이 성경 공부가 제대로 진행되고 있는지 정기적으로 점검하고 평가해야 한다.

교사와 사역자들은 단순히 어린이들의 현재 행동이 아니라 잠재력을 보아야 한다. 각 아이를 완성된 상품이 아니라 성장 중인 인격체로 바라보고 인식하는 법을 배워야 한다.

교사와 사역자들은 어린이의 가정을 지원하고 격려해야 한다. 힘든 상황(가령, 반항하는 자녀들로 인해)에 있는 부모를 위해 다양한 부모 수업을 정기적으로 실시하고 지원해야 한다. 교회는 강좌, 책, 비디오, 테이프나 다른 교재를 가정에 지원하고 교육하기 위해 노력해야 한다.

교회는 정기적으로 가족 전체가 함께하는 행사를 통해 세대간 대화의 장을 마련해주되, 가족 시간을 희생할 정도로 과도한 교회 활동을 하지 않도록 주의해야 한다.

사역자들은 어린이 보호 훈련을 받아야 하며(이 책의 어린이 보호에 관한 단락을 참고하라), 아이들이 학대받거나 방치되고 있지는 않은지 증상을 인지할 수 있어야 한다. 또 교회는 학대받거나 방치되거나 '거리에 있는' 아이들을 돕도록 사람들을 훈련해야 한다.

이 책의 초판에 나는 교회 프로그램, 사역자, 어린이 친화적 시설의 정도를 평가할 수 있는 점검 항목을 수록해두었다. 우간다의 비바 네트워크와 동역하는 친구들은 그 점검 항목을 보완, 발전시켰고 약간 수정한 형태로 사용할 수 있도록 허락해주었다. 그 내용은 다음 페이지에 수록하였다.[9]

모든 교회의 책임

아프리카의 어린이 옹호 활동가 시페로 마이클(Shiferaw Michael)은 매우 열정적이고 명석한 사람으로 에티오피아를 비롯한 여러 국가의 교회와 다양한 동역을 해왔다. 7개월여 동안 시페로는 전국적 단위의 조직, 교단 지도자, 교회 지도자 등 각 단위 지도자들을 모으고 공동의 뜻을 확인하는 일에 매달렸다. 그는 우리가 위에서 제기한 질문을 그들에게 제기했다. "어린이들은 교회에서 무엇을 기대해야 하는가?" 그의 이런 노력은 여러 결실을 맺었고 그 가운데 하나가 어린이 사역에 대한 교회 서약문(Covenant for Churches on Ministering to Children)[10]이다. 이 문서는 교회의 수준에 따른 책무의 범위를 상세히 기술하고 있다. 교회가 감당해야 할 최소한의 기준을 제시하되 각 수준에 따라 아이들과 그 가족들을 더 잘 섬길 수 있도록 성취해야 할 기준을 제시했다.

[9] 이소벨 부스 클리브본, Mim Friday, 그 외. 우간다 캄팔라, 비바 네트워크.
[10] 시페로 마이클, Covenant on Ministering to Children, 미출간. 2002년 아프리카 지역 컴패션 문서.

교회의 어린이 친화도 평가

목표 1: 어린이 사역에 대한 비전이 있다.	그렇다	아니다	모르겠다	확인 가능한 증거
어린이 사역에 대한 교회 전체의 비전이 있다.				어린이 사역 비전 선언문
어린이 사역이 교회 리더 모임의 정식 안건으로 꾸준히 상정된다.				회의록
어린이들을 영적 필요가 있고 교회에서 감당할 역할이 있는 인격체로 인식한다.				면담 기록
목표 2: 사역자와 어린이 보호에 대한 훈련이 시행되고 있다.	그렇다	아니다	모르겠다	확인 가능한 증거
어린이들과 함께 사역해야 할 성경적 책임이 있음을 인정한다.				면담 기록
성경적 관점의 아동 교수법을 훈련받는다.				훈련 일지
검증된 어린이 보호 정책이 교회에서 시행되고 있다.				어린이 보호 정책
모든 교역자와 봉사자가 어린이 보호 선언문에 서명했다.				어린이 보호 선언문 양식
교회 내 모든 활동을 교회 차원에서 감독하고 검증한다.				면담 기록
목표 3: 교회 건물이 환경적으로 안전하다.	그렇다	아니다	모르겠다	확인 가능한 증거
그룹별 모임 장소가 청결하고 안전하다.				시설 점검 기록
교회 내에 구급상자가 준비되어 있어 모든 리더가 언제라도 사용할 수 있다.				구급상자
누구나 볼 수 있는 곳에 교회 비상 연락망이 적혀 있다.				게시판 위치
목표 4: 어린이와 청소년들이 양육 모임을 이용할 수 있다.	그렇다	아니다	모르겠다	확인 가능한 증거
교회는 주일이나 주중에 어린이와 청소년들을 위한 모임을 제공한다.				교회 프로그램
어린이들이 성경과 교육과 개인적 경험으로 하나님을 찾을 기회가 있다.				면담 기록
어린이나 청소년들과 함께 혹은 아이들을 위해 정기적으로 기도한다.				면담 기록

교회는 특별한 필요가 있는 어린이를 지원한다.				시설 점검, 지원 보고서
어린이 사역을 위한 현실적인 예산이 지원된다.				1년 예산 혹은 회계 기록
목표 5: 어린이들이 교회 예배에 참여할 기회가 있다.	**그렇다**	**아니다**	**모르겠다**	**확인 가능한 증거**
모든 연령의 교인이 참여하는 예배 시간이 계획되어 있다.				예배 계획 기록
어린이의 영성 개발 훈련에 도움이 될 예배가 계획되어 있다.				면담 기록
어린이 담당 사역자와 어린이들에게 어린이 친화적 예배를 계획하고 주도하는 기회를 부여한다.				면담 기록
목표 6: 5세 이하의 어린이들이 사용할 시설이 있다.	**그렇다**	**아니다**	**모르겠다**	**확인 가능한 증거**
부모와 보호자들이 영·유아를 돌볼 수 있는 공간이 있다.				시설 점검 기록
어린이들이 놀이할 공간이나 장난감과 책이 마련되어 있다.				시설 점검 기록
성경적 자녀 양육을 위한 지원이 이루어지고 있다.				교회 프로그램
목표 7: 어린이와 청소년들이 교회 공동체의 동등한 일원으로 대우받는다.	**그렇다**	**아니다**	**모르겠다**	**확인 가능한 증거**
교회에 관해 어린이와 청소년들이 갖고 있는 고민을 들어주고 상담해준다.				상담 일지
출석 통계에 모든 어린이들이 포함된다.				출석부
목표 8: 봉사나 전도 기회가 있다.	**그렇다**	**아니다**	**모르겠다**	**확인 가능한 증거**
교회의 봉사나 전도 프로그램에 어린이들이 참여할 기회가 있다.				면담 기록
어린이 보호의 기준과 의식을 높이기 위해 지역 공무원들과 협조하고 있다.				모임 일지
교회가 싱글맘, 보건, 양육 과정, 영양, 이사, 수입 창출 기회 등의 지원으로 가정 내 문제를 예방하고 지원하는 데 도움이 된다.				연례 보고서
교회는 제자도, 소명 교육, 교육 등을 통해 청소년들의 자립 능력을 키워주는 식으로 아이들의 인생에 계속 관여한다.				어린이 보고서

그 노력의 결과로 각자의 서명이 들어간 서약서가 작성되었다. 실제적인 책임자 위치에 있는 교회 지도자들이 서명하게 함으로써, 마땅히 해야 함을 알고 있지만 미루던 일을 실천하겠다는 높은 수준의 결단을 이끌어냈다. 그 서약서에는 각 수준의 리더들이 실행해야 할 구체적인 일들이 자세히 설명되어 있다. 교회가 실행하기로 동의한 일을 검토하고 평가함으로써 어린이 사역의 책임이 있는 그리스도인들은 각 수준에서 서약서 조항들이 실제로 어느 정도 실행되고 있는지 평가할 수 있을 것이다. 교회 지도자들 역시 스스로 서약한 내용을 책임지고 실행해야 할 것이다.

서약서의 핵심 내용은 각 수준에 따라 교회가 이행해야 하는 의무들이다. 이런 의무들은 전국적 단위의 기관들이나 협회가 이행해야 할 책무이며 교단 지도자들의 책무이고 당연히 각 지역 교회의 책임이다.

서약서의 목적은 다음과 같다.

- 어린이 사역의 중요성과 성경적 기초를 강조한다.
- 교회가 전인적 어린이 사역에 관심을 가지도록 권면한다.
- 전국적, 교단적, 지역 교회적 차원의 복음주의 모임들과 기독교 기관들과 학교들이 도움이 필요한 어린이들을 위해 행동하도록 한다.
- 교회가 자체의 어린이 사역을 평가하는 데 도움이 될 기준을 제시한다.

마이클은 모든 참여자가 서명을 하는 공간을 별도로 마련해 교회를 어린이 친화적인 공간으로 만들겠다는 헌신을 공개하고 공유하도록 했다.

당연한 일이 아니겠는가?

어린이 사역 서약문

다음은 각 단위 조직의 교회의 책임에 관한 시베로 마이클의 서약문 실천 사항이다.

전국적 수준의 교회 조직의 책무

A. 어린이 중심

전국적 수준의 교회 조직에서는

- 어린이 사역에 대한 전국적 차원의 비전과 사명을 준비한다.
- 어린이와 관련된 제반 문제에 관해 전체적 지침과 조정을 맡을 어린이 위원회를 설치한다.
- 어린이 사역 전담 부서를 둔다.
- 어린이 사역에 대한 계획과 프로그램, 예산, 조직, 규약에 필요한 준비 작업을 한다.
- 어린이에 관한 전반적인 정보를 수집하고 분석하여 관련 종사자들에게 정기적으로 그 정보를 제공한다.
- 유해한 문화, 태도, 관습에 관한 연구를 시행하고 그 문제를 해결하기 위한 방법을 제시한다.
- 해당 교회들과 사회, 정부 그리고 기타 모든 기관에서 어린이들을 위한 옹호자가 된다.

B. 훈련과 실천

전국적 수준의 교회 조직에서는

- 각 교단이 어린이에게 집중적 관심을 기울일 수 있도록 체계적 훈련과 실천

프로그램을 마련한다.

- 교단들이 활용할 수 있도록 전략을 마련하고 자료를 준비한다.

C. 어린이 성경 공부 교재 준비

전국적 수준의 교회 조직에서는

- 어린이 성경 공부 교재와 책자를 준비하고 그 준비 작업을 독려한다.
- 교회들이 어린이를 이해하는 데 도움이 될 글과, 영상, 그 외 다른 자료들을 만들고 수집하며 배포한다.

교단 차원의 책무

A. 어린이 중심

교단은

- 교단 차원의 어린이 사역의 비전과 사명문을 준비한다.
- 성경이 요구하는 대로 어린이 사역에 우선순위를 부여한다.
- 어린이와 관련된 제반 문제들에 관해 전체적 지침과 조정을 맡을 어린이 위원회를 설치한다.
- 어린이 사역 전담 부서를 세운다.
- 교단 활동과 계획과 프로그램과 예산과 조직과 규약에 어린이 사역을 포함시킨다.

B. 어린이의 필요와 자원에 관한 정보 수집

교단은

- 어린이에 관한 전반적 정보를 수집하고 분석하여 관련 종사자들에게 정기적으로 그 정보를 제공한다.

- 유해한 문화, 태도, 관습에 관한 연구를 시행하고 그 문제를 해결하기 위한 방식을 제시한다.

C. 훈련과 실천

교단은

- 각 교회의 어린이 사역자들과 함께 또 사역자들을 위해 다양한 훈련과 실천 프로그램을 체계적으로 마련한다.
- 연구 자료, 책자, 영상, 그 외 다른 자료들을 입수하는 데 교회들을 지원함으로 어린이 사역을 제대로 감당할 수 있도록 돕는다.
- 개별 교회들이 적절한 어린이 보호 훈련과 규약과 지침들을 갖추도록 지원한다.

D. 성경학교의 어린이 사역 커리큘럼

교단은

- 교단 차원의 성경학교에 어린이 사역 과목을 정규 과정으로 포함시킨다.
- 교단 차원의 성경학교는 특별히 어려운 환경에서 어린이를 섬기는 사람들에게 훈련과 전문적 조언을 제공한다.

E. 교사

교단은 교사들이 어린이들을 가르칠 수 있도록 적절한 훈련을 제공한다.

지역 교회 차원의 책무

A. 어린이 중심

교회는

- 어린이 사역의 비전과 사명 선언문을 마련한다.

- 다른 사역과 동등한 차원의 관심을 어린이 사역에 기울인다.
- 어린이와 관련된 제반 문제들에 관해 전체적 지침과 조정을 맡을 어린이 위원회를 설치한다.
- 교회 활동과 계획과 프로그램과 예산에 어린이 사역을 포함시킨다.

B. 어린이 친화적 시설

교회는 그 시설과 교실이 아이들에게 호감을 불러일으키며 위생적으로 청결하고 안전하며 어린이 친화적이 되도록 노력한다.

C. 특별히 불우한 환경의 어린이

교회는 해당 지역의 개인이나 조직과 협력하여 특별히 어려운 환경에 있는 어린이의 돌봄과 권리 보호를 위해 구체적인 행동을 해야 한다.

D. 어린이의 필요와 자원에 관한 정보 수집

교회는

- 해당 어린이들에 관한 전반적 정보를 수집하고 분석한다.
- 유해한 문화, 태도, 관습에 관한 연구를 시행하고 그 문제를 해결하기 위한 방식을 제시한다.

E. 부모 훈련

교회는

- 부모와 후견인과 청소년들에게 어린이들에 대한 그들의 책임을 교육하고 훈련해야 한다.
- 부모가 하나님의 말씀으로 자녀들을 양육하고 아이들의 양심과 믿음을 더럽히는 해로운 문화에서 보호하도록 교육하고 격려해야 한다.

F. 연령별 수업

교회는

- 어린이의 연령별로 수업이 이루어지도록 해야 한다.
- 어린이의 연령과 능력을 고려한 수업이 이루어지도록 해야 한다.

G. 어린이들의 옹호자

교회는 그 공동체 내에서 어린이들의 옹호자가 되어야 한다.

1_ 화이트 박사의 '어린이 친화적 교회의 다섯 가지 필수 요소'에서 아이들을 격려할 태도와 행동이 있다면 한두 가지 이야기해보라.

2_ 어릴 시절 다녔던 교회나 이웃 교회들이 어린이 친화적인 교회라고 생각하는가? 당신의 생각을 이야기해보라.

3_ '어린이들이 교회에서 공급받아야 할 기본적 필요'라는 제목으로 소개한 항목 가운데 해당 지역의 어린이들에게 다가가기 위해 가장 중요하다고 생각한 세 가지는 무엇인가? 그 이유는 무엇인가?

4_ 효과적인 어린이 사역에 대해 진지하게 고민하는 교회는 어린이 설교의 장점과 단점을 신중하게 평가해보아야 한다. 자신의 경험과 지식과 목소리 등을 활용해 어린이 친화적 교회로 만들기 위한 일환으로 어린이 설교를 활용할 의사가 있는가? 당신의 생각을 이야기해보라.

5_ 교회 내의 어린이 친화성이란 개념을 생각해보라. 어린이 친화적 교회를 조성하기 위해 도움이 될 항목들을 생각해보라. 그 이유들을 짧게 설명해보라.

교회 환경에서의 어린이 보호

***

"불의를 기뻐하지 아니하며 진리와 함께 기뻐하고 모든 것을 참으며
모든 것을 믿으며 모든 것을 바라며 모든 것을 견디느니라."
_고린도전서 13:6-7

    어린이에 대한 관심은 전인적 어린이 양육의 기본이다. 우리는 모든 형태의 어린이 학대를 단호히 거부하되, 특히 어린이 노동, 어린이 매춘, 그리고 모든 다른 형태의 신체적, 심리적, 성적 학대를 반대한다.
    교회의 어린이 사역이라는 배경에서 '어린이 보호'라는 문제를 다루어야 한다는 것은 부끄럽고 수치스러운 일이 아닐 수 없다. 함께 사역하는 대다수의 사람은 우리와 동일한 핵심 가치를 견지한다. 그러나 우리는 안일하고 순진하면 안 된다. 순수하지 못한 동기로 교회의 어린이 프로그램에 참여하고 봉사하려는 사람들이 있을 수 있다. 이 장을 쓰고 있을 당시, 나는 2004년 12월 스리랑카에 쓰나미 참사가 덮친 후 설립된 고아원에서 유죄 판결을 받은 소아성애자가 일하다가 발각되었다는 기사를 읽었다. 아이들에게 접근할 목적으로 고아원에서 일한 것이 분명했다. 실제로 이런 일들이 일어난다.

이 장에서 제시하는 지침은 사역자, 기부자, 자원 봉사자, 그 외 교회 내의 인력들과 어린이 중심 프로그램이 어떤 종류의 착취에도 연루되지 않도록 방지하는 것을 목표로 한다. 교회나 어린이 양육 기관은 어린이 사역 관련 종사자가 어린이 착취라는 문제의 심각성과 그것을 방지하기 위한 방법을 이해할 수 있도록 훈련 프로그램을 개발해야 한다. 이 장은 성적 학대 예방에 중점을 두고 서술하고 있지만, 다른 형태의 학대 예방에 대해서도 관심을 둔다.

우리 자신으로부터 어린이 보호하기

가장 만연하면서 폭력적인 형태의 어린이 착취 가운데 하나가 어린이 성학대이다. 아시아에서는 매춘부, 심지어 어린이 매춘으로 쾌락을 만족시키려 하는 왜곡된 욕망을 가진 수많은 여행객 때문에 수십억 달러 규모의 성 산업이 활황을 이루고 있다. 일부 국가에서는 돈이 절실한 부모나 어린아이를 노리는 인신매매범들로 인해 9세 이하의 어린이들이 돈에 팔려 매춘으로 내몰리고 있다. 길에서 살아가는 아이들이 생존을 위해 성을 팔도록 부추기며 돈을 챙기는 사람들도 있다. 아이들은 신체적으로 강간과 유린을 당할 뿐 아니라 남은 평생 안고 살아야 할 심리적 상처를 받게 된다.

소아성애자들은 어떤 이들인가? 소아성애자는 완전히 낯선 아이를 상대하지 않는다. 보통 부모나 베이비시터, 혹은 교사나 청소년 지도사 등 아이를 잘 알고 아이들에게 권위를 가진 사람이 성적으로 아이들을 학대한다. 지역 공동체 내에 명망 있는 사람일 경우가 많기 때문에 아이들이 그 사람에

게 성추행을 당했다고 하면 누구도 쉽게 믿지 않으려 들 수도 있다. 어린이 학대는 대체로 섹스 관광객을 대상으로 섹스바와 호텔에서 상업적 목적으로 이루어지는 폭력적인 성학대는 아니다. 성인이 아이들을 성추행할 목적으로 아이들과 신뢰를 쌓은 후 벌어지기 때문에 적발하기가 여간 어렵지 않다.

어린이 기관이나 어린이 사역을 이용해 어린이를 착취하는 사람들이라면 심지어 법정에서 유죄 판결을 받아도 재범을 막기가 쉽지 않다. 한 기관에서 쫓겨나면 다른 기관으로 이동한다. 때문에 이 점을 각별히 유념해야 한다. '유엔아동권리협약(The U.N. Convention)'은 모든 국가가 다음 사항을 예방할 것을 촉구한다.

- 어린이를 모든 형태의 불법적인 성행위에 참여하도록 유도하거나 강제하는 행위
- 매춘이나 다른 불법적 성행위에 어린이를 강제 동원하는 행위
- 음란물과 음란 공연에 어린이를 동원하고 착취하는 행위

어린이 성학대에 관한 법은 국가마다 다르다. 정책과 절차를 시행하기 전, 해당 국가의 법에 저촉되지는 않는지 법적 자문을 받아야 할 수도 있다. 대부분 국가의 사법 당국과 어린이 보호 전문 기관들은 이런 지침을 국가별 상황에 맞게 적용하는 데 도움이 될 만한 자료를 갖고 있을 것이다.

어린이 학대의 징후

신체적 학대는 종종 아이의 몸에 단서를 남긴다. 보호자들은 때로 놀다가 다쳤다고 변명하려고 한다. 거칠게 놀다가 사고로 상처를 입는 경우와

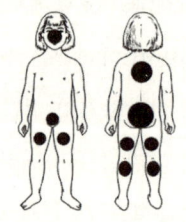 신체적 학대로 인한 상처는 차이점이 있다. 어린이 양육 전문가들은 그 차이를 구별하는 법을 배워야 한다. 왼쪽 그림은[1] 놀이 도중에 다친 전형적인 상처의 위치와 신체적 학대로 인한 상처의 위치를 비교한 그림이다.[2]

이어지는 표는[3] 여러 종류의 학대에 관한 신체적, 행동적 징후를 요약한 것이다.

학대의 유형	신체적 징후	행동적 징후
신체적 학대	다양한 시기의 치유 경과를 보이는 멍이나 맞은 자국 혹은 아이의 몸에 반복해서 나타나지만 정상적인 행동 발달 과정과 일치하지 않는 상처	신체적 손상이 상처의 원인에 대한 설명과 일치하지 않거나 어린이의 발달 연령과 일치하지 않음
	설명하기 어려운 골절이나 다발성 골절, 특별히 갈비뼈 골절이나 심각한 두개골 골절 혹은 다른 심각한 뇌손상	두통이나 복통 등 불명확한 이유로 신체적 고통을 반복 호소함
		아이의 심각한 손상을 부모나 보호자가 아이 혼자 다쳤다고 설명하거나, 아이가 부모나 다른 보호자로 인해 손상을 입었다고 설명함

[1] 코스텔닉, Child Abuse and Neglect: A Self-Instructional Text for Head Start Personnel(Washington, D.C.: U.S. Government Printing Office, 1977) 중 'Guiding Children's Social Development.' 미국 교육 건강 사회 복지부의 헤드 스타트국과 아동국 자료집에서 인용.
[2] 이 단원의 어린이 학대 증상에 관한 내용은 2003년 4월호 어린이 보호에 관한 컴패션의 가이드라인 중 '학대로부터 어린이 보호하기'에 수록된 것임.
[3] National Health and Safety Performance Standard-Appendix K(American Academy of Pediatrics, 2002) 중 'Caring for Our Children', 420쪽.

	신체적 징후	행동적 징후
	화상이나 물린 자국, 손자국, 담뱃불 화상, 벨트 자국과 같이 상처를 내는 데 사용된 물체의 흔적이 남은 상처가 있음. 뜨거운 물이나 액체에 침수시켜서 생긴 화상	부모나 보호자가 병원을 늦게 내원함으로 치료 시기를 고의적으로 미룸
	원인이 불명확하거나 반복적인 치아 손상	
	허기를 심하게 느끼거나 음식을 주면 정신없이 먹지만 성장 속도가 늦은 어린이	

학대의 유형	신체적 징후	행동적 징후
성적 학대	통증, 가려움, 성기 주변의 멍이나 출혈, 속옷에 피가 묻었거나 더럽혀진 경우	다른 사람에게 성행위를 하자고 말하거나 성기 부위에 입을 대거나 성행위를 시도하는 등의 어린이의 나이에 맞지 않는 괴상한 행동을 하거나, 지나치게 자세하고 특이한 성적 지식을 보이거나 행동하는 경우
	성병 감염	부모나 성인에게 성학대를 당했다는 어린이의 진술
	걷거나 앉는 데 어려움이 있음	
	질과 항문의 정액이나 분비물	

학대의 유형	신체적 징후	행동적 징후
정서적 학대	신체적, 정서적, 지적으로 설명하기 어려운 성장 장애	자존감의 손상, 우울증, 위축
	발달 단계에 따른 기대 수준과 맞지 않게 몸을 흔들거나 손가락을 빠는 행위	과도하게 공격적이거나 수동적인 극단적 행동이나 냉담하거나 공허한 얼굴 표정, 대인 관계 위축, 각종 혐오증, 부모에 대한 두려움

학대의 유형	신체적 징후	행동적 징후
방임	지속적 배고픔, 음식을 구걸하거나 비축함, 지속적 피로, 무기력함, 더러운 머리나 피부와 옷과 같은 위생 불량, 계절에 맞지 않는 부적절한 옷차림	아이를 장기간 동안 감독하지 않음. 발달 단계나 연령에 맞지 않는 행동
	신체적 질병이 없음에도 영양이 불균형한 성장 상태	
	신체적 질병에 대한 치료 불이행이나 치과 치료의 지연	
	부모나 보호자가 약물 남용이나 신체적, 정신적 질병으로 양육에 문제가 있는 경우	

학대의 유형	신체적 징후	행동적 징후
기타	약물 남용, 알 수 없는 이유로 어린이 돌봄 프로그램에 불참	과반응. 모든 성인에게 우호적 반응. 배변 훈련을 받은 어린이가 퇴행적 현상을 보이는 것과 같은 퇴행적 행동, 수면 장애, 섭식 장애, 우울증, 자기 파괴적 행동, 과도하거나 부적절한 공포감.

어린이 보호의 일반적 지침

우리가 섬기는 어린이들을 학대로부터 보호하고, 우리 사역이 어린이 학대라는 오명에서 보호받도록 돕기 위해 그동안 증명된 상식적인 지침을 몇 가지 소개한다.

어린이가 참여하는 프로젝트나 활동 현장의 방문자들을 주의깊게 살피

라. 많은 교회 프로젝트는 자신들이 후원하는 현장을 방문하고 싶다는 외국인 기부가나 후원자들의 요청을 수시로 받는다. 방문자나 기부자들은 어린이 착취를 예방하기 위한 교회의 지침을 미리 전달받아야 한다. 교회에서 그들에게 개인 신상 정보를 요구하는 이유가 예방 목적이라는 사실을 이해해야 한다. '여러분들이 돕고 지원하는 어린이들을 보호하기 위한 조치'라는 적극적 접근 방법을 사용해야 한다.

어린이와 함께 일하는 활동가와 직원들을 꼼꼼하게 선정하고 주의깊게 살피라. 직원, 특히 아이들과 함께 일하는 직원에 대해서는 꼼꼼한 선발과 채용 기준을 적용하고 그 과정을 제대로 지켰는지 확인하라. 여기에는 모든 직원의 행동 지침 개발도 해당된다. 잠재적 위험이 있는 직원을 걸러낼 책임을 맡은 담당자가 직원 모집에 응한 사람들과 일대일로 인터뷰를 실시해야 한다. 면접관은 어린이 대상 시설에서 일하면 안 되는 잠재적 위험성이 있는 응시생을 걸러내기 위해, 법이 허용하는 한도에서 단도직입적으로 물어보아야 한다.

직원 행동 지침을 실행하라. 기관들이 직원이나 자원봉사자들을 선정하는 데 최대한 주의를 기울인다고 해도 제대로 감독하지 않으면 어린이들이 위험에 처할 위험이 여전히 있다. 직원 행동 관찰 강령으로 어린이가 해를 입고 조직이 오명을 쓸 위험을 줄일 수 있다.

다시 말하지만, 이런 지침들은 성경적 상식을 근거로 한다. 첫째, 이런 행동 지침과 원리들은 어린이들과 미성년자와 함께 일하는 직원과 봉사자들에게 모두 적용해야 한다. 둘째, 직원은 어떤 부적절한 행동도 해서는 안 된다. 예를 들어, 어린이나 미성년자를 자택으로 초대해 식사를 하는 것이 문화적으로 충분히 용인된다 하더라도 제삼자가 볼 때 오해의 소지가 있으므로 피해야 한다. 아이들과 함께 활동하는 시간일 때는 보통 한 명 이상의 성인이 참여해 어린이의 심리적 부담을 덜어주고, 직원이 어린이 학대라는 억울한 누명을 쓰지 않도록 해야 한다.

> 수세대 동안 어린이 학대, 특히 성학대가 자행되었지만 교회 안은 물론이고 교회 밖에서도 수치스럽다는 이유로 은폐하며 공개하지 않았다. 그러나 오늘날 많은 국가와 지방 정부는 학대 사례가 있으면 당국에 보고하는 것을 의무화하고 있다. 학대가 의심되거나 확실함에도 불구하고 보고하지 않고 방치하면, 비록 학대 당사자가 아니더라도 종종 아이와 관련된 어린이 사역 기관이나 교회가 해당 아이에게 해를 가한 데 대한 법적 책임을 져야 한다. 학대 방지를 위한 어린이 보호 정책과 학대가 의심되는 경우를 보고하는 보고 절차 확립이 필요한 이유가 이 때문이다.

심리학자들은 아이들, 특히 청소년은 존경하고 따르는 성인에 대해 자연스럽게 애착을 느끼게 된다고 지적한다. 그들은 이런 감정을 아부나 신체적 접촉 심지어 성적인 언어로 표현한다. 아이들의 그런 감정을 대하는 자원봉사자나 직원은 그 감정에 말려들거나 이용하지 않도록 조심해야 한다. 따라서 어떤 청소년과의 관계가 불편한 직원은 동료에게 그 사실을 이야기하거나, 상사에게 보고하거나, 전문 상담가에게 조언을 구해야 한다. 직원들은 정서적이고 심리적인 문제가 있는 어린이와 청소년들을 개인적으로 대할 때 신중하고 현명하게 행동하도록 조심해야 한다.

이런 지침을 고수함과 동시에 어린이 양육 센터에서 다음과 같이 구체적으로 해야 할 것과 하지 말아야 할 것에 대한 간단하고 실제적인 목록을 실행해볼 것을 조언한다.

- 모든 봉사자, 직원, 후원자, 프로젝트 사역자는 청소년과 어린이들을 그리스도의 사랑으로 돌보는 동시에 그들과의 관계를 전문가적으로 다루어야 한다.
- 자원봉사자, 직원, 후원자, 프로젝트 사역자들은 직원의 집이든, 아니면 다른 곳이든 어린이 한두 명과 밤을 새워서는 안 된다.
- 사역자들은 청소년을 '가사 도우미'로 고용하거나 개인의 집을 청소년들의 쉼터로 제공해서는 안 된다.
- 자원봉사자, 직원, 기부자, 사역자들은 어린이와 청소년을 부적절한 방법으로 어루만지거나, 잡거나, 키스하거나, 포옹해서는 안 된다.
- 직원과 사역자들은 책임자 및 보호자의 사전 허가 없이 혼자서 어린이 또는 청소년(들)과 자유 시간을 보내서는 안 된다.

성추행의 혐의에 대한 보고 절차

성추행 혐의를 제기하는 일은 결코 기분 좋은 일은 아니다. 그래서 그런 혐의를 보고하는 절차를 확실하게 정리해두는 것이 중요하다.

성추행 혐의에 대한 효과적인 보고 절차가 마련되어 있으면 아이들을 성학대나 다른 학대에서 보호하는 노력을 더 강화할 수 있다. 직원들이 의심스러운 행위를 보고하도록 훈련되어 있는 환경에서는 어린이 학대자들이 틈을 탈 수 없다. 모든 직원은 성학대 혐의나 기타 다른 형태의 학대 혹은 부적절한 행위가 의심되는 사례에 대한 신중하고 정직한 보고가 학대 예방과 어린이 보호에 필수적이라는 사실을 이해해야 한다. 보고를 한다는 것은 그만큼 아이들에게 관심이 있다는 표현이며, 결코 동료나 상사를 배신하는 행위가 아니다. 직원들은 아이에게서 드러나는 행동적 징후와 언어적 징후 외에 신체적 학대의 징후를 예민하게 살펴야 한다.

활동이나 프로젝트 중에 학대나 괴롭힘이 의심될 때에는 다음의 신고 절차를 따라야 한다.

내부 신고 절차: 어린이가 학대당한 사실을 직원이 알게 되거나, 학대가 의심되거나, 학대 혐의에 대해 들었을 경우 다음과 같은 절차를 따라야 한다.

1. 해당 사건을 관련 책임자나 프로젝트의 책임자에게 즉각 보고한다.
2. 관찰한 내용이나 전해 들은 내용과 관련 조치 사항을 꼼꼼하게 기록한다. 이런 기록은 날짜별로 정리하고 서명한 후 안전하게 보관한다.
3. 그러나 혐의가 있다고 보이는 당사자를 성급하게 판단하거나 상황을 미리 속단해서는 안 된다.

외부 신고 절차: 많은 나라에서 어린이 학대가 의심되는 사례를 해당 사법 기관이나 정부에 의무적으로 보고하도록 요구하고 있다. 긴급 상황이 아니라면 먼저 상급 관리자에게 보고하고 반드시 필요하다고 생각될 경우 정부 기관에 보고해야 한다. 법적으로 보고해야 할 사안이 아니라면 공식적 내부 보고 절차가 완료되고 외부 보고에 대한 상부 기관의 지시가 주어질 때까지 외부에 알리거나 외부 사람과 접촉해서는 안 된다. 어떤 상황에서도 직원은 어린이 학대에 관한 혐의 내용을 미디어에 알려서는 안 된다.

어린이 학대 혐의에 대한 여섯 가지 대처 원리

어린이 학대 혐의에 대한 교회의 대응은 다음 원리를 기준으로 한다.

1. 모든 학대 혐의는 심각하게 받아들이고 직절한 책임자가 책임지고 다루어야 한다.
2. 어린이 성학대는 결코 용인되어서는 안 된다. 자원봉사자와 직원들은 채용 시에 이런 기본 원리들을 주지해야 한다.
3. 모든 상황은 해당 어린이와 가해자의 사생활을 존중하는 선에서 정직하고 진실하게 다루어져야 한다.
4. 학대를 당했거나 학대를 받았다고 의심되는 어린이의 복리를 최우선 관심사로 삼아야 한다.
5. 어린이가 책임을 져야 한다는 점이 사실로 증명되지 않는 한, 어린이에게 책임을 묻지 않도록 조사가 진행되어야 한다.
6. 어린이 학대 피의자로 혐의를 받고 있는 직원은 사생활과 법적 권리를 고려하며 다루어야 한다.

교회 지도자들은 아이들을 비롯해 모든 인간의 존엄성과 가치를 존중하며 행동해야 한다.

효과적인 어린이 보호 정책의 아홉 가지 요소

다음의 요소들을 살펴보면서 자신이 섬기는 어린이들의 안전에 가장 효과적이고 직접적인 영향을 미칠 요소가 무엇인지 생각해보라. 또한 이 요소 중 현재 섬기는 교회의 어린이 보호 정책에서 빠져 있는 것은 없는지 확인하고, 그로 인해 교회가 위기에 처할 가능성은 없는지 고려해보라.[4]

1. 헌신 선언문

이 선언문은 어떤 정책을 수립하는 이유와 그 정책을 폭넓은 영역에서 시행하고자 하는 목적을 요약하고 있다.

- 어린이 학대의 정의
- 각자 처한 환경에서 중요한 어린이 보호 문제 분석
- 자국의 법적이고 문화적인 구조에 대한 분석

2. 선언문 홍보

좋은 어린이 보호 정책은 어린이 보호에 대한 의지를 분명하게 드러낸다.

- 침묵을 깨고 어린이 학대 문제를 공론화한다.
- 어린이 보호의 필요성에 대한 각성 제고와 훈련
- 어린이 보호 정책에 관한 내용을 직원용, 후원자용 안내 책자에 포함시킨다.

어린이 사역자와 사역 간사들은 다음 사항을 인지하는 훈련을 받아야 한다.

- 신체적 학대

---

[4] 이 아홉 가지 어린이 보호 정책은 2001년 3월, 홀랜드 르 브롱의 Cutting Edge III에서 댄 브루스터와 히더 맥클라우드가 어린이 보호를 주제로 발표한 내용을 요약한 것이다.

- 성적 학대

- 정서적 학대

- 방임

- 기타 각자 속한 문화권에서 공공연하게 자행되는 학대들

3. 행동 강령

직원, 자원봉사자, 실습생, 방문자, 후원자, 기부자, 동역자가 지켜야 할 일반적인 지침은 다음과 같다.

- 어린이를 존중하며 존엄한 개인으로 대한다.

- 어린이를 대하는 적절한 행동 요령을 숙지한다.

- 두 성인이 함께 동반하는 원칙: 성인이 아이와 개인적으로 밀폐된 공간에 있으면 안 된다. 상담을 하거나 부득이하게 개인적 일을 의논해야 할 경우 문을 연 상태에서 진행한다.

- 어린이 보호 정책을 존중한다는 사실을 서면으로 밝힌다.

- 부적절한 행동을 할 경우 상응하는 조치가 실행된다.

- 아이가 '유혹'하는 행위를 할지라도 책임은 언제나 성인에게 있음을 인정한다.

- 이 행동 강령들을 위반할 시 해고를 포함한 징계 대상이 된다.

- 가사 도우미로 청소년을 고용하지 않는다.

모든 방문자는

- 행동 강령 안내 책자를 받는다.

- 어린이를 보호하겠다는 조직의 의지를 전달받고 어린이 보호가 왜 중요한 문제인지 주지한다.

- 행동 강령을 준수하겠다는 동의서에 서명한다.

- 항상 프로젝트 담당 직원의 수행을 받는다.

직원 행동 강령의 기본 원리들은 대체로 상식적이다. 다음의 내용이 포함된다.

- 모든 부적절한 행위를 피한다.
- 어린이와 있을 때는 언제나 한 사람 이상의 성인이 함께한다.
- 어린이들의 부적절한 감정 표현을 경계한다.
- 청소년과 불편한 상황에 있을 때는 상급자에게 상의하거나 전문적 상담을 받는다.
- 정서적이고 심리적인 문제가 있는 어린이들을 다룰 때는 지혜롭게 처신한다.

4. 홍보와 외부 광고와 어린이 보호

훌륭한 어린이 보호 정책이라면 미디어로 활동을 홍보하고 기금을 마련하기 위해 사용할 어린이의 사진과 내용에 관한 지침을 마련할 것이다.

- 모든 홍보 활동은 어린이의 존엄성과 가치를 반영한다.
- 어린이의 사진과 사연은 품위가 있어야 하고 존중하는 마음을 반영한다.
- 권력의 관계성을 상징하는 사진이 사용하지 않는다.
- 홍보 활동은 사생활을 존중해야 하며, 어린이의 소재지를 알려주는 정보를 싣지 않으며, 위험에 처한 어린이(예를 들어, 어린이 매춘 등)의 얼굴을 싣지 않는다 (얼굴을 흐릿하게 하거나 가려도 안 된다).
- 특별히 후원 활동과 관련된 인터넷 규약을 마련한다.
- 홍보 담당 직원을 위한 행동 강령을 마련한다. 홍보 담당자는 어린이에게 실명을 밝히고 취재와 촬영의 목적을 충분히 설명한 뒤 사진의 용도에 관한 가족과 보호자의 허락을 받는다.
- 위기에 처한 어린이들은 가명을 사용한다.

5. 모든 동역자와 기부자가 헌신 선언문의 취지와 내용을 공유하도록 한다.

헌신 선언문에는 모든 동역자나 다른 기부자들이 아이들을 보호하겠다는 헌신과 결단을 공유할 것을 명시한다. 어린이와 접촉할 가능성이 있는 사람은 누구라도 어린이 보호에 관한 우리의 선언문을 알고 그 취지에 동참해야 한다.

6. 직원 선발 심사와 채용

어린이 보호 정책은 꼼꼼한 직원 선발과 채용 과정의 중요성을 강조한다.

- 어린이 학대 가능성이 있는 직원을 고용할 위험이 없도록 절차를 마련한다.
- 해당 지역의 관련법을 확실히 파악해야 함으로 지역 변호사들에게 조언을 받는다.
- 채용 과정에서 지난 이력에 관한 조사를 하겠다는 서면 동의서를 받는다(법이 허용하는 곳에서는 어린이 학대 전력이 있는지 범죄 기록을 조회한다).

7. 사건 발생에 대한 수습

어린이 학대 혐의 사건이 발생할 경우 어떤 절차를 따라야 하는가? 직원이나 방문자 혹은 누군가가 어린이를 학대했다는 혐의가 있을 경우 어떤 조치를 취해야 하는지 구체적인 방침을 확립해놓는다. 다음과 같은 내용을 포함시킨다.

- 의심되는 행위가 있을 경우 보고하는 문화를 조성한다.
- 조사가 진행되는 동안 피해 어린이와 가해 혐의자 양측 모두를 존중하며 대한다.
- 어린이가 책임을 져야 한다는 것이 사실로 밝혀지지 않은 이상 어린이를 믿는다.
- 팀으로 대응한다(어린이 보호 전문가, 법률, 인사 관리부서).
- 비밀 유지에 유의한다(꼭 필요할 때, 꼭 필요한 것만 알려주는 방식을 취한다).
- 조사 내용과 결과에 관한 내용은 모두 문서로 기록한다.
- 필요할 경우, 해당 지역의 법을 따르고 외국인이 연루되었을 경우는 영외 문제로 다룬다.
- 언론사를 상대로 대변인 역할을 할 직원을 선임한다.

- 학대 죄목으로 해고된 사실을 미래 고용인에게 알릴 것을 허용하는 내용을 정책으로 명문화한다.
- 피해 어린이에게 지속적 지원을 제공하고 학대 혐의로 신고된 직원에게도 지원을 제공한다.

8. 권리 옹호 활동과 네트워크 형성

어린이 보호에 관심이 있는 다른 기관들과 연대하되 그 목적은 다음과 같다.

- 지혜와 힘을 주시도록 기도하기 위해.
- 다른 집단에서 배우기 위해.
- 정부나 경찰, 기타 기관에 영향력을 행사하는 공동체별, 국가별, 지역별 활동에 동참하기 위해.
- 훈련 계획과 활동을 권장하고 지원하기 위해.
- 다른 기관들과 연대하기 위해.

9. 비밀 유지

모든 형태의 지원 자료, 심사 문서, 추천서 등의 문서를 통해 입수한 모든 정보는 엄격히 비밀로 유지되어야 한다. 엄격한 비밀 유지를 위한 적절한 조치가 있어야 한다.

섬기는 아이들을 보호하기 위해 어린이 학대의 징후나 소문이 있으면 끝까지 진상을 규명해야 하지만 때로 무고한 직원이 모함을 받는 경우도 있으므로 신중해야 한다. 어린이 사역의 가장 어려운 문제가 바로 이 어린이 학대 문제이다. 이 문제를 신속하고 직접적으로 다루는 법을 배운다면 아이들의 삶을 더 나은 방향으로 바꿀 수 있다.

1_ "이곳에서는 그런 어린이 보호 정책 같은 것은 필요 없어. 우리는 아이들을 섬기도록 소명을 받은 사람들이야. 그리스도인이 어떻게 아이들에게 상처 주는 일을 하겠어?"라고 말하는 교회 동료에게 무엇이라 말해주겠는가?

2_ 사역 현장에서 아이들을 보호하기 위해 사용되는 성인 심사 절차가 있다면 이야기해보라.

3_ '효과적인 어린이 보호 정책의 아홉가지 요소'를 생각해보라. 사역 현장에서 가장 효과적으로 실행되고 있는 항목은 무엇이며, 그 이유는 무엇인가?

4_ 이 요소들 가운데 실효성이 가장 낮은 것은 무엇이며, 그 이유는 무엇인가?

5_ 어린이 보호 정책을 장기적으로 더 강화하기 위해 교회나 개인이 개선할 수 있는 점이 있다면 이야기해보라.

4부
어린이와 선교

Child,
Church
and
Mission

　교회는 전통적으로 이미 교회에 소속된 어린이들을 돌보는 소임을 감당해왔다. 많은 교회, 특히 서구의 교회들은 주일학교, 여름 성경학교, 캠프 등 여러 프로그램을 운영하고 있다. 이 가운데 일부는 교회에 다니지 않는 어린이들을 대상으로 하며 일반적으로 영적 변화를 강조한다. 물론 정작 참여하는 아이들은 이미 교회에 적을 둔 경우가 더 많다. 서구 교회의 이런 프로그램들이 교회에 한 번도 다녀본 적이 없거나, 타종교 출신 아이들에게 복음을 전하도록 동기를 부여하거나, 기회를 제공하는 경우는 사실상 거의 없다. 그런 종교간 사역은 이른바 선교의 한 분야로서 이제부터 우리는 이 책의 관심 영역인 어린이, 교회, 선교 가운데 '선교'에 관해 소개하고자 한다.

　지금까지와 마찬가지로 이제 우리는 선교의 관점에서 '우리 중의' 어린이를 살펴보고자 한다. 이 단원에서는 "어린이 사역이 어떻게 선교와 관련되며, 교회의 선교와는 어떤 관련이 있는가?"라는 질문을 제기할 것이다. 혹은 "선교는 어린이를 포함하는가?", "어린이들은 선교 전략에서 심각한 누락의 대상인가?", "민감하고 윤리적이며 효과적인 다문화(cross-cultural) 어린이 사역이 되기 위해서는 어떻게 해야 하는가?", "어린이들이 어떻게 선교의 대상인 동시에 선교의 자원이 될 수 있는가?"라는 질문을 살펴볼 것이다.

　이런 주제들을 심층적으로 다루기 전에 먼저 전통적 선교와 현대 선교에서 제기된 핵심 문제들을 알아볼 것이다. 그런 다음 이 문제들을 다문화 어린이 선교와 관련된 문제와 연결해 살피고, 다문화 상황에서 어린이 복음 전도에 관한 윤리 문제를 살펴볼 것이다. 그리고 마지막으로 어린이 사역과 전반적 선교 전략뿐 아니라 선교 주체로서 어린이들의 문제를 포괄적으로 살펴보되, 특별히 '4/14 창'에 대해 알아볼 것이다.

10장

선교:
교회의 소명

✳✳✳

"모든 것이 하나님께로서 났으며 그가 그리스도로 말미암아 우리를 자기와
화목하게 하시고 또 우리에게 화목하게 하는 직분을 주셨으니 곧 하나님께서
그리스도 안에 계시사 세상을 자기와 화목하게 하시며 그들의 죄를 그들에게
돌리지 아니하시고 화목하게 하는 말씀을 우리에게 부탁하셨느니라."

_ 고린도후서 5:18-19

대부분의 교회는 선교에 관심이 있다. 많은 교회가 1년에 한 번 선교 주일을 정하고 선교사를 초빙해 보고를 듣는다. 그들은 보통 선교 활동 사진을 보여주고 교회가 선교에 관심을 갖도록 도전한다. 나도 그런 강사로 초빙을 받은 적이 많다. 교회들은 그렇게 하면 다시 '교회 사역'이라는 본연의 일로 돌아갈 수 있다고 안심한다. 교회가 존재하는 주된 이유가 선교 또는 선교사를 파송하는 것이라고 생각해본 적이 있는가? 그리고 성경의 주된 목적이 선교 안내 책자의 기능을 하는 것이라고 생각해본 적이 있는가? 어

쩌면 성경 전체 목적은 '하나님의 선교 이야기를 전하는 데' 있을지도 모른다. 다시 말해 하나님을 떠난 인류가 사랑의 하나님으로 구속을 받아야 하는 이유와 방법을 기록한 책자가 성경이라는 것이다.[1]

이런 관점에서 성경을 보면 모든 인류를 구속하는 것이 하나님의 핵심적 관심사라는 것을 알게 된다. '모든 사람'에는 이 장의 중심 주제인 어린이가 포함된다.

그렇다면 선교(Mission)는 무엇인가? (교회 전체를 가리켜 대문자 'C'를 사용해 Church라 표현하듯이, 전 세계 선교 혹은 하나님의 선교를 가리킬 때 대문자 'M'을 사용해 Mission으로 표기한다.) mission이라는 영어 단어는 성경에 등장하지 않는 단어이다. [공교롭게도 휴거(rapture)나 삼위일체(Trinity)와 같은 익숙한 기독교 용어 역시 마찬가지다.] mission은 현대 영어에서 그 용례가 아주 다양하다. 외교 사절(diplomatic mission), 평화추구임무(peace-seeking mission), 우주임무(mission to outer space), 불가능 임무(mission impossilbe)등이 대표적이다. 그러나 우리가 여기서 관심이 있는 미션은 하나님의 미션, 혹은 교회의 미션이다.

앤드류 커크(Andrew Kirk)는 〈선교란 무엇인가?〉(What is Mission?)[2]라는 탁월한 저서에서 선교의 의미가 무엇인지 이해하도록 도와준다. 커크는 선교를 "온 우주에서 온 우주를 위해 품고 계신 하나님의 뜻과 활동"[3]이라고 정의한다. 그는 "이 범주에서 벗어나는 사람은 아무도 없다. 선교는 심지어 반대와 거부와 억울한 오해를 받더라도 중단되지 않는다"[4]라고 적고 있다. 하나님의 뜻은 언제나 인류를 구속하여 지상에 그 통치를 다시 회복하는 것이다. 그리고 이 일을 위해 이른바 '선교'라는 수단을 동원하신다.

---

[1] 월드 미션: 요나단 루이스 편집, 세계 기독 운동 분석(Pasadena, CA: William Carey Library, 1987), 2쪽.
[2] 앤드류 커크, What is Mission?(Darton, UK: Longman & Todd Ltd, 1999), 25쪽.
[3] 같은 책, 25쪽.
[4] 같은 책, 29쪽.

커크의 이러한 개념에 동의한다면 선교가 교회의 중심이라는 사실에도 동의할 것이다. 커크는 이렇게 말한다. "교회는 본질적으로 선교사이다. 그 기능의 한 부분이라기보다 그 본질을 규정하는 것이라고 생각하는 편이 좋다."[5] 간단히 말해 기독교 공동체는 선교로 부르심을 받았다.

이 선교가 온 우주를 위한 것이고 따라서 전인을 위한 것이므로 선교는 통전적 선교라는 것을 명심해야 한다. 하나님은 '물질적으로, 사회적으로, 영적으로 인간 삶의 전 영역을 긍정적으로 변화시키기'를 원하신다.[6] 이 단원이 주로 인간의 영적 측면을 다루기는 하지만 성경적 의미의 선교는 늘 전인의 필요를 다루는 통전적이라는 사실을 명심해야 한다. 그리스도인은 '하나님의 형상으로 창조된 인간이라는 자신의 참된 정체성'을 받아들이고, 인생의 전 영역에서 그분의 풍성함을 누려야 한다. 성경은 '복음 선교'와 '사회 선교'를 구분하기보다 두 부분을 통합하여 복음의 온전한 진리가 드러나는 데 중점을 둔다.

분명히 어린이의 영적 복지는 중요하다. 하나님과 관계가 없이는 어린이가 하나님이 원하시는 사람으로 온전히 자라갈 희망이 없기 때문이다. 그러나 온전한 어린이는 몸과 정신과 감정이 있고 가족, 학교, 사회, 직장이나 다른 조직과 같은 구체적인 영역 안에 존재한다. 어린이의 이런 측면은 하나하나 모두 중요하다.

고통당하는 어린이들에게 구원을 선포하고 말로만 그쳐서는 안 된다. 배가 고프면 바른 말도 들리지 않는다. 아이들에게 기도하고 성경을 읽고 그리스도인으로서 본분을 잊지 말라고 가르치는 일에만 매달린다면, 복음의 일부만 가르치는 것이다. 어린이 선교는 아이들의 영적 필요뿐 아니라 아이들의 신체적이고 사회적 필요에도 반응해야 한다.

---

5 같은 책, 30쪽.
6 브라이언트 마이어스, Walking with the Poor, 3쪽.

성경에 나타난 선교 개관

어떤 사람들은 선교의 근거가 마태복음 28장 19절의 대계명이라고 생각한다. 하지만 사실 선교의 근거는 성경 전반에서 찾을 수 있다. 하나님이 아브라함을 선택하신 것은 하나님의 말씀을 사람들에게 전할 한 민족을 선택하신 행위였다.

하나님은 아브라함과 언약을 맺고 그를 축복하시며 열방이 그로 인해 복을 받을 것이라고 약속해주셨다. 창세기 12장 2-3절의 기록을 보자. "내가 너로 큰 민족을 이루고 네게 복을 주어 네 이름을 창대하게 하리니 너는 복이 될지라 너를 축복하는 자에게는 내가 복을 내리고 너를 저주하는 자에게는 내가 저주하리니 땅의 모든 족속이 너로 말미암아 복을 얻을 것이라 하신지라."

아브라함의 자손들은 애초부터 열방의 축복이 될 책임이 있었다. 출애굽과 약속의 땅 정복, 사사 시대를 거쳐 열왕들의 시대에 이르기까지 하나님은 그 언약에 늘 신실하셨다. 하나님은 그 이름이 열방 가운데 높임받기를 원하셨다. 오직 이스라엘만이 축복의 대상이 아니라 처음부터 온 열방이 축복의 대상이었던 것이다. 그리고 그 축복은 영적 축복에 한정되는 것이 절대 아니었다. 모든 자기 백성을 향한 하나님의 뜻은 그들의 총체적 형통함이었다.

열방(민족, 족속, 언어)에 해당하는 히브리어와 헬라어는 성경에서 500회 이상 등장한다. 이런 단어들을 보면 세상의 모든 열방(민족들)을 향한 하나님의 관심을 알 수 있고 그들의 운명에 대해 예견할 수 있다.

다음 말씀들을 살펴보자.

"이 일 후에 내가 보니 각 나라와 족속과 백성과 방언에서 아무도 능히 셀 수 없는 큰 무리가 나와 흰 옷을 입고 손에 종려 가지를 들고 보좌 앞과 어린 양 앞에 서서"(계 7:9).

"하나님은 우리에게 은혜를 베푸사 복을 주시고 그의 얼굴 빛을 우리에게 비추사 (셀라) 주의 도를 땅 위에, 주의 구원을 모든 나라에게 알리소서 하나님이여 민족들이 주를 찬송하게 하시며 모든 민족들이 주를 찬송하게 하소서 온 백성은 기쁘고 즐겁게 노래할지니 주는 민족들을 공평히 심판하시며 땅 위의 나라들을 다스리실 것임이니이다 (셀라) 하나님이여 민족들이 주를 찬송하게 하시며 모든 민족으로 주를 찬송하게 하소서"(시 67:1-5).

"만군의 여호와가 이르노라 해 뜨는 곳에서부터 해 지는 곳까지의 이방 민족 중에서 내 이름이 크게 될 것이라 각처에서 내 이름을 위하여 분향하며 깨끗한 제물을 드리리니 이는 내 이름이 이방 민족 중에서 크게 될 것임이니라"(말 1:11).

"그가 바다에서부터 바다까지와 강에서부터 땅 끝까지 다스리리니 광야에 사는 자는 그 앞에 굽히며⋯ 모든 왕이 그의 앞에 부복하며 모든 민족이 다 그를 섬기리로다⋯ 사람들이 그로 말미암아 복을 받으리니 모든 민족이 다 그를 복되다 하리로다⋯ 온 땅에 그의 영광이 충만할지어다"(시 72:8-19).

"너희는 여러 나라를 보고 또 보고 놀라고 또 놀랄지어다 너희의 생전에 내가 한 가지 일을 행할 것이라 누가 너희에게 말할지라도 너희가 믿지 아니하리라"(합 1:5).

하나님의 선교를 제대로 이해하면 어린이 사역의 목표, 즉 하나님이 원래 창조하신 본연의 모습으로 전인적 변화가 일어나 그들의 고유한 정체성과 존재 목적을 알게 한다는 목표가 부각될 수밖에 없다.[7]

간추린 현대 선교사

〈세계 선교 전망〉(The perspectives on World Mission)[8]은 지난 200년의 선교 역사를 크게 세 부분으로 구분할 수 있다고 주장한다. 이 기간은 크게 근대 선교라고 통칭한다.

근대 선교 제1기(1792-1865)는 '근대 선교의 시초'인 윌리엄 캐리로 시작되었다. 1791년 캐리는 〈이교도 선교 방법론: 이교도 개종 방법을 모색하는 그리스도인의 책임에 관한 연구〉(An Enquiry into the Obligations of Christians to use 'Means' for the Conversion of the Heathen)라는 제목의 논문을 썼다. 그는 이 논문에서 선교적 노력이 성공하기 위해서는 선교회와 파송 기관들이 선교사 파송에 기도와 재정적 지원을 제공해야 함을 주장했다. (그가 언급한 '수단'은 선교 단체를 의미했다.)

곧 이른바 선교 단체들이 설립되었다. 침례교 선교회가 조직되었고 윌리엄 캐리는 이 선교회가 처음으로 파송한 선교사였다. 선교회가 미약한 관계로 캐리가 인도로 가는 데 필요한 최소한의 지원만 제공했지만, 대서양 양안의 다른 많은 선교회가 결성되고 활동하게 된 계기가 되었다.[9]

윌리엄 캐리는 선교에 대해 대단히 통합적인 시각을 견지했다. 인도에서

---

[7] 같은 책.
[8] 맥 크로스만, 편집, Worldwide Perspectives(Pasadena, CA: William Carey Library, 1995), 5-1.
[9] 같은 책, 5-4.

42년간 사역하면서 그는 37개어로 성경을 번역하거나 감독했고, 200개가 넘는 학교를 설립했고(전통적으로 학교에 가는 것이 종종 금기시되던 소녀들을 위한 학교가 절반 이상이었다), 인도의 농작물 개간과 농법 개선에 많은 노력을 쏟았으며, 수많은 의료 선교 단체와 병원을 설립했다.

제1기는 아프리카와 아시아 해안 지역을 집중적으로 선교했고 교단 선교기관들이 대거 설립된 시기였다. 선교사들은 대부분 영국인이나 유럽인들이었다. 이 시기는 선교사들의 놀라운 사랑과 희생정신이 두드러진 시기였다. 대부분이 선교지에서 목숨을 잃었고 생존한 선교사들은 극소수였다. 전반적으로 이 시기의 선교는 선교사들의 탁월한 수준과 통전적 선교 전략을 특징으로 했다. 실제로 이 시기에 설립된 보건 교육 제도는 오늘날까지 결실을 맺고 있다.

근대 선교 제2기(1865-1945)는 내륙 선교를 특징으로 한다. 중국 내지 민족들에게 복음을 전하겠다는 허드슨 테일러(Hudson Taylor's)의 담대한 비전이 2기 선교를 추동하는 역할을 했다. 그가 설립한 중국 내지 선교회는 결국 6,000여 명 이상의 선교사들이 활동하게 되었다. 40개가 넘는 내지 선교회들이 설립되었고, 대표적으로 아프리카 내지 선교회, 중국 내지 선교회, 수단 내지 선교회가 있다. 이 시기 선교는 미국인들의 활약이 두드러졌다. 믿음 선교(Faith Mission)라는 개념이 일반화되었다. 다시 말해 교단에 소속되지 않고 스스로 재정을 해결하는 선교사들이 대거 등장했다.

선교 1, 2기 모두 어린이 선교가 큰 비중을 차지했다. 그러나 이상하게도 교회사가들은 이 측면을 자주 간과한다. 예를 들어, 명망 높은 교회사가 케네스 스콧 라투렛(Kenneth Scott Latourette)은 기독교 전파의 역사를 포괄적이고 광범위한 규모로 정리했지만 어린이와 청소년을 향한 선교 노력에 대한 논의는 찾아보기 어렵다.

그러나 흥미로운 사실이 있다. 그가 선교적 노력으로 설립된 기독교 학교의 영향력을 빈번히 거론하고 있다는 것이다. 이 시기 전반부에 아프리카 국가의 거의 전역에 설립된 기독교 학교에서 아프리카 정치 지도자들이 대거 배출되었다. 케냐타(Kenyatta), 모이(Moi), 카운다(Kaunda), 니에레레(Nyerere), 보이그네(Boigne), 그 외 수십 명의 대통령들이 아프리카의 이 초기 전략으로 인생의 영향을 받았던 사람들이다. 아프리카 교회의 지도자들은 말할 것도 없다.

어느 면에서 아시아 역시 마찬가지이다. 가령, 라투렛은 인도의 기독교 학교의 중요성을 이렇게 지적한다.

> 개신교는 다양한 방식으로 인도를 접근했다… 그 가운데 하나는 학교를 매개로 하는 방법이었다… 마을 학교에서 중등학교, 종합 대학 수준의 대학교에 이르기까지 모두 망라했다. 특히 마을 학교는 좌절에 젖어 있던 계층민들에게 더 큰 기회의 세상으로 가는 희망의 문이었다.[10]

라투렛은 또한 "1911년과 1940년 후반의 혁명 중국의 사상적 기반을 마련하는데 지대한 공헌을 한 지도자는 쑨원(孫文)으로, 자칭 그리스도인으로서 대부분 기독교 학교에서 공식 교육을 받았다"[11]라고 지적한다. 다른 사례들도 있다.

공산주의 지도자들 역시 기독교 학교의 중요성을 자각했음을 암시하는 사실들이 있다. 공산주의가 정권을 장악하고 가장 먼저 시행한 조치 중 하나가 기독교 학교를 폐쇄하는 것이었다. 중국의 공산주의자들이 정권을 장

---

10 케네스 스콧 라투렛, A History of Christianity(2권): Reformation to the Present A.D. 1500 to A.D. 1975(San Francisco: Harper Collins, 1975), 1353쪽.
11 같은 책, 1317-1318쪽.

악한 사실을 언급하면서 라투렛는 이렇게 쓰고 있다.

> 18세 이하 청소년의 종교 교육이 금지된 곳이 네 개 단체가 넘었다… 특수 신학 과정은 여전히 용인되었지만 정부의 명시적 허가를 받아야만 가능했다. 공립학교에서는 어떤 신자도 교사가 될 수 없었나.[12]

김남수 목사는 한국의 경우 기독교 학교의 장기적 존속이 한국 기독교의 극적 성장에 공헌했다고 지적한다. 대만과 한국은 거의 같은 시기인 1885년경에 외국 선교사들이 파송되었다. 두 나라 모두 선교 활동이 어려운 폐쇄적 사회였다. 오늘날 대만의 기독교 인구는 아직 1퍼센트 미만이지만, 한국의 경우 30퍼센트가 넘는다. 무엇 때문에 이런 차이가 생겼는가? 한국전쟁, 미군 주둔의 영향이 이 차이의 일부를 설명해줄지 모른다. 그러나 김 목사는 중요한 차이점은 한국의 선교 전략에 기독교 학교 설립이 포함된 데 있다고 주장한다. 대만에서는 그런 의미 있는 선교 노력이 없었다. 그에 따르면 한국의 이 기독교 학교에서 그동안 배출한 학생이 350,000명이 넘으며 한국의 여러 명문 대학도 기독교 학교라고 말한다.[13]

여러 가지 이유로 학교를 중심으로 한 선교 정책은 식민지 시대의 종식과 더불어 대부분 폐기되었다. 학교 교육을 통한 사역에 집중했던 에너지는 어떤 면에서 많은 복음주의자들이 강조하는 구호와 개발에 대한 관심으로 흡수되었을 수 있다. 그러나 이런 새로운 노력은 일반적으로 어린이와 청소년들이 중심 대상이 아니었다. 이제는 최소한 국가적 수준에서 기독교 학교를 세우고자 노력할 수 없으며 또 그렇게 해서도 안 된다는 것은 분명하다. 하지만 교육을 통한 어린이와 청소년 선교가 무엇으로 대체되었는지, 그리

---

12 같은 책.
13 김남수, 2010년 4월 27일, 에티오피아 Debre Zeit의 4/14 대회 설교 내용 중 일부.

고 교회와 국가의 차세대 지도자들을 어떻게 키우고 있는지 질문해보아야 한다.

근대 선교 제3기(1945-현재)는 이전 두 시기처럼 카메론 타운센드(Cameron Townsend)라는 위대한 비전을 품은 선교사가 주도했다. 타운센드는 과테말라에서 사역한 제3기 선교사로서 스페인 성경을 배포하는 일에 힘썼다. 그는 인디언들이 대부분 스페인어를 모른다는 사실을 알게 되었다. 한 인디언은 "당신의 하나님이 그렇게 똑똑하다면 왜 우리말로 말할 수 없소?"라고 물었다.[14] 허를 찌르는 질문이었다. 타운센드는 그 질문에 큰 도전을 받고 위클리프성경번역선교회를 설립했다. 처음에 그는 미전도 종족을 500여 개 정도로 추정했다. 그러나 지금은 5,000개가 넘는다는 것을 모두 알고 있다. 위클리프선교회는 그 영역을 더 세분화하고 특별히 종족과 종족 언어에 집중하고 있다. 오늘날 위클리프선교회 소속 선교사는 6,000여 명이 넘으며 박사 학위 소지자와 기타 전문 인력이 가장 많은 선교회로 인정받는다.

두 시기와 마찬가지로 제3기 역시 새로운 선교 기관과 조직이 많이 설립되었다. 이 시기에는 항공선교회와 복음음반선교회과 같은 수많은 봉사 선교 기관이 등장했다. 1950년대 초반은 월드비전과 컴패션과 같은 구호 개발 조직들이 처음으로 등장한 시기이기도 하다.

초기 기독교 선교사들이 세계 각지로 파송되면서 어린이를 섬기기 위한 학교, 병원, 고아원이 많이 설립되었다. 때로 이런 시설들은 아이들이 그들의 공동체와 문화적 정체성을 버리도록 요구하는 우를 범하기도 했다. 아이들은 때로 새 언어와 복장과 가치 체계를 강제로 학습해야 했다. 어린 시절

---

14 맥 크로스만, 5-10.

을 순진무구하며 즐겁게 뛰놀고 자유를 누려야 하는 시기라고 보는 서구적 이해가 어린이에 대한 다른 문화적 시각과 충돌한 적도 있었다. 그러나 어린이들이 무시되거나 선교 대상에서 누락되지 않았다. 선교사들은 차세대 그리스도인들을 키워야 할 필요성을 이해했다.

최근의 기독교 성장

사탄이 10/40 창 지역 대부분과 세계 여러 지역을 장악하고 있다는 사실을 생각하면 세계 복음 전도의 진척 상황에 대해 낙담하기 쉽다. 서구 세계의 헌신적인 그리스도인이 급감한 사실 역시 낙담의 원인이 될 수 있다. 그러나 희망을 버리지 않아야 할 상당한 이유들이 있다. 실제로 많은 그리스도인이 하나님의 현재 역사를 매우 근시안적 시각으로 바라보기 쉽다. 사실 세계 곳곳에서는 지금 집단 개종 운동(people movement)이 일어나고 있으며, 성령님은 세계 여러 곳에서 전쟁에 승리하고 계신다.

온 세계에 부흥 운동이 거세게 일어나고 있다. 1930년대 이후로 '기독교의 중심'은 천천히 남쪽과 동쪽으로 이동해왔다. 40년대와 50년대와 60년대는 아프리카 전역에 대규모 부흥이 일어나서 이제 사하라 이남의 대다수 아프리카인은 스스로를 그리스도인이라 생각한다.

1970년대는 라틴 아메리카에서 방대한 복음 전도가 이루어졌다. 이제 브라질에는 서구 유럽 전역보다 더 많은 수의 복음주의자들이 있다. 1980년대는 아시아 여러 지역에서 기독교가 급속히 확산되었고 1990년대와 21세기 초 10년 동안 한국교회는 전 세계에서 가장 활발한 복음주의 교회 가운데 하나로 성장했다. 1인당 선교사 파송 수는 한국이 세계에서 가장 많다. 이제는 서구 그리스도인보다 아시아 그리스도인의 수가 더 많다.

그러나 기독교가 성장했다는 희망을 얻을 수 있는 또 다른 통계가 있다. 그것은 전 세계적으로 비기독교인 대비 기독교인의 비율이 꾸준히 증가 추세에 있으며, 지난 몇 십 년은 특별히 더욱 그 추세가 두드러진다는 것이다. 사도 바울 시대의 비그리스도인 대비 그리스도인의 비율은 매우 미미했다. 1세기 말엽에는 그리스도인 한 명당 비그리스도인의 수가 10만 명 혹은 20만 명이었던 것으로 추정된다. 심지어 윌리엄 캐리가 아시아로 선교를 떠난 근대 선교 시대가 열린 1792년에도 그 비율은 여전히 미미했다.

그러나 이제 비그리스도인 대비 그리스도인의 수는 극적으로 증가했다. 세계 인구의 30퍼센트 이상이 스스로를 그리스도인이라 생각하며(대략 3명 중 한 명) 또 40퍼센트가 복음을 듣고 있다. 다시 말해 그리스도에 대해 들을 기회가 있다. 이것은 세계에서 세 사람당 두 명이 그리스도인이거나 복음을 들을 기회가 있다는 뜻이다. 이런 식으로 보면 미전도 종족에게 복음을 전하는 일은 역사상 그 어느 시기보다 수월하다 할 수 있다.

비서구권 선교의 성장

앞에서 약술한 선교 역사는 확실히 서구 교회가 주도한 것이었다. 그러나 세계 선교 운동은 절대 서구인들만의 전유물이 아니다. 지난 4반세기 동안 비서구권의 선교사와 선교 기관들은 공식적인 기록으로 다 문서화되지는 않았지만 수적인 면에서 극적으로 성장했다. 실제로 이제 비서구권 선교사 수가 서구 선교사 수를 앞질렀다고 평가된다.[15] 아시아에서 수많은 인도인, 디아스포라 중국인, 필리핀인, 한국인 그리고 다른 여러 국적의 사람들

---

[15] 멕 크로스만, 편집, Worldwide Perspectives(Pasadena, CA: William Carey Library, 1995), 래리 페이트, 'The Changing Balance in Global Mission', 15-14, 15-15.

이 선교 소명에 부응하는 헌신적이고 열정적인 모습을 보면 가슴이 벅차다. 래리 페이트(Larry Pate)[16]는 이런 전지구적 선교의 성장을 격려하고 지원하기 위해 반드시 필요한 몇 가지 핵심적 사고방식을 소개한다.

1. 비서구 교회, 아시아, 아프리카, 라틴 아메리카 교회들은 세계적 시각으로 스스로를 보는 법을 배워야 한다.

2. 세계적 차원의 협력을 통한 선교 훈련이 필수적이다. 수많은 비서구권 선교사들이 별 훈련을 받지 않고 현장으로 파송되고 있으며, 수많은 사람들이 몇 개월 심지어 몇 년씩 훈련 기회를 기다리고 있다.

3. 세계적 차원의 후원 모델이 비서구권으로 이동해야 한다. 서구 선교 기관들은 비서구권 선교사들을 그 기관으로 흡수하여 그들에게 제대로 된 국제적 지위와 동등한 리더십 기회를 제공해주어야 한다. 비서구 선교사 파송 기관들과 선교사들에 대한 적절한 지원이 시급하다.

4. 정보 자원은 탈중앙화되어야 한다. 이것은 글로벌 맵핑 인터내셔널, 돈 미니스트리즈, OC 인터내셔널과 같은 국제 기관의 목표 중 하나이다.

5. 서구 선교사들은 역할을 바꿀 준비를 해야 한다. 전통적으로 서구 선교사들이 떠맡은 많은 일들을 이제 비서구 지도자들에게 점진적으로 이양해야 한다.

---

[16] 같은 책, 15-16.

비서구 선교사들의 역할이 확대된다고 해서 더 이상 서구인들이 효과적인 역할을 하지 못한다는 의미는 아니다. SIM의 해롤드 풀러(Harold Fuller)[17]는 교회 선교와 관련해 선교사의 역할에 대한 4단계를 제시했다. 이 단계는 서구 선교사들이나 비서구 선교사 모두에게 적용된다.

1단계 개척자 단계는 여러 은사와 더불어 지도력 은사가 필수적이다. 이 시기에는 신자가 극소수이거나 아예 없기 때문에 선교사는 지도자로서 사역을 대부분 혼자 떠맡아야 한다.

2단계 부모 단계는 가르치는 은사가 필요하다. 젊은 교회는 성장하는 어린이와 같다. 그러나 권위주의적인 태도를 갖지 않도록 주의해야 한다.

3단계 동역자 단계는 다소 민감하고 미묘한 단계이다. 선교사와 젊은 교회는 부모와 자녀의 관계에서 성인 대 성인의 관계로 발전해야 한다. 양쪽 다 변화하기가 쉽지는 않지만 교회가 성숙한 '어른'으로 성장하기 위해서는 반드시 필요한 단계이다.

4단계 참여자 단계는 교회가 온전히 성숙해서 지도력을 이양받는 시기이다. 선교회가 존속하는 한 대위임 명령이라는 원래 목적을 이루기 위해 교회를 견고히 세우도록 은사를 활용해야 한다. 이때 선교사는 다른 지역으로 철수하여 다시 1단계를 시작해야 한다.

---

[17] 맥 크로스만, 편집, Worldwide Perspectives(Pasadena, CA: William Carey Library, 1995), 해롤드 풀러, 'Stages of Missionary Roles', 5-6.

다섯 가지 중요한 선교학적 개념과 어린이와의 상관성

가장 중요하며 일차적인 선교학 개념[18]은 마태복음 28장의 "온 세계로 가서 복음을 전하라"라는 대위임 명령이다. 미국과 서유럽의 급속한 세속화와 이슬람, 뉴에이지, 그 외 다른 거짓 종교의 급속한 확산에 비추어볼 때 대위임 명령이 종료될 시점이 어느 때보다 가까워왔다는 사실을 믿기가 어렵다. 그러나 이미 살펴본 것처럼 이것은 근시안적인 평가이다. 하나님이 전 세계에서 행하고 계신 일을 더 폭넓은 시야로 이해하면 균형 있게 현상을 바라볼 수 있다. 또한 세계 기독교의 상태와 대위임 명령의 성취에 관한 전망을 훨씬 더 긍정적으로 바라볼 수 있다.

물론, 대위임 명령에 어린이들이 포함되는 것은 당연하다. 마태복음 19장 14절에서 예수님은 "어린 아이들을 용납하고 내게 오는 것을 금하지 말라"라고 말씀하셨다. 우리는 이 '예수님께 오는 것'이 단순히 물리적인 접근이 아니라 믿음으로 그들이 나아오도록 허용하고 격려하라는 뜻임을 알고 있다. 아이들이 예수님께 나아오도록 강제하거나 강요해서는 안 되며 단순히 허용하는 식으로 이루어져야 한다는 사실을 명심하라. 실제로 기회가 허락되면 아이들은 자발적으로 기쁘게 예수님께 나아온다는 것을 자주 확인할 수 있다.

두 번째 고찰해보아야 할 개념은 종족 개념으로 세상을 바라보는 것이다. 종족이란 고유의 언어가 있고 자체적인 전통과 역사, 관습과 언어를 가진 민족 혹은 인종 집단이라고 정의할 수 있다. 선교사와 선교 기관들이 국경의 차원이 아닌 종족으로 선교를 바라볼 때 훨씬 더 구체적이고 효과적으

---

[18] 이 다섯 가지 개념은 댄 브루스터의 Compassion's Role in Furthering the Kingdom (미출간된 글, 1995)을 참고한 것이다.

로 개별 집단에 노력을 집중할 수 있었다. 이로 인해 선교학자들이 미완성된 복음 전도 사명을 바라보는 방식이 혁명적으로 바뀌었다.

어린이들은 일반적인 선교학적 기준으로는 하나의 '종족' 집단에 해당하지 않는다. 하지만 아이들을 하나의 종족 집단으로 바라보면 성인 종족 집단과 마찬가지로 공통된 특징을 찾아내는 데 도움이 되며, 그로 인해 복음을 통해 그들의 실제적 필요를 더 효과적으로 채워줄 수 있다.

어린이들은 거의 20억에 육박하는 거대한 종족 집단으로서, 강하고 성장하는 집단이며 특별히 복음을 거의 모르는 지역은 더욱 그러하다. 또 그들은 고통당하는 종족 집단으로 매일 사망하는 5세 이하 어린이가 26,000명에 달한다. 충격적일 정도로 높은 낙태율과 거리에서 떠도는 아이들의 실태에서 보듯이 또한 외면당하는 종족 집단이며 인신 매매, 착취, 각종 다양한 유형의 학대로 희생당하는 집단이다.

그러나 현 논의에서 가장 중요한 것은 어린이들이 매우 수용적인 집단이라는 사실이다. 이것에 대해서는 뒤에서 바로 살펴볼 것이다. 슬프게도 어린이들은 선교적 관점에서 보통 잊혀진 종족 집단이었다. 역사적으로 어린이들은 이상할 정도로 선교의 대상이나 주체로서 주목받지 못했다.

세 번째 유용한 선교학적 개념은 복음화된 종족과 미복음화된 종족의 구분이다. 선교학적 관점에서 대부분의 사람에게 복음을 듣고 반응할 적절한 기회가 주어지면 그 집단은 복음화된 집단에 속한다. 그렇다고 그 집단의 모든 개인이나 대부분의 사람이 그리스도를 받아들였다는 의미는 아니다. 개인적으로 원하면 그리스도인이 되기에 제약이 없을 정도로 충분한 교회와, 선교사들과, 라디오 프로그램과, 성경 번역서나, 다른 기독교적 자원이 주위에 있다는 뜻이다. '미전도' 종족은 어떤 이유로든 복음에 반응할 기회를 가진 적이 없는 집단을 말한다.

예를 들어, 프랑스에는 헌신된 그리스도인의 비율이 매우 낮다. 대만 역시 그 비율이 매우 낮다. 그러나 프랑스는 복음화된 국가이고 대만은 그렇지 않다. 그 이유는 무엇인가? 프랑스에서는 거의 모든 사람이 예수님의 이름을 들었다. 누구든지 진리에 대해 더 많은 정보를 원하거나 믿음을 갖기 원하면 그들을 도와줄 그리스도인이나 자국어로 된 성경과 그 외 여러 자원들이 충분히 있다. 그러나 대만 사람들은 그렇지 않다. 많은(대부분의?) 대만 사람들이 예수님에 대해 한 번도 들어본 적이 없다. 또 관심을 가진 대만 사람에게 그리스도를 영접할 적절한 기회를 제공할 교회도 많지 않다.

오늘날 많은 선교 기관은 미전도 혹은 미복음화된 집단에게 더 집중하기 위해 초점을 바꾸기 시작했다. 이들 가운데 어린이와 청소년들이 복음에 가장 열려 있다.

네 번째 개념은 '10/40 창' 개념이다. 이것은 세계에서 미전도 비율이 높고 가난한 지역을 바라볼 때 매우 유용한 개념으로 입증되었다. 이 창은 북위 10도에서 40도 사이 지역을 통칭하는 것으로 서아프리카에서 중동을 거쳐 남아시아, 인도네시아를 포함한 동남아시아에 이르는 지역이다. 10/40 창 개념이 중요한 이유는 최소한 여섯 가지이다.[19]

1. 이 지역은 역사적, 성경적으로 중요한 지역이다. 고대 성경 역사는 10/40 창으로 대표되는 지역을 무대로 했다. 10/40 창 지역에서 그리스도가 태어나고 사시다가 십자가에서 돌아가셨다. 실제로 바울의 2차 선교 여행이 시작되고 성경 기록이 거의 완성되어가는 시점에서야 비로소 10/40 창으로 확인되는 지역 밖에서 거룩한 역사가 일어나기

---

[19] 루이스 부시, Getting to the Core of the 10/40 Window(Wheaton, IL: Evangelism and Missions Information Service, 1996), 1-7쪽에서 차용.

시작했다.

2. 세계의 미전도 종족 대부분이 10/40 창 지역에 살고 있다. 실제로 이곳은 세계 전체 육지 지역의 3분의 1에 불과하지만 세계 인구의 거의 3분의 2가 살고 있다.

3. 10/40 창은 세계 비기독 종교의 중심지이다. 28개국의 이슬람 국가가 있고 한 개의 힌두 국가(거의 10억에 달하는 인구를 비롯해), 2억 3천만 명의 인구가 포함된 여덟 개의 불교 국가가 위치하고 있다.

4. 가장 가난한 사람들이 10/40 창 지역에 살고 있다. 평균적으로 일인당 국민총생산량이 500달러 이하인 최상위 빈곤층의 열 명 중 여덟 명 이상이 이 지역에 살고 있다.

5. 10/40 창 지역 국가에 사는 사람들의 삶의 질이 가장 낮다. 삶의 질을 평가하는 방법으로 평균 수명, 유아 사망률, 문맹률의 세 가지 변수를 합산하는 방식이 사용되었다. 세계에서 삶의 질이 가장 낮은 50개국에서 사는 사람들 가운데 열 명 중 여덟 명이 이 지역에 살고 있다.

6. 10/40 창 지역은 사탄의 견고한 진이다. 기록된 역사를 살펴보면 다니엘 선지자의 기록에서 악한 영적 세력들의 진지가 이곳이라는 증거를 발견할 수 있다(단 10:13).

다섯 번째 개념은 '4/14 창'이다. 실제로 선교학자 루이스 부시(Luis Bush)는 이제 4/14 창을 선교의 '핵심 중의 핵심'이라고 부른다. 부시 박사는 "이

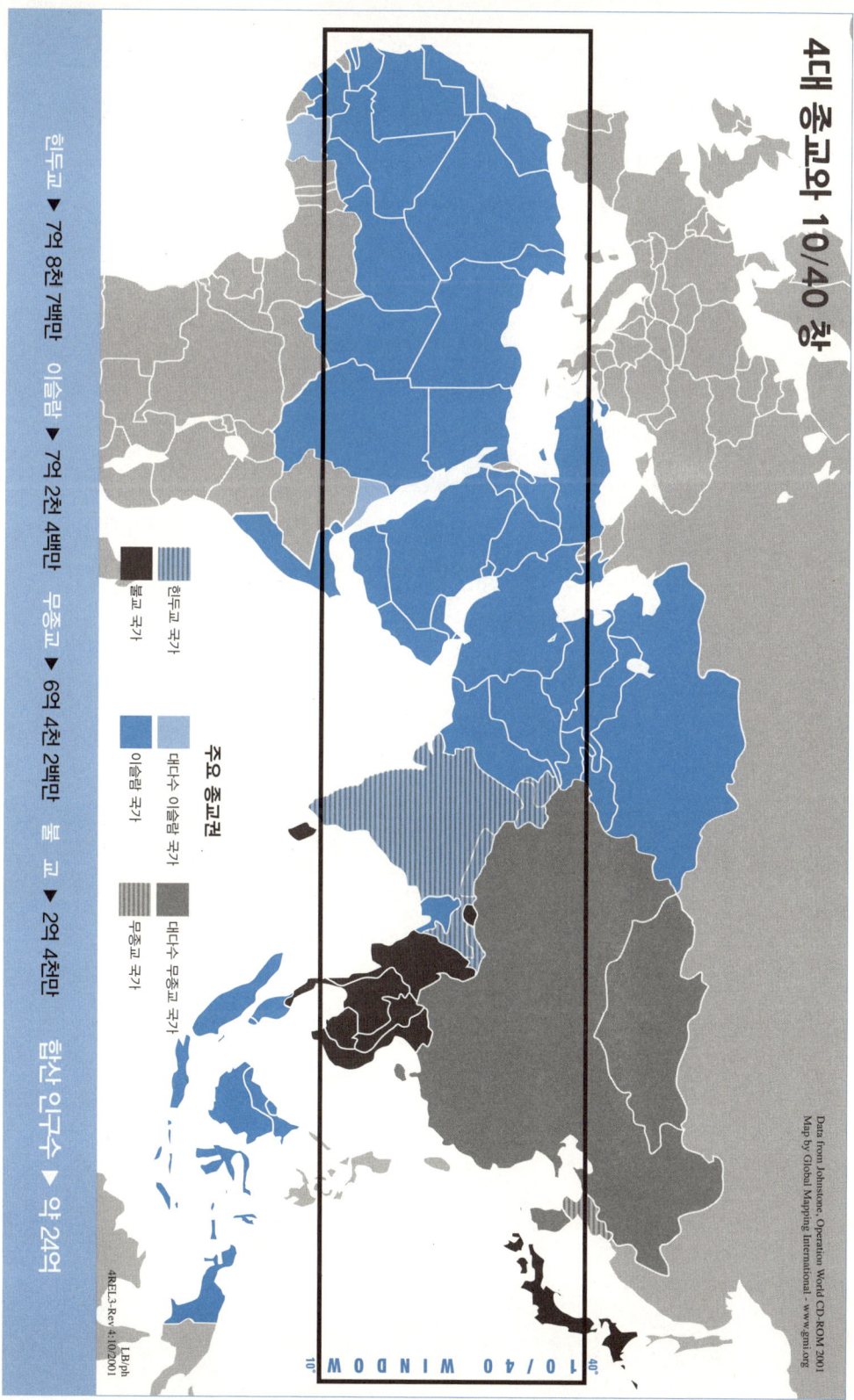

광대한 집단에서 새로운 세대, 즉 개인적 변화를 경험하고 그로 인해 세계적 변혁의 주체가 될 수 있는 새로운 세대를 일으켜 세우자는 제안을 머리와 가슴으로 받아들이는" 완전히 새로운 운동을 전개하고 있다.[20]

선교학자들은 복음의 수용성을 중시한다. 다시 말해서 한 특정 집단이 복음을 듣고 그리스도께 헌신하는 데 얼마나 마음이 열려 있는지를 보는 것이다. 어린이와 청소년들은 종교적 배경이나 소속에 관계없이 인구 집단 중 복음에 가장 수용적인 집단이다.

많은 선교가 근시안적으로 복음 전도를 위해 노력해왔다. 그리스도가 곧 재림하실 것이므로 어른들을 집중적인 전도 대상으로 삼아야 한다는 것이다. 어린이들에게 복음을 전하고 교회를 성장시킬 시간이 없다고 생각했다. 그러나 성인들이 복음에 대해 수용적이지 않다면 진지하게 선교를 고민하는 선교 기관들은 복음에 수용적인 세대에 더 관심을 기울여야 마땅하다.

어린이와 선교

어린이에 관한 책에서 선교와 선교학을 이렇게 장황하게 늘어놓은 이유는 무엇인가? 그 이유는 어린이들이 미전도 종족에 복음을 전하고 하나님 나라를 진척시키는 데 매우 전략적이기 때문이다. 어린이들은 위에서 지적한 각각의 핵심 선교 개념에서 매우 중요한 역할을 한다.

대위임 명령은 성인뿐 아니라 어린이에게도 적용된다. 어린이들은 어느 종족 집단 못지않게 복음에 수용적이다. 10/40 창 지역에 속한 각 국가들의 인구 중 거의 절반이 4/14 창에 속해 있다. 교회가 성장하는 지역에서

---

[20] 루이스 부시, The 4/14 Window(Colorado Springs, Co: Compassion International, 2009), x.

대부분의 회심자는 18세 이하이다. 비서구 세계의 어린이는 선교의 대상인 동시에 또한 자원이라 할 수 있다.

후견인의 집 근처에서 교회의 어린이 전도 활동에 참여하는 에티오피아의 살로메(Salome)를 생각해보자. 살로메는 몇 년 전부터 다른 지역 교회들과 공동으로 주관하는 전도 활동에 동참하기 시작했다. 살로메의 어머니는 살로메를 낳고 몇 개월 후에 사망했다. 아버지는 살로메를 부양할 능력이 없어 일하는 농장과 수킬로 떨어진 곳에 사는 후견인을 구했다. 교회는 부모나 후견인들에게 늘 그랬듯이, 살로메를 아웃리치에 초대하기 전 소녀의 후견인에게 아웃리치에서 진행하는 복음을 가르치고 성경 공부를 하는 과정에 대해 소개해주었다.

복음에 친숙해진 살로메는 그리스도인이 되기로 결심했다. 소녀의 이런 결단은 교회가 복음을 전하며, 때로 필요한 곳에서는 어린이들이 주도하는 어린이 아웃리치를 결성하던 때에 일어났다. 살로메는 찬양을 부르고 간단히 말씀을 전하고 또래 아이들에게 어린이의 관점에서 그리스도인이 된다는 것이 무슨 의미인지 이야기하는 방법으로 아주 적극적인 전도자가 되었다. 아웃리치의 대상이었던 살로메가 아웃리치의 자원이 된 것이다.

오늘날 어린이 선교는 아주 활발하고 광범위하게 이루어지고 있다. 세계적으로 약 25,000명의 사역자들이 2천만 명이 넘는 어린이들을 섬기고 있다. 많은 선교 기관이 단순히 어린이들의 영혼뿐 아니라 그들의 정신과 신체와 관계에까지 관심을 갖는 통전적 선교를 하고 있다.

어린이의 전략적 중요성으로 인해 내가 섬기고 있는 컴패션에서도 성장 전략을 바라보는 시각이 달라졌다. 오늘날 성장 전략 기준에서 선교학적 기준이 최상위를 차지한다. 다시 말해 어려운 어린이들을 도울 뿐 아니라, 교회를 도우면서 또한 전략적으로 하나님 나라를 진척시킬 수 있는 곳이 어디인가를 보는 것이다.

하나님 나라의 진척에 관한 우리의 역할을 컴패션이 새로운 시각에서 접근함으로써 우리에게는 많은 변화가 일어났다. 각 나라의 사역자들은 미전도 종족의 언어와 복음 전도 상황에 대해 알고 있다. 전세계적인 상황은 물론 그들이 섬기는 나라에서 하나님이 무슨 일을 하고 계신지 더 깊이 자각한다. 진행 중인 프로젝트에 새로 등록하거나 새 프로젝트에 등록한 어린이들은 대부분 복음을 모르는 가정 출신이며, 우리의 전체적 성장은 대부분 이러한 비그리스도인들로 인한 것이다. 우리는 가난한 사람들을 도울 뿐 아니라 교회 안의 빈곤층을 돕고 있다. 우리는 교회가 자신들을 넘어서는 비전을 갖고, 비기독교 어린이들을 선교 대상으로 삼는 의도적 전략을 통해 그들과 그 가족이 그리스도께 나아오도록 함으로써 하나님 나라를 진척시키도록 도전하고 있다.

내게 자식을 낳게 하라 그렇지 아니하면 내가 죽겠노라

창세기 30장 1절에는 야곱의 아내인 라헬이 불임으로 고통당하며 울부짖는 내용이 기록되어 있다. 불임의 오명을 벗어버리고자 필사적인 라헬은 하나님께 아이를 달라고 계속 기도한다. 자녀를 원하는 마음이 얼마나 간절했던지, 그녀는 "내게 자식을 낳게 하라 그렇지 아니하면 내가 죽겠노라"라고 외친다.

오늘날 교회 지도자라면 이 가슴을 찢는 듯한 부르짖음이 흘러나와야 한다. "내게 자식을 낳게 하라. 그렇지 아니하면 내(우리, 교회)가 죽겠노라."

관광차 유럽에 가본 사람이라면 대도시마다 즐비한 텅빈 성당을 보게 된다. 수천 명의 사람들이 이 성당 내부를 관람하며 아름다운 아치와 돔과 아름다운 스테인드글라스 창문을 보고 감탄을 연발한다. 시간에 맞춰 도착하면 30여 명의 노성도들이 성만찬을 하거나 조용히 기도하는 모습을 볼 수도 있다. 유럽의 거대하고 아름다운 성당들은 건축학적으로는 아름답고 훌륭하지만 경탄을 자아내는 박물관 이상도 이하도 아니다. 이 웅장한 유럽교회들은 이미 죽었거나 죽어가는 중이다.

왜 이 지경이 되었는가? 유럽교회는 "내게 자식을 낳게 하라. 그렇지 아니하면 내가 죽겠노라"라고 외치지 않았다. 어린이들의 마음을 얻지 못했고 결국 교회는 죽고 말았다.

 한 자녀 정책은 중국교회에 주어진 특별한 기회인가?

중국의 한 자녀 정책으로 많은 아이들이 희생되고 있다. 이 정책으로 여아에 대한 기피 현상이 일어났고 아이들을 방치하거나 유기하고 심지어 유아 살해까지 일으키는 원인이 되었다.

불행하게도 한 자녀 정책을 다각도로 살펴보면 단순히 상술한 비극들만 야기하는 게 아니라는 사실을 알게 된다. 한 자녀 정책으로 중국 어린이들은 형제자매가 없이 성장한다. 그러나 이 정책이 이대로 한 세대 이상 더 지속되면 아이들은 이제 숙모나 삼촌, 사촌이 없는 아이로 자라게 된다. 사실 이 정책은 아이들에게 부모와 생존한 조부모 외에는 일가친척이 없기 때문에 확대 가족의 붕괴를 야기한다.

그러나 중국의 한 자녀 정책은 중국교회에 의미 있는 사역 기회가 될 수도 있다는 점 역시 사실이다.

중국의 도시나 발전된 지역, 심지어 이 정책을 어기더라도 조건적 면책이 가능한 곳에서도 아이를 낳지 않는 가정이 많다. 오늘날 중국 가정은 자녀보다는 직업적 성공을 선호하는 경우가 많기 때문이다. 교육 수준이 높고 경제적으로 유복한 부부들은 일반적으로 자녀를 한 명만 갖거나 아예 자녀를 원치 않는다. 이런 정책이 시행된 후 이미 제3세대가 출생하고 있기 때문에, 이 어린 자녀가 두 명의 부모와 네 명의 조부모, 즉 성인 여섯 명에게 온갖 사랑과 관심을 받는 특이한 현상이 나타났다. 중국 가정들의 경제적 풍요로움으로 어린이들은 물질적으로 아무 부족함 없이 자라지만 영적이고 사회적으로 공허함을 겪는다.

이것은 중국 지역 교회들이 이 어린이들에게 복음을 전할 수 있는 새로운 기회가 된다. 아이들에게 사랑을 표현함으로 교회는 부모들의 신뢰를 얻을 수 있고 그들이 그리스도께 돌아오도록 도울 기회를 얻을 수 있다.

시골 지역은 사정이 다르지만 예수님을 전할 기회는 여전히 있다. 농업이 주요한 경제 활동이고 사람들의 교육 수준이 낮은 낙후 지역에서는 여러 이유로 한 자녀 정책을 어기는 가정들이 적지 않다. 주로 피임에 대한 지식이 부족하거나 남아를 선호하는 전통적 문화가 원인이다. 이 정책을 어기면 둘째 이후의 자녀들과 그 부모가 큰 불이익을 당한다.

첫째 이외의 자녀들은 무상 교육과 같은 사회적 혜택을 박탈당한다. 일반적으로 이런 가정들은 대개 가난하기 때문에 아이들은 학교에 갈 기회를 거의 누리지 못하며 의료 치료를 제때 받지 못하는 경우도 많다. 그 부모와 아이들이 소외되어 버린다. 그러나 이 역시 교회에 특별한 기회가 된다. 교회가 이 아이들의 특별한 필요를 돌봐주고 그 사랑을 기꺼이 보여준다면, 어려움에 처한 어린이들을 돌봐주는 것에서 그치지 않고 그 가정에 복음을 전할 좋은 기회가 된다.

중국뿐 아니라 다른 여러 국가에서도 현재 진행 중인 비극은 아이들이 채 태어나지도 못하는 비운을 겪는 경우이다. 부부들이 자녀를 갖지 않거나 임신이 되면 낙태를 감행한다.

* 이 사례 연구는 2006년 〈China Source〉 8권에서 '4/14 창은 중국교회의 특별한 기회인가?'라는 제목으로 처음 발표된 댄 브루스터의 기고문 가운데 일부를 참고한 것이다.

1_ 지금 출석하는 교회의 선교 정책에 어린이가 중요하게 반영되고 있는가? 구체적으로 설명해보라.

2_ 통전적으로 선교를 접근한 윌리엄 캐리의 사역에 대해 생각해보라. 캐리가 선교지의 교육과 보건과 농업에 관심을 가짐으로 영적 사역이 어떤 혜택을 얻었다고 생각하는가?

3_ 말라기 2장 15절을 읽으라. 하나님은 왜 결혼 제도를 만드셨는가? 공식적이든 자발적이든 한 자녀 정책이 하나님이 의도하신 결혼 제도의 취지와 어떤 관계가 있는가?

4_ 근대 선교 제1기와 2기는 어린이들에게 집중했지만, 3기는 더 이상 어린이를 중요한 선교 대상으로 보지 않는다는 점을 지적했다. 또한 "학교를 통한 어린이와 청소년 선교를 중시하던 선교 정책이 어떻게 바뀌었는가?"라고 질문했다.

   a. 당신은 이러한 우려에 대해 어떻게 생각하는가?

   b. 당신의 교회는 교회의 다음세대와 지도자들을 어떤 방법으로 키우고 있는가?

5_ 다섯 가지 중요한 선교학 개념을 다시 생각해보라. 각 개념과 관련해 전인적 어린이 양육과 어린이 선교에 이 개념을 적용한 사례가 있다면 이야기해보라.

선교와 어린이의
실제적 문제

✳✳✳

"사람들이 동서남북으로부터 와서 하나님의 나라 잔치에 참여하리니
보라 나중 된 자로서 먼저 될 자도 있고
먼저 된 자로서 나중 될 자도 있느니라 하시더라."
_누가복음 13:29-30

7장에서는 기독교적 환경에 있는 어린이들의 신앙 발달과 관련된 몇 가지 문제를 검토해보았다. 이들의 신앙 발달을 나무의 성장에 비유했다. 그러나 비기독교적 환경의 어린이들의 신앙 발달을 매우 다른 배경에서 이루어진다는 사실도 지적했다. 이제 이번 장에서는 어린이와 선교에 관련된 문제를 좀 더 본격적으로 살펴보고자 한다.

위에 언급된 예수님의 말씀은 복음이 세계 도처의 사람들에게 영향을 미치리라는 성경의 수많은 구절 가운데 일부에 불과하다. 복음은 한 문화권의 전유물이 아니라 모든 문화권에 전파되어야 한다. 그러나 복음이 이질적인 문화로 전파될 때 여러 문제가 발생한다.

 타문화권의 복음 전도 과정에서 발생되는 회심과 신앙 발달의 문제는 기독교적 환경에서 동일한 문제가 생길 때와는 다른 양상을 보인다. 어린이 사역은 미전도 지역과 종족에 접근하기 위한 매우 효과적 방법이 될 수 있다. 그러나 타문화권 선교는 특히 어린이 타문화 선교는 매우 중대한 쟁점 및 시사점을 지니고 있다. 선교사들이 타문화권의 문화나 성인과 관련된 배경을 연구해야 하듯이, 어린이를 대상으로 선교하는 이들 역시 비기독교적 상황의 어린이에게 접근할 때 매우 현명하고 민감하며 신중한 방식으로 통전적 사역을 감당해야 한다.

 어린이들의 복음 수용성이 매우 높다는 뜻이 어린이와 그 부모에게 접근하는 방법을 깊이 고민하지 않아도 된다는 의미는 아니다. 실제로 높은 수용성 때문에 착취의 위험성 역시 높아지기 때문에 오히려 더 신중하고 지혜로워야 한다.

 또 다른 문제도 살펴보자. 어떤 어린이도 사전 통보와 부모의 동의 없이 종교적 훈련과 가르침을 받아서는 안 된다. 그리스도인 부모가 자신의 동의 없이 그 자녀들에게 영향을 미치려고 시도하는 이들을 싫어하듯이, 비그리스도인 어린이들의 부모 역시 동일한 보호 본능이 있다. 그들의 의사를 온전히 존중하고 배려하는 것이 복음의 정신이다. 하나님은 분열을 일으키거나 비밀주의를 좋아하거나 남을 기만하시는 분이 절대 아니다. 따라서 우리 역시 타종교권의 어린이들과 가정을 대할 때 특별히 조심해야 한다.

타문화권 어린이 선교의 핵심 사안

 타문화권 어린이의 회심을 반대하는 주장의 공통점은 어린이들이 모든 사실을 고려해 판단을 내리거나 스스로 종교를 선택할 정도로 심리적으로 성숙하지 않다는 것이다. 따라서 어린이에게 특정 종교를 강요하는 것은 윤리적으로 옳지 않다고 본다. 심지어 아이들을 대상으로 복음 전도를 하는 것이 비윤리적이라고 주장하는 그리스도인들도 있다. 그들은 오직 부모를 전도 대상으로 삼아야 하며 그 부모가 자녀들에게 복음을 전하도록 해야 한다고 생각한다. 그러나 이것은 성경적인 입장이 아니다.

성경적인 복음 전도는 모든 사람에게 복음을 선포하는 것이다. 그 누구도 배제 대상이 아니다. 다른 인구 집단(부모)이 복음에 우호적으로 반응할 때에만 다른 거대 집단(어린이)이 복음을 들을 수 있다면 그것은 윤리적이지도 공평하지도 않다. 비그리스도인 부모를 둔 아이들에게 복음을 전하거나 기독교적 훈련을 제공한다고 해서 아이들을 착취하는 것도 비윤리적인 것도 아니다. 그러나 다시 강조하지만 타문화권의 어린이 사역을 할 때 특별한 민감성과 윤리적 고려가 필요한 것은 분명하다.

내가 소속된 컴패션은 후원하는 모든 프로그램과 활동의 일부로 신앙 훈련을 포함시키고 비기독교 가정의 아이들이 이 훈련을 받도록 적극 권장한다. 그러나 우리의 모든 활동과 취지와 목적과 함께 협력하는 교회들의 목적이 늘 투명하고 명료하게 드러나도록 노력한다. 우리는 등록된 모든 아이들에게 신앙 훈련을 시킨다는 사실을 명시하고 있다. 어떤 배경의 아이이든 부모나 보호자의 분명한 사전 동의 없이는 절대 훈련시키지는 않는다. 때로 동의는 문서로 이루어지기도 하고 어떤 경우에는 구두로만 이루어지기도 한다.

이런 프로그램을 통해 어린이들이 그리스도께 마음을 헌신하는 사례는 아주 많다. 이때 역시 부모들에게 그 사실을 알리고 있다. 모든 어린이의 부모가 직접 신앙 훈련에 참여하여 아이들이 무엇을 배우는지 정확히 알 수 있도록 권장한다.

> 그러나 동역하는 교회에서 어린 회심자들에게 세례를 베풀고자 한다면 단순히 부모의 승낙 이상이 필요하다. 비기독교적 환경에서 살고 있는 18세 이하의 어린이라면, 그 부모가 함께 세례를 받을 준비가 되어 있을 않을 경우 부모의 승낙 이상이 필요하다는 이 입장을 개인적으로 지지한다. 그렇게 해야만 어린이들은 단순히 부모의 허락뿐 아니라 그리스도를 따르는 것이 무엇인지 배울 수 있는 격려와 지원을 부모에게 받게 될 것이다.

회심인가? 개종인가?

개종은 강자가 지배적 영향력을 이용해 강제적으로 타인의 종교를 바꾸거나, 종교를 바꾸는 것이 경제적으로나 사회적으로 이득이 될 때 자발적으로 바꾸는 것을 말한다. 어린이들을 대상으로 개종을 요구할 경우 때로 고발과 함께 벌금을 물게 된다. 많은 국가는 개종을 법으로 금지한다. 우리는 때로 '회심을 강요했다'는 이유로 고발을 당했다는 이야기를 듣는다. 지금 일부 국가는 모든 종교의 개종을 금지하는 법을 만들고 있다.[1]

세뇌되어 거짓 교훈을 받아들이는 사람들도 있을 수 있고, 그리스도를 영접하라는 초청을 받았을 때 그것을 받아들여야 한다는 압박감을 느낀 아이들도 일부 있겠지만, 사실 회심을 강제하기란 불가능하다. 진정한 회심은 한 개인의 내면에 일어나는 깊은 영적 변화를 가리키며 본질적으로 언제나 자발적이다.

그러나 복음 전도란 민감하면서 진지한 행위이기 때문에 비기독교 신앙을 가진 사람이나 종족들이 오해할 소지가 있는 것 역시 사실이다. 그러므

---

[1] 이 단원은 스리랑카, 콜롬보 출신 친구인 수자타 시리 쿠마라의 설명을 일부 참고했다. 2003년 6월 말레이시아 침례 신학교의 어린이, 교회 그리고 선교에 관한 필자의 수업에 제출한 그의 과제물은 여러 면에서 유익한 도움이 되었다.

로 위에서 지적한 대로 부모의 사전 인지와 승낙이 없이는 절대 어린이를 대상으로 기독교 교육이 진행되어서는 안 된다는 점을 명심해야 한다.

또한 대부분의 비서구 민족들은 가족 단위나 친족 단위로 그리스도를 받아들이는 경향이 있다는 사실도 기억해야 한다. 모든 중대한 결정은 전체 가족 차원에서 이루어지며 전체 가족 차원에서 받아들일 준비가 안 되면 누구도 결정을 내릴 권한이 없다. 어린이 복음 전도를 맡은 교회 사역자는 이러한 경향을 잘 이해해야 한다. 개인적으로 어린이가 회심하도록 노력하는 것은 그 집단에서 추방당하거나 더 최악의 상황을 맞도록 아이를 위험에 빠뜨릴 수 있으며, 또한 의사결정을 내리는 그 집단의 방식에 반대되는 것이기에 문화적으로 민감하지 못한 행동일 수도 있다.

회심자 매수하기?

'회심자 매수하기'에 우려를 표명하고 '라이스 크리스천(Rice Christian)'을 양산하는 위험성에 대한 많은 타당한 비판이 제기되어왔다. 어린이(혹은 성인)가 쌀이나 생활에 도움이 될 물품을 받기 위해 어쩔 수 없이 믿음을 고백할 가능성이 있다. 이렇게 하는 이유는 그만큼 절박하거나 물질적 필요를 계속 공급받고 싶기 때문일 수 있다. 그런 '회심자'는 당연하겠지만 필요가 충족되면 신앙을 포기할 수 있다. 그리고 그런 사람들은 양식이나 다른 구호물자를 주겠다고 하면 또다시 흔쾌히 '회심하려' 할 것이다.

그러나 회심을 강요하는 것이 불가능하듯이 회심자를 사는 것도 불가능하다. 올바른 그리스도인이라면 그런 환경에서 결정을 내리도록 강요하지도 않을 것이고, 그런 강압적 환경에서 내린 고백이 진정한 마음의 변화를 의미하는 믿음의 반응이라고 믿지도 않을 것이다.

그럼에도 불구하고 이런 가능성 때문에 일부 기독교 구호 개발 기관들은 인본주의적 활동과 기독교적 복음 증거를 완전히 분리하여 실행해왔다. 실제로 건전한 국제 기독교 기관들 가운데 일부는 비기독교적 환경의 지역에서 사역할 경우 그들이 기독교 기관이라는 사실조차 알리지 않고 있다. 그런 기관들은 비기독교 청중들에 대한 배려 차원에서 기독교적 메시지를 조정하거나 희석시킬지도 모른다. 그리고 바로 이런 점이 위험하다. 전인적 기독교 어린이 양육은 어린이와 그 가족의 물리적 필요는 물론이고 영적인 필요에 대해서도 꼼꼼하게 관심을 갖는다. 그리스도인이라면서 어떻게 어린이들에게 물질적 사랑과 돌봄은 제공하고 어린이의 인생을 현재뿐 아니라 영원토록 변화시켜줄 수 있는 복음을 나누지 않을 수 있겠는가?

브라이언트 마이어스(Bryant Myers) 박사는 비기독교적 환경에서 복음을 증거해야 하는 문제에 대해 유익한 통찰을 제공한다. 그는 이렇게 지적한다.

> 우리가 복음 증거를 해야 하는 이유는 이것이 선택 사항이 아닌 우리의 신앙적 결단의 핵심이기 때문이다. 그러나 복음 증거의 방식은 어렵고 도전적인 문제이다. 그리스도인이든 비그리스도인이든 누구나 늘 무엇인가를 증거하고 있다. 유일한 문제는 무슨 내용으로 누구에게 증거를 하고 있느냐이다.[2]

어떻게 복음을 증거할 것인지에 관한 문제는 종종 어려운 도전으로 다가온다. 아시시의 성 프란시스(St. Francis of Assisi)의 "어디서나 늘 복음을 전파하라. 가능하다면 말을 사용하라"라는 익숙한 인용문은 이 문제에 대해 유익하면서도 통합적인 지침을 제공한다. 그리스도를 선포하고 회심자가 생기도록 노력해야만 기독교적 증거라는 주장은 복음을 지나치게 이분적으로

---

[2] 브라이언트 마이어스, Walking with the Poor, 17쪽.

바라보기 때문이다. 그런 복음 증거도 분명 필요하다. 하지만 상대방의 입장을 존중하고 민감해야 하며 절대 인위적으로 조작하려 해서는 안 된다.

마지막으로 한 개인이 믿음을 받아들이려고 하는 동기는 그가 그리스도를 믿고자 하는 그 사실만큼 하나님께 그렇게 중요하지 않을 수 있음을 명심해야 한다. 많은 사람의 동기가 조금씩 다 의심스러울 수 있다. 결과적으로, 그리스도를 따르기로 결단한 사람에 대해 그 결정의 동기를 비판하기보다 그를 격려하고 양육하는 데 힘쓰는 것이 더 올바른 태도이다.

복음 전도인가? 착취인가?

복음 전도나 자기 신앙과 관습을 강요하는 모든 행위를 일종의 착취로 보는 비그리스도인들은 어린이들의 영적 필요를 채우는 일에 힘쓰는 그리스도인들을 종종 비난한다.

우리는 이런 비난에 어떻게 반응하는가? 비난에 대처하는 우리의 방식 때문에 이러한 비난을 정당화시켜주지는 않는가? 우리는 마치 종교 중개상처럼 어린이들이 교단의 세례를 받도록 행동하지 않는가? 하나님의 뜻과 영광을 전하는 대사로서 행동하고 있는가? 우리의 사역 노력이 어린이의 총체적 안녕에 뿌리를 두고 있는가?

비그리스도인들의 비난에 대처할 때 우리는 어린이들이 신체적이고 정서적이며 정신적인 필요뿐 아니라 영적인 필요도 갖고 있다는 흔들림 없는 확신을 말과 행동으로 드러내야 한다. 민감성을 발휘하되 또한 아이들의 물리적 변화뿐 아니라 영적 변화를 위한 노력을 계속해야 한다. 아이에게 복음이 필요하다는 진실을 타협하지 않으며, 복음을 전할 때 한결같은 성실성과 존중하는 태도를 지녀야 한다. 어린이들은 그리스도와의 진정한 만남을 통해 하나님이 의도하셨던 풍성한 생명을 누릴 수 있다.

앞에서 지적한 대로 종교를 가진 부모는 자녀가 자신들과 동일한 종교에 소속되어야 한다고 생각할 것이다. 사려 깊고 윤리적인 복음 전도자라면 이 중요한 문제를 다룰 때 절대적 민감함이 필요하다는 사실을 인정하고 지지한다. 동시에 어린이를 단순히 부모의 소유물로 보는지 아니면 스스로의 권리를 가진 인격체로 대하는지 분명히 구분한다. 대위임 명령의 가장 기본적 해석이자 실제로 모든 선교의 기초가 되는 내용은, 아이들을 포함한 모든 사람에게 그리스도의 제자로 변화될 것이라는 의도와 기대를 가지고 복음을 전하는 것이다.

비그리스도인 부모의 자녀들을 대상으로 한 복음 전도와 신앙 훈련은 부모의 이해와 승낙이 선행된다면 착취도 비윤리적 행위도 아니다. 어린이 사역에서 우리는 언제나 복음 전도의 적절한 시기와 장소와 방법을 특별히 민감하게 생각하고 고민해야 한다. 상황과 환경이 고려되지 않은 특정 상황과 시기와 장소에서 이루어지는 직접적 복음 전도는 무감각하거나 심지어 비윤리적일 수도 있다.

타문화권에서 어린이 복음 전도를 할 때의 주의점

비그리스도인 부모의 자녀들을 대상으로 복음을 전하고 기독교적 훈련을 할 경우, 정직하고 투명함이 중요하다는 사실을 기억해야 한다. 그러나 직접적 복음 전도가 부적절하고 심지어 비윤리적인 상황에 놓일 때가 있다. 때문에 민감한 비기독교적 환경에서 어린이 사역을 하는 사람들에게 꼭 필요한 중요한 다섯 가지 원리가 있다.

부모의 이해와 승낙 없이 종교적 교육과 훈련을 받게 해서는 안 된다. 실제로 나를 비롯한 일부 기독교 사역자들은 지극히 민감한 상황에서는 부모가 세례를 받을 준비가 되어 자녀가 새 믿음을 갖도록 지지하고 격려하지 않는 이상, 교회 지도자가 어린이에게 세례를 주어서는 안 된다고 생각한다.

어린이와 부모가 그리스도인들의 물질적이고 재정적인 지원에 전적으로 의지하는 상황에서 아이의 회심을 강요해서는 안 된다. 이런 일은 기독교 구호 개발 기관의 지원에 크게 의존하는 고아원이나 어린이집, 탁아소, 난민촌, 지역 공동체에서 일어나기 쉽다. 어린이들은 자신들의 무력함을 크게 의식하기 때문에 그들이 받는 지원과 관련된 요구는 무엇이건 받아들일 가능성이 있다. 이런 상황의 어린이들에게 복음을 전해야 하는 것은 분명하지만 민감하고 조심스러운 태도로 접근해야 한다.

어린이가 경험하고 있는 고통스러운 현실과 자신을 분리하여, 시혜자의 태도로 어린이의 회심을 위해 노력하면 안 된다. 민감한 보호자라면 극히 취약하고 또 현재 상황에 대한 어떤 통제권도 없는 어린이들의 고통에 깊이 공감하며 아이들을 바라볼 것이다. 어린이와 자신을 동일시하고 함께 공유하는 태도가 있어야 한다.

어린이에게 복음을 전하면서 그들의 문화를 무시하거나 폄하하거나 부정하는 태도를 취해서는 안 된다. 역사적으로 선교 과정에서 흔히 발생한 문제는 기독교 회심이 종종 문화적 회심과 동일한 것으로 치부된 것이다. 각 문화를 창조하신 분은 하나님이셨다. 문화마다 버리거나 회복되어야 할 부분들이 있지만, 또한 모든 문화는 인정하고 향유할 수 있는 측면이 분명히 있다. 우리는 문화적 요인들이 복음의 능력을 훼손하지 않도록 주의하는 동시에 그들의 문화를 충분히 인정하는 자세를 가져야 한다.

그리스도인이 된다는 것이 무엇인지 제대로 모르는 어린이들을 그리스도인이 되도록 인도하는 것은 부적절한 동시에 비윤리적일 수 있다. 특별히 그리스도를 믿을 때 그 공동체에서 추방, 거부, 박해, 고난을 당할 수 있는 상황이라면 그리스도를 따르는 헌신의 결과가 무엇인지 해당 아이의 이해 수준과 성숙 정도에 따라 분명하게 알려주어야 한다.

전략적인 어린이 선교

4/14 창이라는 개념과 그리스도를 믿기로 결단하는 대부분의 사람이 4세에서 14세 사이의 어린이들이라는 사실을 앞에서 이야기했다. 10장의 내용을 통해 이제 4/14 창이 10/40 창 개념의 파생 개념이라는 사실을 알게 되었을 것이다. 물론 이것은 의도적이다. 나는 두 개념 모두 현대의 선교 전략가들에게 중요하다고 믿는다.

이 '창 안의 창'[3]은 교회와 선교뿐 아니라 교회의 미래를 위한 토대를 분명하게 드러낸다. 이 주제로 그리스도인들에게 강연을 할 때마다 나는 비공식적으로 다음과 같은 질문을 한다. "여러분 가운데 15세 생일이 되기 전에 그리스도를 따르겠다는 의미 있는 첫 결단을 한 사람은 몇 명입니까?" 그 결과는 이 중요한 선교학적 사실을 압도적으로 확인해준다. 비서구권 사람들을 대상으로 한 이 비공식적인 결과를 보면 일반적으로 50-70퍼센트가

---

[3] 이 부분의 내용은 필리스 킬번 편집, Children in Crisis: A New Commitment(Monrovia, CA: MARC, 1996), '4/14 Window: Child Ministries and Mission strategies'를 참고한 것이다.

이 질문에 긍정적으로 대답한다.

그리스도인이 된다는 것을 어떻게 규정하느냐에 따라 그 대답은 달라질 수 있다. 나이가 들수록 그리스도를 향한 믿음이 성숙해가기 때문에 많은 그리스도인은 신앙적 결단과 관련해 복합적 경험을 한다. 그러나 그럴 때는 무엇이라 말해야 하는가? "아마 복음의 수용성이 높은 이 시기에 그리스도인의 60퍼센트만이 그리스도를 따르기로 결단하거나, 또는 겨우 50-60퍼센트만 이러한 경험을 할 것이다." 이 말이 오늘날 선교 지도자들에게 시사하는 바는 무엇인가?

4/14 창 개념은 태국 파타야에서 열린 2004년 로잔 대회에서 다시 한번 그 중요성을 인정받았다. 그곳에서 전 세계 '예수 영화(Jesus film)' 상영을 총괄하는 책임을 맡은 폴 에쉘만(Paul Eschelman)은 1,700여 명의 대회 참석자들에게 15세 이전에 그리스도를 따르기로 처음 결단을 한 사람이 있다면 일어서보라고 요청했다. 그러자 참가자 가운데 최소 80퍼센트의 사람이 자리에서 일어났다.

- 4/14 창은 더 이상 단순한 구호가 아니라 확증된 사실이다. 다른 연구에 의하면 그리스도를 믿는 사람 가운데 무려 70퍼센트가 또래나 친구들에게 가장 중요한 영향을 받았다고 말한다. 이런 진술이 사실이라면 어린이와 청소년들은 가장 결실이 풍성한 선교지일 뿐 아니라 가장 효과적인 선교 주체이다.
- 성장하는 교회의 경우 새로운 회심자의 대부분은 18세 이하이다.
- 4/14 창을 선교 대상으로 삼으면 전략적 교회 성장과 어린이와 청소년들을 대상으로 한 리더십 개발이 이루어진다. 실제로 4/14 창은 유효한 개념이다. 따라서 전략적이고 진지한 선교 집단은 이 연령대에 더 많은 관심을 기울여야 한다.

어린이, 교회 성장, 리더십 개발

어린이들은 구호 관련 사역뿐 아니라 효과적인 선교 전략 개발과 관련해 선교학자들의 관심을 받을 당연한 권리가 있다. 교회 개척자들은 어린이 선교의 중요성을 인정한다. 그러나 어린이 사역이 그들의 부모에게 복음을 전할 문을 열어준다는 생각이 깔려 있는 경우가 너무나 많다. 물론 실제로 종종 그럴 때가 있지만 이런 이유로 어린이 사역을 진행한다면 아까운 자원을 그대로 사장시키게 된다. 어린이 사역은 하나님이 보시는 것처럼 어린이가 지닌 가치 때문에 이루어져야 한다. 그 과정에서 어린이와 어른이 모두 포함된 가족이 그리스도께 나아올 수 있다. 어린이는 미래의 교회이며 또한 오늘날의 교회이다.

그리스도인들은 세계 복음 전도 전략을 개발하고자 하는 열심 때문에, 때로 어린 그리스도인들이 지도자로 성장하기까지 기다릴 시간이 없는 것처럼 행동한다. 무척 근시안적인 생각이다. 우리는 교회를 키울 시간을 투자할 여유가 있음을 분명히 해야 한다.

오늘의 어린이들은 내일의 지도자들이다. 부모가 자녀들을 양육하는 데 최소한 18년이 걸리듯이 어린이 양육은 장기적인 과제이다. 미래의 기독교 리더십 발전을 위해 지금 기독교적 어린이 양육에 전략적이고 지속적인 투자를 해야 한다.

어떤 이들은 종종 어린이 사역을 상대적으로 덜 중대하게 여기거나, 2류 선교사들의 할 일인 양 치부하며 어린이 선교와 사역을 획일화하는 경향이 있다. 어린이 사역은 교회 성장을 가능하게 하고 새로운 기독교 리더십을 키우는 매우 효과적인 방법이며, 성인과 미전도 종족에게 복음을 전할 효과적인 방식이다. 그러므로 선교 기관과 선교 전략가들은 어린이와 청소년들을 무시하지 말아야 할 뿐 아니라 어린이 사역을 획일화해서도 안 된다. 어린이들은 하찮은 존재가 아니다. 선교 기관은 성인 편향적인 선교 전략을 재검토해야 한다. 어린이와 청소년들을 포함시킨 통전적 선교를 시도해야 한다.

선교의 주체, 어린이

4/14 창 개념은 선교 전략에 어린이를 포함시키는 것이 오늘날의 중대한 선교 사역이라는 의미를 내포하고 있다. 그러나 어린이들을 단순히 복음 전도와 선교 대상으로만 생각해서는 안 된다. 앞에서 본 것처럼 어린이는 종종 일반적으로 생각하는 것보다 더 놀라운 영적 가능성을 지니고 있다는 사실은 성경뿐 아니라 우리의 경험으로도 알 수 있다. 어린이는 그 삶으로 하나님의 말씀을 듣고 순종할 수 있으며 다른 사람을 사역할 수 있다. 성경에서 어린이는 신앙 공동체의 어엿한 일원으로 참여하고 있다. 어른이 주축인 제도들이 실패할 때 어린이가 하나님의 도구로 선택되고 사용된 경우는 수없이 많다. 피트 호만(Pete Hohmann)은 이렇게 말한다.

> 어린이는 놀라운 영적 능력을 지니고 있다. 하나님을 기쁘시게 해드릴 수 있고 하나님의 음성을 듣고 순종할 수 있다. 다른 사람을 섬길 수 있다. 그러나 이런 일들을 할 능력을 갖추기 위해 어린이는 어른을 의지한다. 우리는 어린이의 영적 능력에 대한 비전 부족으로 실제로 어린이들의 영적 성장에 해를 끼치거나 그것을 저해시키는 일을 한다. 어린이들은 꿈꾸는 자들이다. 이상주의자이며 늘 더 나은 미래에 대한 믿음을 잃지 않는다. 예수님이 우리에게 어린아이와 같이 되라고 말씀하신 것이 전혀 놀랍지 않다. 하나님은 어린이를 통해 그의 놀라운 뜻을 이루시곤 한다.[4]

---

[4] 피트 호만, Kids Making a Difference(Instant Publisher, 2004). 출간 전 원고에 관한 답신에서.

이미 보았듯이 하나님은 정말 중대한 과제를 어른에게 맡길 수 없으실 때, 어린이를 그 메신저나 도구로 사용하는 일을 주저하지 않으셨다. 하나님은 어린이들이 그의 영광을 가로채지 않으리라는 것을 아시는 것 같다. 어린이들이 그의 음성을 듣고 있음을 아신다.

하나님은 관용을 베푸셔야 할 때 어린이를 선택하셨다. 성경을 보면 하나님이 중요한 일을 하고 계실 때 거의 항상 어린이들이 언급되고 있음을 알 수 있다. 예수님이 5천 명을 먹이셨을 때의 일이다. 수많은 방법으로 그 일을 할 수 있었지만 주님은 어린 소년을 사용해 그 일을 하셨다. 아마 아이들을 존중하는 것을 보여주시고, 하나님께 가진 것을 전부 드리면 누구도 상상할 수 없는 수준으로 그것을 수백 배, 수천 배 늘릴 수 있음을 보여주시려 한 것이 아니었을까 싶다. 어린 소년이 집으로 돌아갔을 때를 상상할 수 있는가? 분명히 소년의 이야기를 들은 어머니는 "점심은 어땠니? 그리고 다시는 터무니없는 이야기를 지어내지 말거라"라고 말했을 것이다.

하나님은 누군가의 헌신을 시험하실 때 어린아이를 사용하셨다. 베드로가 대제사장의 뜰에 있을 때 그의 믿음을 시험한 첫 사람은 어린 여종이었다. 주님은 "베드로에게 성공할 기회를 줄 것이다"라고 말씀하셨을 것이 분명하다. 아이와 믿음을 나눌 수 없다면 누구와 그 믿음을 나눌 수 있겠는가? 이 어린 여종은 "당신은 그의 제자 중 한 사람이 아닌가요?"라고 물었다. 그리고 베드로는 그 시험을 통과하지 못했다. "아니, 아니란다. 아가야. 난 그의 제자가 아니다."[5]

어린이는 여전히 도전을 받을 필요가 있다. 주일학교 교사들의 사역을 살펴보면 하나님이 어린이들을 어떻게 축복하시는지 알 수 있다. 하지만 실제로 어린이들이 복음을 전하도록 그들을 준비시키거나, 봉사와 선교에 대

---

5 웨스 스태포드 박사

해 도전하는 노력은 거의 이루어지지 않는다.

  내가 태어난 날, 아버지가 나를 품에 안고 언젠가 선교사가 되게 해달라고 기도를 드리셨다는 이야기를 들었다. 아버지는 여섯 명의 자녀를 두고 모두 똑같은 기도를 드렸고, 이것이 일종의 가족 전통이 되었다. 때로 아시아 선교대회에서 강의를 할 때, 아시아 부모들에게 어린 자녀를 안고 선교사가 되게 해달라고 기도하는 이들이 얼마나 되느냐고 묻곤 한다. 그리고 그런 질문에 자신 있게 대답하는 사람은 극소수에 지나지 않는다. 오히려 그런 질문 자체가 충격으로 받아들여질 때가 훨씬 많다. 자녀들이 어떻게 그런 위험하고 고된 일을 하게 해달라고 기도할 수 있다는 말인가? 그러나 부모가 그런 기도를 드린 아이는 어린 시절에 그런 꿈을 갖도록 양육받고 실제로 그런 헌신을 하는 경우도 매우 많다.

어린이에게 선교의 열정을 심어주자는 〈아빠 아직 우리가 거기 있나요?〉라는 제목의 탁월한 저서에서 실비아 포스는 어린이들을 선교에 활용하고 참여시키기 위한 제안을 소개한다.

- 어린이는 다른 사람들을 격려하는 능력이 뛰어나다.
- 어린이는 베풀고 섬기는 능력이 뛰어나다.
- 어린이는 믿음을 다른 사람들에게 전하는 법을 배울 수 있다.
- 어린이는 선교 여행을 갈 수 있다. 많은 교회와 가정은 팀으로 선교 여행을 갈 때 어린이들을 동반한다. 어린이들은 봉사하고 기도하고 돕는 법을 배운다. 가능하다면 미전도 종족 지역으로 아이들을 데려가라. 그런 경험을 통해 그들의 인생에 영원한 변화가 일어날 수 있다.

어린이는 보통 그들에 대한 어른들의 믿음을 저버리지 않는다. 나는 아들에게 늘 "네가 생각하는 그대로 될 거야"라고 말하곤 했다. 많은 어린이와 청소년이 기독교를 지루하고 따분하게 생각한다. 어떤 아이들은 신앙을 행동으로 실천할 기회가 없었기 때문에 이런 생각을 하기도 한다. 성경에서 배운 교훈과 믿음을 테스트할 기회가 없어서 의미 있게 자기 자신의 신앙으로 통합시키지 못했기 때문이다.

어린이와 청소년(4/14 창 세대)은 많은 잠재력을 지니고 있다. 밤방 부띠얀토 박사는 그들을 때묻지 않은 청정에너지이자 미개발 선교 자원이라고 말한다.[6] 어린이와 청소년은 도전받기를 좋아한다. 그러나 오늘날 교회는 어린이 선교라고 하면서 어린이를 도전하고 훈련으로 준비시키는 것보다 재미있고 즐겁게 해주는 데 치중하고 있다. 우리는 "이렇게 재미있게 놀도록 하면서 아이들이 정작 해야 할 일과 배워야 할 일을 막고 있지는 않는가?"라는 질문을 해보아야 한다.

알렉스와 브렛 해리스(Alex and Brett Harris)는 십대 후반에 〈벅찬 일에 도전하기〉(Do Hard Things)라는 제목의 책을 썼다. 해리스는 이렇게 꼬집는다. "착한 십대라는 인정을 받으려면 마약이나 술, 난장 파티만 안 하면 된다. 그러나 해서는 안 되는 일만 제대로 알면 다 되는가?"[7]

윌리엄 데이먼(William Damon) 박사는 이렇게 지적한다.[8]

일부 어른들이 생각하는 것과 달리 어린이와 청소년들은 실제로 여섯 시간의 학교 일과를 마치고 집으로 돌아와 텔레비전 앞에 앉아 '하루 동안 쌓인 스트레스를 풀' 필요가 없다. 정말 필요한 것은 그들이 가치 있는 일에 모든 에너지

---

[6] Emerging Missions Movements(Colorado Springs, Co: Compassion. 2010) 중 밤방 부띠얀또 'Children: New Energy in Mission', 47쪽.
[7] 알렉스 해리스와 브렛 해리스, Do Hard Things(Colorado Springs, Co: Multnomah Books, 2008), 97쪽.
[8] 같은 책, 86쪽.

를 쏟아부으며 즐거운 마음으로 스스로를 확인하는 것이다… 우리는 어린이들의 능력을 계획적으로 과소평가함으로써 성장 잠재력을 제한시킨다. 어린이들에게 남을 섬길 수 있다는 기대를 하지 않음으로써 그들이 사회적이고 개인적인 책임감을 기를 기회를 빼앗고 있다… 역설적인 사실은 아이들에게 자신의 한계를 넘어서는 인생의 목적을 심어주면 남을 섬기는 자세가 길러지고, 그것은 자신에 대한 더 확고한 믿음으로 이어져 긍정적 사회 변화에 크게 공헌할 수 있게 된다는 것이다.

선교적 세계관 심어주기

지니 다니엘스(Gene Daniels) 박사에게 전화를 받은 날을 절대 잊지 못할 것이다. 다니엘스 박사는 인도의 회심자들에 대한 연구를 하고 있었다. 그는 한 지역에서 약 6,000명의 반자라족(인도 중부의 민족 집단)이 그리스도를 영접하는 결단을 했다는 사실을 발견하고 어떻게 그런 일이 가능한지 조사에 착수했다. 그는 이전에 컴패션의 후원을 받은 약 30명의 전도자가 반자라족에 큰 영향력을 미치고 있다는 사실을 발견했다. 이는 컴패션이 인도에서 가장 가난한 집단을 지속적으로 도운 결과이기도 했지만, 한때 어린이와 청소년이었던 그들이 스스로 매우 효과적인 선교사가 되도록 도움을 주었기 때문이다.

피트 호만은 어린이들에게 선교적 세계관을 심어주어야 한다고 말한다. 다시 말해 어린이들이 하나님의 뜻이라는 렌즈로 주변 세계를 바라보도록 도와야 한다는 것이다. 그는 이렇게 주장한다. "온 세상에 그 이름을 알리게 하라는 모든 성도를 향한 하나님의 명령보다 어린이에게 줄 수 있는 더 위대한 인생의 목적은 없다. 이것은 성경이 명시한 목적이다. 그러므로 우

리 아이들에게 마땅히 전해주어야 한다."⁹

> 아이들에 대한 우리의 비전이 지나치게 미래 지향적인 경우가 많아서 현재 어린이들이 가진 거대한 영적 능력을 간과하게 된다. 피트 호만은 하나님이 어른과 마찬가지로 어린이의 마음속에 동일한 성령을 주셨고 아이들에게 강력한 기름부음을 주시고 만지기를 원하신다고 말한다.

어린이는 다른 사람을 위해 기도하는 일에 효과적인 도구가 될 수 있다. 어린이는 진지한 믿음과 수용적인 태도를 갖고 있기에 기도로 변화를 이루어내는 일을 훌륭하게 감당할 수 있다. 1997년 남아프리카 프레토리아에서 열린 세계 복음화 대회에서 가장 놀라운 순간을 하나 꼽는다면, 어린이들이 모든 대회 참가자를 위해 뜨겁고 확신에 차서 기도를 드리던 장면이다. "어린이들은 특유의 진지한 믿음과 수용적 태도 때문에 기도로 변화를 이루어내는 일을 훌륭하게 감당하고 있다… 어린이들은 구체적으로 사고하기 때문에 하나님은 종종 그들이 기도할 때 그 마음에 그림을 보여주심으로 그 뜻을 전해주신다."¹⁰ 에스더(Esther)와 그가 설립한 에스더 네트워크는 기도 용사로서의 어린이의 역할을 상세히 전하고 기록하는 일을 하고 있다.¹¹

어린이는 그 믿음을 다른 사람들에게 전할 수 있다. 때로 어른들보다 더 담대하게 복음을 전하는 경우도 적지 않다. 필리핀 산타 메사의 빈민가에

---

9 피트 호만, The Great Commissay Kids(Springfield, MO: Boys and Girls Missionary Crusade, 1997), 21쪽.
10 같은 책.
11 에스더 일니스키, Let the Children Pray(Ventura, CA: Regal, 2000).

사는 열두 살 소녀 패트리샤(Patricia)가 좋은 사례이다. 그녀가 사는 지역은 날로 수가 늘어나는 도둑, 강도, 매춘부들의 본거지로 악명 높았다. 패트리샤는 산타 메사 어린이들이 이런 환경에서 부정적인 영향을 받는 것을 보았다. 그녀는 5세에서 10세에 이르는 근방 아이들을 대상으로 매주 성경 공부 모임을 갖기 시작했다. 소녀는 자신이 하는 일을 이렇게 간단히 설명한다. "그 아이들이 자라 범죄자가 되지 않고 예수님을 섬기는 사람이 되기를 바라거든요."

패트리샤의 사례가 보여주듯이 어린이는 복음을 통해 지역 사회를 섬김으로 주변 세상을 변화시킬 수 있다. 지역 내 아웃리치는 어린이들이 그 인격을 함양하는 살아 있는 완벽한 교실이다. 어린이는 이런 과정에서 평소 지닌 생각과 신념을 검증할 수 있고, 무엇이 옳고 누가 진정한 능력을 가진 분인지 알게 된다.

어떻게 하면 어린이들에게 선교적 세계관을 심어줄 수 있는가? 어떻게 하면 아이들이 이해할 수 있도록 선교에 관한 개념들을 전달할 수 있는가? 아이들은 세계를 향한 하나님의 뜻으로 진정한 변화를 이루어낼 수 있음을 어떻게 이해할 수 있는가? 그 한 가지 방법은 잔 벨(Jan Bell)이 '아이들은 변화를 이루어낼 수 있다'에서 개발한 'P'로 시작되는 열 가지 단어를 가르치는 것이다.

- Purpose(목적): 하나님의 목적은 그 이름을 온 세상에 알리는 것이다.
- Power(능력): 하나님은 그 능력을 사람들에게 보이심으로 그 이름을 알리신다.
- People(사람): 하나님은 모든 사람이 그를 알기 원하신다.
- People-Moving(사람들의 활동): 온 세상 사람들은 늘 움직이고 있다. 이로 인해 그들

의 삶의 필요가 생긴다.

- Passport to the World(세상으로 가기): 하나님은 항상 온 세상으로 가라고 자기 백성에게 말씀하셨다. 하지만 먼저 세상이 어떤 곳인지 알아야 한다.
- Preparation(준비): 세상으로 들어가기 전에 준비가 필요하다.
- Possessions(소유): 소유는 시간, 재능, 돈, 물질을 말한다. 우리는 단순히 우리 자신만을 위해서가 아니라 하나님의 선교를 위해 그것들을 사용해야 한다.
- Projects(프로젝트): 우리는 바로 지금 행동하고 실천해야 한다.
- Partnership(하나님과의 동역): 온 세상에 그 이름을 알리는 일에 하나님과 동역한다.
- Proclamation(진리 선포): 세계의 절반은 아직 예수님을 모른다.

어린이는 세계 선교에 참여함으로써 세상을 변화시킬 수 있다. 우리 아이들에게 성경적 세계관을 심어주지 않으면 사회는 자기만족이라는 거짓된 세계관을 심어줄 것이다. 성경에 나타난 하나님의 뜻은 온 족속과 방언과 민족에게 그 이름을 알리는 것이다.

어린이에게 선교의 열정을 심어주자는 내용의 〈아빠 우리 아직 거기 있나요?〉라는 책에서 실비아 포스는 아이들이 중요한 무엇인가의 일부라는 자부심을 갖도록 돕기 위해 다음과 같은 방법을 제안한다.[12]

- 실제적인 사역 기술을 개발하도록 도우라. 어린이들이 경청, 기도, 격려, 관용과 같은 기술을 개발하도록 도와줌으로써, 세상 어디에 살든지 다른 사람들을 실제로 돕고 섬길 수 있도록 하라. 어린이가 참여하

[12] 같은 책, 203쪽.

는 프로젝트가 걸음마 단계라도 의미를 부여함으로 아이들이 자신보다 더 큰 무엇인가의 일부임을 느끼게 해주라.

• 어린이에게 현실 세계에 관한 실제적인 정보를 알려주라. 아이들이 세계가 안고 있는 복합적인 문제들을 다 이해할 수는 없다. 하지만 시간이 흘러도 뽑히지 않는 진리의 씨앗을 이른 시기에 심어줄 수 있다. '다른 나라의 어린이들은 모두 다 가난하다', '선교사들은 영국이나 미국 사람들밖에 없다', '우리나라는 다른 나라들보다 더 신실한 기독교 국가이다', '세상에 복음이 이미 다 전파되었다'와 같은 잘못된 정보를 주지 않도록 조심하라. 물론 아이들과 함께 일하는 사람이 먼저 정확한 지식을 갖추고 있어야 할 것이다. 그래야 건강하고 정직한 정보를 전달해줄 수 있다.

• 어린이가 주도적으로 프로젝트를 발굴하고 진행해보는 경험을 하도록 도우라. 특별히 아이들은 열 살쯤 되면 스스로 세상의 필요를 충족시키는 일에 도움이 되고 싶다는 마음을 품게 된다. 미리 계획한 선교 프로젝트 등이 좋은 방법이 될 수 있다. 기도 카드, 영상, 프로젝트 아이디어 등을 제공해주라. 그러나 어느 시점이 되면 아이들은 선교사들이나 세계의 어려운 사람들을 돕는 프로젝트를 스스로 진행할 준비가 될 것이다. 하나님의 인도하심을 위해 기도하고 들으며 마음으로 순종하는 법을 배우도록 도와주라.

• 기독교적 봉사와 섬김과 다른 봉사나 섬김이 어떻게 다른지 가르쳐주라. 학교의 이웃돕기 프로젝트와 기독교적 프로젝트는 달라야 한다. 예수님의 사랑이 다른 사랑과 어떻게 다른가? 우리가 예수님의 사랑을

전하고 있음을 사람들이 어떻게 알 수 있는가? 기독교 프로젝트가 다른 이유는 기도로 그 일을 하기 때문이고, 장기적으로 지속될 섬김의 헌신이기 때문이며, 섬김을 위해 기꺼이 희생을 감수하고 사람들이 예수님에 대해 스스로 듣도록 돕기 때문이다. 이런 내용에 대해 함께 이야기해보라.

피트 호만은 이렇게 말한다. "어린이들이 사역을 하도록 준비시키기 위해서는 많은 노력이 필요하다. 하지만 그렇게 하지 못할 이유가 어디 있겠는가? 다른 사람을 돕는 아이들은 그 믿음을 자랑스럽게 여기고 자부심을 느낀다. 실제적인 생생한 경험(인생의 교실)을 통해 하나님에 대해 증명된 지식을 갖게 된다. 이런 경험들은 그 인격의 초석이 된다. 다른 사람을 돕는 어린이는 또한 자신보다 더 위대한 인생의 의미를 찾게 된다."[13]

나는 도무지 따라가지 못할 정도로 적절한 지적이다.

---

[13] 피트 호만, The Great Commissary Kids, 21쪽.

묵상과 토론을 위한 질문

1_ 타문화권에서 어린이 복음 전도와 관련해 유의해야 할 다섯 가지 사항을 생각해보라. 이런 주의 사항을 무시하고 있는 상황을 알고 있는가? 이야기해보라.

2_ 타문화권 어린이에게 복음을 전하는 윤리와 관련된 다른 주의 사항이 있다면 두 개 이상 이야기해보라.

3_ 어린이와 청소년을 위한 선교와 사역이 좋은 선교 전략이 될 수 있는 이유를 최소한 다섯 가지 이야기해보고 토론해보라.

4_ 당신이 속한 교회나 선교 기관 혹은 현재 선교에 4/14 창 개념이 지니는 의미는 무엇인가?

5_ 앞에서 소개한 'P'로 시작되는 열 개의 단어 가운데 지금 알고 있는 어린이들에게 선교를 설명해줄 때 가장 효과적이라 생각되는 세 단어는 무엇인가? 그 이유는 무엇인가?

6_ 선교 자원으로서의 어린이와 청소년에 대한 경험이 있다면 이야기해보라. 어린이가 어떻게 해서 선교에 관여하거나 기여하는지 보았는가? (혹은 들었는가?)

5부

어린이 권리 옹호 활동

Child, Church and Mission

　마지막 단원은 권리 옹호 활동의 개념을 살펴보는 것으로 시작하고자 한다. 권리 옹호 활동이란 권리가 침해당하거나 그 목소리를 들어주지 않는 사람이나 대상을 대신해 권한과 책임을 가진 누군가에게 호소하는 것을 일컫는 법적 용어이다. 권리 옹호 활동을 수행하는 방식은 아주 다양하다. 여러 방식으로 누군가를 대변할 수 있다. 때로 옹호자는 목소리가 크고 공격적이다. 본서에서는 특별히 비적대적 관점에서 그리스도인들의 옹호 활동의 수단이 무엇인지 살펴볼 것이다.

　전 세계 어린이 옹호 활동가들이 사용하는 한 가지 주요한 도구는 유엔에서 생산하고 세계 대부분 국가들이 비준한 아동권리협약, 즉 CRC(Convention on the Rights of the Child)이다. 이 협약은 대단히 유명하기 때문에 많은 기관이 어린이 사역의 출발점으로 사용한다. 교회 역시 이 내용을 숙지하고 각 조항과 장점과 약점을 잘 알고 있어야 할 필요가 있다. 그런 이유로 13장에서는 이 도구의 유용한 측면들이 무엇인지 살펴보고, 성경적 관점에서 일부 그리스도인이 제기한 문제점을 살펴볼 것이다.

　권리 옹호 활동은 네트워킹이 동반되어야 한다. 어린이들의 필요에 부응하는 일에 세계 교회의 협력이 중요함을 살펴보았다. 그러나 어린이를 돌보는 교회와 사역 기관 가운데 상당수가 대부분 독자적으로 활동하고 있다. 그러므로 이 책을 마무리하면서 효과적이고 광범위한 네트워크를 구축하는 일이, 사역 기관이 서로를 격려하고 노력을 결집하며 중복을 피하는 데 얼마나 큰 도움이 되는지 살펴볼 것이다. 모두 어린이 사역과 선교에 대한 현재와 미래의 영향력을 극대화하는 데 중요한 부분들이다.

12장
비적대적 권리 옹호 활동

> "너는 말 못하는 자와 모든 고독한 자의 송사를 위하여 입을 열지니라
> 너는 입을 열어 공의로 재판하여 곤고한 자와 궁핍한 자를 신원할지니라."
> _ 잠언 31:8-9

권리 옹호(advocacy)란 원래 법조계에 몸담은 사람들이 하는 일이다. '애드보커시'란 '대변하다, 대신 행동하다, 다른 사람 앞에서 누군가를 옹호하다'라는 뜻으로 하나님의 백성이라면 반드시 해야 하는 일이다. 이것은 가난한 사람이나 목소리를 낼 수 없는 사람들을 대신해 사람과 정책과 구조에 영향을 미치고 그것들을 변화시키려는 노력이다.

부정의를 고발하고, 가난한 사람들의 권익을 옹호하며, 권력을 가진 사람들에게 책임을 요구하고, 사람들이 스스로를 위해 목소리를 낼 수 있도록 힘을 실어주는 방식으로 옹호 활동을 하는 것은 교회가 해야 할 역할이다. 성경을 보면 하나님은 그리스도인들이 가난한 자들에게 관심을 갖고 그들 대신 목소리를 높이라고 요구하신다.

이런 기대는 구약 시대부터 신앙 공동체에게 요구되는 하나의 역할이었다. 잠언 31장 8-9절은 "너는 말 못하는 자와 모든 고독한 자의 송사를 위하여 입을 열지니라 너는 입을 열어 공의로 재판하여 곤고한 자와 궁핍한 자를 신원할지니라"라고 말한다. 예레미야애가 2장 19절은 "초저녁에 일어나 부르짖을지어다 네 마음을 주의 얼굴 앞에 물 쏟듯 할지어다 각 길 어귀에서 주려 기진한 네 어린 자녀들의 생명을 위하여 주를 향하여 손을 들지어다"라고 말한다. 모세의 율법의 일부인 신명기 10장 17-18절에서는 "너희의 하나님 여호와는 신 가운데 신이시며 주 가운데 주시요 크고 능하시며 두려우신 하나님이시라 사람을 외모로 보지 아니하시며 뇌물을 받지 아니하시고 고아와 과부를 위하여 정의를 행하시며 나그네를 사랑하여 그에게 떡과 옷을 주시나니"라고 말한다.

모세는 옹호 활동에 익숙한 사람이었다. 하나님이 이스라엘 백성을 애굽의 노예 생활에서 이끌어내실 때 원망하는 그들을 대신해 수없이 중재를 해야 했다. 출애굽기 32장 10-14절은 그러한 예 중 하나이다.

"그런즉 내가 하는 대로 두라 내가 그들에게 진노하여 그들을 진멸하고 너를 큰 나라가 되게 하리라 모세가 그의 하나님 여호와께 구하여 이르되 여호와여 어찌하여 그 큰 권능과 강한 손으로 애굽 땅에서 인도하여 내신 주의 백성에게 진노하시나이까 어찌하여 애굽 사람들이 이르기를 여호와가 자기의 백성을 산에서 죽이고 지면에서 진멸하려는 악한 의도로 인도해 내었다고 말하게 하시려 하나이까 주의 맹렬한 노를 그치시고 뜻을 돌이키사 주의 백성에게 이 화를 내리지 마옵소서 주의 종 아브라함과 이삭과 이스라엘을 기억하소서 주께서 그들을 위하여 주를 가리켜 맹세하여 이르시기를 내가 너희의 자손을 하늘의 별처럼 많게 하고 내가 허락한 이 온 땅을 너희의 자손에게 주어 영원한 기업이 되게 하리라 하셨나이다 여호와께서 뜻을 돌이키사 말씀하신 화를 그 백성에게 내리지 아니하시니라."

구약의 지도자가 옹호자가 된 또 다른 사례는 아브라함이 사악한 소돔과 고모라를 대변한 사건이다. 창세기 18장 23-32절은 이렇게 기록하고 있다.

"아브라함이 가까이 나아가 이르되 주께서 의인을 악인과 함께 멸하려 하시나이까 그 성 중에 의인 오십 명이 있을지라도 주께서 그 곳을 멸하시고 그 오십 의인을 위하여 용서하지 아니하시리이까 주께서 이같이 하사 의인을 악인과 함께 죽이심은 부당하오며 의인과 악인을 같이 하심도 부당하니이다 세상을 심판하시는 이가 정의를 행하실 것이 아니니이까 여호와께서 이르시되 내가 만일 소돔 성읍 가운데에서 의인 오십 명을 찾으면 그들을 위하여 온 지역을 용서하리라"(23-26절).

신약에서는 예수님이 직접 어린이들과 가난한 사람들의 옹호자로 종종 나서시는 모습을 보여준다. 어린이를 가운데 세워주신 일(마 18:1-3), '죄지은 여자'가 기름 바르는 것을 허용하신 일(눅 7:36-50), 우물가에서 부도덕한 여자와 대화를 나누신 일(요 4:5-29)에서 보듯이 주님은 사람들의 옹호자를 자처하셨다. 제자들을 부르신 직후 누가복음은 예수님이 가난한 자들과 사회에서 버림받은 자들에 대해 일곱 차례에 걸쳐 옹호를 위한 대면을 하셨다고 기록한다(5-8장).

비적대적 방법을 이용한 권리 옹호 활동

누구든지 옹호자가 될 수 있다. 반드시 전문가일 필요는 없다. 옹호자는 강한 신념을 가진 사람이며 동일한 방식으로 다른 사람에게 영향을 미치기 위해 적극적으로 활동하는 사람을 말한다. 부당함을 겪은 사람이 직접 옹호 활동을 할 수도 있고 누군가 대신 그 일을 하는 경우도 있다. 많은 어린이 옹호 기관들은 구체적으로 어린이들에게 유익한 방향으로 법을 바꾸거나 제정하도록 공공 정책이나 정부 기구를 구체적인 대상으로 삼는다. 이러한 방법은 전 세계 어린이들에게 큰 도움이 되며, 어린이 권리 옹호 활동의 중요하고 실제적인 한 요소이다.

보다 공격적인 형태의 옹호 활동은 구체적 행동이나 행동주의를 표방한다. 그 방법으로는 정부 관리나 법과 정책을 만드는 사람들에게 압력을 가하는 활동이 포함된다. 시위, 행진, 현수막 걸기, 공공장소에서 고발하기 등으로 활동이 이루어지기도 한다. 때로는 사보타주나 다른 방해 작전으로 관련 시설에 접근하지 못하도록 막는 행동도 동원된다. 그러나 이런 가시적이고 과격한 옹호 활동은 종종 아이들에게 영향을 미치는 사안 자체보다 그 행위 자체에 더 관심을 갖도록 할 때가 많다. 비적대적 권리 옹호 활동 전략과 실천을 권장하는 이유가 바로 그 때문이다.

비적대적 권리 옹호 활동으로는 약자의 목소리를 대변하거나 당사자들이 목소리를 높여 경각심을 일깨우도록 돕는 것이 포함된다. 또한 사람들에게 관련 사실과 구체적 수치를 알리고 도전하는 것뿐 아니라 변화를 위해 구체적으로 요청하는 것도 권리 옹호 활동의 일종이다. 경험을 활용해 사람들이 변화를 이루어내도록 돕고 그 변화를 이루어낼 의지가 있는 사람들을 훈련하고 준비시키는 것도 권리 옹호 활동이라 할 수 있다. 기도, 교육, 조사, 훈련, 격려, 연대, 그 외 해당 사안을 알리고 다루는 여러 수단은 거의 항상 권리 옹호 활동에 포함되어야 한다.

권리 옹호 활동은 무엇인가?

권리 옹호 활동은

- 계속된 질문을 통해 문제의 근원을 파악한다.
- 약자들이 힘을 갖도록 도와주고 스스로 무력감을 느끼는 사람들이 이미 가지고 있는 힘을 깨닫도록 도와준다.
- 교육: 약자의 역량을 강화시켜준다.
- 압제로 고통당하거나 불공정 대우를 받는 사람들을 위한 정의를 실현한다.
- 스스로를 대변하지 못하는 사람들을 대변하거나 그들이 스스로 목소리를 내도록 도와준다.

* 그래함 고든(Graham Gordon)의 〈옹호 활동의 이해〉(Understanding Advocacy) (Teddington, UK: Tearfund, 2002), 30쪽.

비적대적 권리 옹호 활동의 방법

비적대적 권리 옹호 활동을 할 수 있는 방법은 많다. 이번에 소개할 방법은 관심의 초점을 흐트리기 쉬운 과격한 방법을 지양하고 어린이 권리 옹호 활동에 필요한 사안 자체에 초점을 맞춘 것이다.

기도는 아주 확실한 권리 옹호 활동의 한 방법이다. 기도는 권리를 짓밟히거나 그 목소리를 내지 못하는 사람들, 우리의 경우는 어린이들을 대신해 권력자(하나님)에게 호소하는 것이다. 예레미야애가는 "초저녁에 일어나 부르짖을지어다 네 마음을 주의 얼굴 앞에 물 쏟듯 할지어다 각 길 어귀에서 주려 기진한 네 어린 자녀들의 생명을 위하여 주를 향하여 손을 들지어다"(2:19)라고 말한다.

그렇다면 아이들을 위해 기도로 손을 들 때마다 우리는 그들의 옹호자가 되는 것이다. 전략을 준비하는 단계이든 실행 단계이든 우리는 주님이 우리 활동에 함께해주시기를 원하며 또 그렇게 해주셔야만 한다. 우리의 옹호자이신 성령님은 우리 대신 기도하시며 우리 대신 하나님 앞에서 우리를 대변해주신다.

비전 제시는 사람들이 나와 같은 방식이나 다른 시각으로 현실을 보도록 초청함으로 권리 옹호 활동의 범위를 넓히는 역할을 한다. 나는 "네 눈을 들어 사방을 보라"(사 49:18)라는 이사야서의 훈계를 늘 마음에 되새긴다.

비전 제시는 어린이 사역의 성경적 근거(대위임 명령)를 교인들에게 가르치는 것과, 가난과 인간 개발의 성경적 시각을 가르치고 나누는 것을 포함한다. 또한 종종 어린이들의 필요, 방치된 현실, 양육에 대해 가르치고 알리는 것을 의미할 수 있다. 가난에 시달리는 어린이가 직면한 어려움의 성격과 범위, 어린이의 잠재력, 어린이들의 훈련과 양육에 대한 교회와 기독교 공동체의 역할, 교회와 기독교 공동체의 현재 대처 수준을 알리는 것도 포함된다.

대변하기는 어린이들의 필요를 알릴 기회를 찾아내고, 적극적으로 만들어내며, 교회의 행동을 촉구하는 것을 의미한다. 또 아이들을 보호하고 양육할 책임이 있는 사람들에게 도전하기 위해 목소리를 대신 내는 것을 의미할 수도 있다.

물론 권리 옹호 활동은 단순히 어린이들에 대해 목소리를 내는 것에 국한되지 않는다. 대변해야 할 내용이 무엇인지 알기 위해 조사 연구가 병행되어야 한다. 조사 연구는 어린이들의 필요와 방치 상태, 양육, 즉 세계 어린이들이 직면한 도전과 위협의 성격과 범위를 제대로 파악하는 데 필요하다. 어린이 양육이 시행될 상황과 가난의 근본 원인인 부당함, 착취, 절망, 근대성과 탈근대성의 영향을 알 수 있다. 관련 어린이/청소년 법과 어린이 양육의 현재적 이론과 실제, 세계적인 어린이 관련 사안들도 이런 조사 연구로 드러난다. 어린이 양육에 관한 기존 문헌과 각국에서 이용할 수 있는 문헌을 적극적으로 활용한다.

네트워크 구축은 개인과 기관이 모범 사례를 배우고 지속적인 동기부여와 격려를 받으며, 어린이 양육 노력 계획을 강화하는 데 도움이 된다. 더 나은 효과를 얻기 위해 모범 사례를 공유하고 협력하는 것을 포함한다. 대부분의 경우, 네트워크를 구축하는 일은 국가적이고 국제적인 어린이 개발 기관과 그들의 프로그램에 대한 정보 공유가 포함된다.

관련 당사자들을 준비시키고 훈련하는 것은 비적대적 옹호 활동에 필요한 또 다른 전략적 도구이다. 기독교 전인적 어린이 양육의 전문 지식과 자원, 성경적 기초, 프로그램 운영과 자원을 가진 사람들은 서로 공유할 수 있다. 그리스도인들이 협력할 수 있는 효과적인 방법은 어려운 어린이들에게 직접 영향을 미치는 영역에 대해 개인과 기관들을 훈련하고 준비시키는 기회를 마련하는 데서 찾을 수 있다.

권리 옹호 활동과 양육 사역의 병행

"아이에게 물고기를 한 마리 주면 하루를 먹일 수 있지만, 물고기 낚는 법을 가르치면 평생을 먹일 수 있다"라는 말을 들어보았을 것이다. 그러나 아이가 고기를 낚을 강가로 아예 접근이 봉쇄된 상태라면 어떻게 해야 하는가? 물이 완전히 다 오염되어 있다면 어떻게 되는가? 부자들이 아이에게 낚은 물고기를 강제로 빼앗아간다면 어떻게 되는가? 다른 요인들 때문에 사람들이 이미 가진 기술과 능력을 발휘할 기회가 원천 차단되었다면 어떻게 되는가? 종종 양육 사역은 문제의 근본 원인을 건드리지 않는다. 반면에 권리 옹호 활동은 가난, 착취, 부당함의 구조적 측면들을 다루므로 근본적인 문제들에 더 직접적으로 접근하는 경우가 많다.

권리 옹호 활동은 어린이 양육 사역의 예비 활동이 될 수 있다. 세례 요한은 예수님의 사역을 위한 전령 역할을 했다. 마찬가지로 권리 옹호 활동으로 당신의 교회가 어린이들의 필요와 어린이들이 직면한 사안들에 대한 깊은 이해에 기초한 중요한 어린이 양육 사역을 시행하도록 길을 예비해줄 수 있다.

권리 옹호 활동은 어린이 양육 프로그램을 강화해줄 수 있다. 갖고 있지 않은 것을 나누어줄 수는 없다. 어린이 양육 사역을 하는 많은 교회는 주인 의식 문제로 어려움을 겪는다. 어린이 선교와 사역의 비전에 대한 개념조차 제대로 파악하지 못한 이들도 있다. 이것은 부분적으로는 모판이 제대로 준비되지 않았는데 씨를 뿌렸기 때문이다. 옹호 활동은 교인들이 참으로 중요한 추수 활동에 그들이 일원으로 참여한다는 사실을 이해하는 데 도움을 줄 수 있다.

일부 어린이가 일상적으로 직면하는 위협을 설명하는 일이 항상 쉽지만은 않다. 서비스, 위생, 보건, 교육의 부족과 같은 제도적 문제들이 있다.

그들은 종종 부패한 정부, 군대와 경찰의 권력 남용으로 고통을 당한다. 차별과 그로 인한 학대는 매일 수백만 명의 어린이에게 영향을 주고 있다. 대부분 사람은 어린이 음란물, 어린이 인신 매매, 어린이 매춘 소식에 분노를 금치 못한다.

이 모든 추악한 문제를 보면 가난한 사람들 속에서 어린이 양육 사역을 하는 것에 대해 큰 부담감을 갖기 쉽다. 그러나 희소식을 전한다면, 안정적인 어린이 양육 사역으로 어린이 옹호자들이 제기한 모든 문제의 부정적 효과를 극복할 수 있다는 것이다. 어떤 면에서 권리 옹호 활동은 어린이 양육의 중요한 대변인인 셈이다.

권리 옹호 활동은 분명히 어렵고 위험한 일일 수 있다. 부패와 착취에 관련된 사람들은 그들의 잘못에 대해 개입하고 사람들의 의식을 일깨우고자 하는 일을 순순히 두고 보지 않을 수도 있다. '히트 앤드 런(hit and run)' 옹호 방식, 다시 말해 누군가를 대변한 후 그들에게 사후 처리를 하도록 방치하는 방법은 절대 유익한 전략이 아니다. 폭력, 고립, 추방, 불명예, 경제적 손실은 옹호자뿐 아니라 옹호의 대상이 된 사람에게도 매우 실제적인 위험 요소이다. 효과적인 옹호자라면 분명히 신중하고 지혜로우며 민감할 것이다.

컴패션의 권리 옹호 활동

컴패션은 권리 옹호 활동의 일반적 정의를 수용하지만, 공공 정책 영역에서의 어린이 옹호 활동에는 적극적으로 참여하지 않는다. 정부에 압력을 넣지 않으며, 법적인 제도의 개선을 추구하지도 않고, 전 세계적으로 동일한 일을 위해 협력하는 수많은 유엔 산하 기관과 연대하지도 않는다. 무엇보다 컴패션은 스스로를 어린이 옹호자로 규정한다. 컴패션이 하는 모든 행위와 발언은 어린이를 변호하고 중재하는 데 목적이 있다.

권리 옹호는 마음가짐(mind set)이다. 컴패션은 권리 옹호 활동을 교회의 모든 사역에 영향을 미칠 수 있는 마음가짐이라고 본다. 권리 옹호 활동에 대한 생각은 지역적이고 세계적 차원에서 어린이와 선교 문제를 논의하게 되고, 어린이 문제에 관한 각종 포럼에서 우리의 입장을 확실히 드러내게 된다.

자신을 어린이들의 옹호자라고 마음먹으면 시야가 확대되어 관리자로서 어린이를 섬길 뿐 아니라 그들의 권익을 대변하게 된다. 권리 옹호 활동을 이러한 시각으로 접근할 때 단순히 사역을 하나 추가하는 수준이 아니라 사역 전반을 확대하게 된다. 또한 세계의 가난한 어린이들을 옹호하는 다른 그리스도인의 사역을 개선시키고 향상시키도록 도울 수 있다.

어린이들의 옹호자로서 우리는 컴패션 가족 내부나 외부의 사람들이 효과적인 어린이 사역을 감당하도록 훈련하고 격려하기 위해 도전한다. 옹호 활동은 직원과 후원자의 중요한 한 자질이며 협력을 통한 양육의 핵심적인 부분이다.

컴패션에서 권리 옹호 활동이란 어린이들을 대신해 전 세계 기독교 공동체를 동원함으로써 어린이들의 권익을 위해 싸우는 것을 말한다. 여기에는 우리의 생각과 경험을 이용해 교회와 그 속의 교인들을 교육하고, 동기를 부여하며, 그들의 마음과 가슴과 전략에 변화가 일어나도록 하는 것이 포함된다. 우리는 교회를 기반으로 하며 비적대적인 방식을 사용한다. 전 세계 교회가 어려운 어린이들을 위해 더 깊이 개입하고 그 효과가 증대되도록 도전하는 것이 컴패션의 목표이다. 컴패션의 권리 옹호 사역은 다음과 같은 일을 추구한다.

1. 동기 부여: 교회와 개인이 어린이를 대변하는 일에 더 적극적으로 참여하도록 동기를 부여하고 훈련시킨다.
2. 준비 훈련: 어린이 사역 효과가 증대되도록 교회를 훈련하고 준비시킨다.
3. 영향력 확대: 어려운 어린이를 돕는 기존의 기독교 사역 기관들을 인정하고 격려하며, 다른 교회와 개인이 어려운 어린이들을 위한 사역을 더 효율적이고 적절하게 하도록 영향을 미친다.

컴패션 권리 옹호 활동의 개념적 확장

컴패션은 어린이 옹호 활동을 다음과 같이 정의한다. "컴패션의 어린이 권리 옹호 활동은 가난한 어린이들의 필요와 방치 상태, 양육과 잠재력에 관한 사람들의 의식을 고취시키는 사역으로서, 우리의 영향권 안에 있는 사람들이 어린이들을 대변하는 사역에 더 적극적이고 효과적으로 참여할 수 있도록 도전하고 돕는 것이다."

이런 개념 정의를 더 확장시키면 어린이 옹호 활동의 범위와 정도를 명확히 하는 데 도움이 될 수 있다.

권리 옹호(Advocacy): 컴패션에서 권리 옹호와 가장 확실한 동의어는 투사(champion)라는 표현이다. 우리는 빈곤에 처한 어린이들을 위해 싸우며 어린이 한 명 한 명을 위한 투사가 된다.

사역(Ministry): 우리의 사명 선언문은 우리가 옹호하는 기구로 존재한다고 선언하고 있다. 권리 옹호 활동은 우리의 존재 목적이자 방향을 특징짓는다.

인식 고취(Raising awareness): 홍보와 교육이라는 개인적이고 공적인 수단으로 사람들의 인식을 고취시킨다.

필요(Needs): 가난하면 기회와 선택의 결여뿐 아니라 어린이 양육의 수많은 장애물도 함께 찾아온다.

방치(Neglect): 방치의 개념에는 보호자가 어린이의 건강한 발달에 필요한 것을 제공하지 못하는 것뿐 아니라 수많은 형태의 학대, 억압, 부당함도 포함된다.

양육(Nurture): 어린이들은 건강하게 발달하도록 양육을 받아야 한다. 환경과 문화에 관계없이 가르치고 적용할 수 있는 적절한 어린이 양육의 기본 원리가 있다.

잠재력(Potential): 모든 어린이는 놀라운 잠재력을 갖고 있으며, 적절한 양육을 통해 이 잠재력을 발휘하도록 돕는다. 또한 어린이는 가족과 지역사회의 훌륭한 자원이다.

가난한 어린이(Children in Poverty): 우리가 섬기는 대상 집단은 가난한 어린이들이다. 어린이들은 사회에서 가장 약한 집단이다. 가난한 어린이들은 일반적으로 그 발달과 성장에 가장 심각한 장애물을 안고 있다.

도전하기(Challenging): 옹호 활동은 사람들이 행동하도록 도전한다. 우리는 비전을 제시하고 사람들이 그 비전을 실행하도록 돕는 일에 나서도록 도전한다.

능력 갖추기(Enabling): 퍼실리테이션, 훈련, 물질 제공으로 사람들이 더 효과적인 어린이 양육 사역을 수행할 능력을 갖추도록 돕는다.

우리의 영향권 안에 있는 사람들(Those within our influence): 우리는 컴패션의 영향권 안에 있는 사람들에게만 효과적일 수 있다. 컴패션과 가장 가까운 사람들(직원, 후원자, 기부자, 협력 교회)에 초점을 맞추고, 그 영향권 내의 사람들에게서 전 세계적 교회로 영향력을 더욱 확대하기 위해 노력한다. 정부나 관련 당국에 직접적 영향을 미치고자 시도하지는 않는다.

적극적 참여(Greater involvement): 단순히 가난한 어린이와 관련된 문제를 사람들에게 인식시키는 것이 아니라, 가난한 어린이들을 위해 더 적극적으로 행동하는 것이 목표이다. 우리는 현재 우리의 사역 현황과 다른 기관들의 사역 현황, 나아가 사람들이 참여할 수 있는 방법을 공유한다.

실효성(Effectiveness): 효과가 없는 활동은 무의미하다. 우리는 사람들이 최대한 중복을 줄이는 가운데 가장 효과적으로 개입하도록 도전하고 훈련한다.

옹호자의 역할

권리 옹호 활동을 위한 마음가짐이 있으면 일상생활 속에서 누구나 할 수 있는 일이 몇 가지 있다.[1]

---

[1] 컴패션 Child Advocacy에 대해 자주 묻는 질문을 참고함(Compassion International, 2004).

- 어린이들의 상황, 특히 자신의 지역에 속한 어린이들의 상황에 대해 지속적인 정보를 제공받는다.
- 전 세계의 어린이를 위한 제반 사역과 계획에 대해 가족, 교회, 지역 공동체를 교육한다.
- 가정과 교회와 지역 사회에서 어린이들의 가치를 존중하는 생활을 한다.
- 어린이에게 영향을 미치는 문제들에 대해 기도한다. 가능한 구체적으로 기도한다.
- 어린이들을 위해 일하고 그들을 돕는 사람들과 어떤 방법으로든 연대한다.
- 교회나 다른 어린이 대상 사역 기관을 지원하고 어린이들이 살기에 더 안전한 세상을 만드는 일에 동참하도록 사람들을 권면한다.

단순한 이런 제안들을 실행에 옮기면 옹호 활동의 강력한 토대가 마련된다. 무엇을 하든 권리 옹호 활동이 필요한 어린이들을 위한 적절한 단어 사용과 행동이 갖는 힘을 결코 과소평가해서는 안 된다.

1_ 성경의 인물 가운데 아브라함과 모세 외에 최소한 다른 두 명의 옹호자를 더 이야기해 보라.

2_ 누군가의 권리를 옹호한 행동을 통해 하나님의 뜻이 성취된 성경의 예를 간단히 설명해보라. 성경 구절과 이름과 지명 등 구체적인 내용을 곁들여 설명하라.

3_ 적대적 권리 옹호 활동의 장점과 단점을 몇 가지씩 이야기해보라.

4_ 교회가 적대적 권리 옹호 활동을 해야 할 경우가 언제인지 알 수 있는가? 그 이유는 무엇인가?

5_ 실제로 실행 중인 권리 옹호 활동 사례 두 가지를 이야기해보라. 각 사례에 대한 옹호 활동의 실효성에 대해 평가해보라.

유엔아동권리협약
(CRC)

***

"포학한 자를 부러워하지 말며 그의 어떤 행위도 따르지 말라."

_잠언 3:31

분명히 그리스도인과 교회만이 어린이들의 필요에 관심을 갖는 것은 아니다. 어린이들은 수많은 세속 NGO와 정부와 유엔의 다양한 도움을 받고 있다. 이제 우리는 어린이들의 복지를 향상시키는 것을 목적으로 하는 세속의 주요 문서들과 계획들 가운데 몇 가지를 살펴보고자 한다.

이 가운데 가장 기본적인 문서는 단연코 유엔아동권리협약, 간단히 말해 CRC이다. 이 협약은 어린이들의 보호와 필요 제공에 관한 가장 인정받는 문서 가운데 하나이다. 아동권리협약은 1990년대에 두 국가(소말리아와 미국)를 제외한 세계의 모든 국가가 비준한 유엔 문서이다. 이 협약의 선구자는 에글랜타인 젭(Eglantyne Jebb)이라는 특이한 이름의 기독교 여성이다. 1920년 초 그녀는 국제 세이브더칠드런 연맹의 설립을 주도했다. 이 기구는 여러

나라의 기구들을 하나로 통합해 유럽 어린이들의 고통을 완화시키는 데 주력했다. 에글랜타인은 전 세계 어린이들의 필요에 대한 사람들의 의식을 각성시키고자 했다. 그녀는 모든 어린이의 권리에 대한 비전이 담긴 선언문을 만들었다.[1]

> 나는 우리가 아동의 고유한 권한을 주장하고 그들이 보편적으로 인정받도록 노력해야 한다고 믿는다. 그래서 단순히 구호 기금을 낼 위치에 있는 사람들뿐 아니라 어린이와 접촉하는 모든 사람, 다시 말해 대다수 인류가 이 운동을 진전시키는 데 도움을 줄 수 있다고 생각한다.

1년이 지나지 않아 에글랜타인 젭의 아동권리선언문은 국제 연맹에 채택되어 영구적인 국제적 중요성을 얻게 되었다. 현재의 유엔아동권리협약은 에글랜타인의 첫 선언문을 기초로 한 것이다. 아동권리협약은 세계의 모든 어린이가 차별 없이 인간으로서 기본적 권리를 누려야 한다고 천명한다. 생존의 권리, 온전한 발달의 기회를 누릴 권리, 유해한 영향, 학대, 착취로부터 보호받을 권리, 가정과 문화와 사회생활에 적극적으로 참여할 권리가 그것이다.

아동권리협약을 비준한 국가의 정부는 어린이의 권리를 보호하고 보장할 의무가 있다. 스스로 국제 공동체 앞에서 이 결정에 책임을 지겠다고 동의한 것이다.

이 책의 1장에서 우리는 또 다른 유명한 유니세프의 대표적인 보고서인 세계아동현황 보고서를 거론한 적이 있다. 이 보고서는 매년 어린이의 복지와 관련된 몇 가지 사안을 중점적으로 다룬다. 그러나 이 보고서의 주된

---

[1] 세이브더칠드런, 'Eglantyne Jebb', http://www.savethechilren.ca/en/who-we-are/international-alliance/377(2010년 3월 2일 접속).

목적은 여러 정부들이 아동권리협약의 실행과 자국 어린이의 전체 복지 개선에 얼마나 진척을 보이는지 감시하는 데 있다. 그리고 실제로 진전을 보이고 있다. 예를 들어, 지금까지 매일 사망하는 어린이 수가 감소하고 있다. 몇 년 전 이 보고서는 매일 42,000명이 넘는 어린이가 사망하고 있다고 보고했으나, 최근 대부분의 수치는 그 수가 24,000명으로 감소했음을 보여준다.

유엔아동권리협약의 개요와 취지

협약은 같은 법을 준수하겠다는 국가들 간의 약속이다. 한 국가가 어떤 협약을 비준한다면 그것은 그 협약에 명시된 내용을 이행하기로 동의한다는 뜻이다. 어린이의 인간적 권리를 인정하고 보호하는 가장 강력한 법적 도구로 인식된다. 이 협약은 모두 54개의 조항으로 되어 있다. 아동권리협약 전문은 이 책의 부록에 수록되어 있다.

협약의 기본 조항은 크게 세 가지로 정리할 수 있다.

- 보호(Protection, 어린이를 유해한 것에서 보호한다.)
- 제공(Provision, 어린이의 생존과 발달에 필요한 것을 제공한다.)
- 참여(Participation, 어린이가 자신의 삶을 결정하는 데 참여한다.)

아동권리협약은 그리스도인과 교회가 어린이를 돌보며, 전인적 어린이 양육에 대해 재고하고 전략을 짤 때 소중한 도구로 사용할 수 있는 유익한 문서이다. 어린이들이 직면한 위협에 대해 구체적으로 상술하고 교회와 공동체의 각성과 실천에 필요한 유익한 틀을 제공해준다. 또한 각 정부가 어린이 복지에 필요한 법적, 제도적 실천과 지원 활동을 하도록 도전하는 데 좋은 수단이 되기도 하다.

아동권리협약은 이처럼 적절한 조치를 통해 정부들이 그 협약의 의무를 이행하도록 책임을 촉구하는 수단이 되고 있다. 일부 분야와 영역에서 어린이들의 복지가 전반적으로 개선되는 데서 보듯이, 일부 정부가 어린이의 필요에 적극 대처하는 수준은 고무적이다. 그러나 유감스럽게도 어린이들이 가장 고통당하는 지역의 정부들은 이 협약에 비준했음에도 불구하고 그 의무 이행에 매우 태만한 경향이 있다.

아동권리협약에 대한 일부 그리스도인의 우려

이 협약이 오늘날 광범위하게 활용되고 수용되는 문서이기는 하지만 모든 그리스도인이 적극적으로 수용하지는 않는다. 미국이 비준하지 않은 공식적인 이유는 제41조 때문이다. 제41조는 어린이 보호의 국가적 기준이 이 협약 기준보다 높은 곳에서는 언제나 그 상위의 기준이 적용된다고 명시한다. 미국은 그런 수준의 보호는 이미 자국에서 시행되고 있다고 주장한다. 하지만 미국이 이 조약을 비준하지 않은 비공식적 이유는 일부 영향력 있는 미국 그리스도인들의 저항 혹은 반대 때문이다. (많은 미국인 입법가들 역시 현재 미국 연방법이 어린이의 권리를 충분히 보장하고 있다고 생각한다.) 일부 그리스도인 사역자들은 그들 스스로의 우려 때문이든, 혹은 비슷한 생각을 가진 그리스도인들이 그 협약에 대해 의구심을 갖기 때문이든 흔쾌히 이 협약을 받아들이기를 꺼린다.

이런 우려의 일부를 각각의 반응과 함께 소개해놓았다.

아동권리협약에 대한 일부 그리스도인의 우려

- 부모의 정당한 권리를 지나치게 포기하도록 한다.
- 어린이가 미성숙해서 감당할 수 없는 권리들을 강조한다.
- 가정 내의 체벌을 비롯한 사랑의 징계를 학대로 만들 위험성이 있다.
- 권리에 대한 이 협약의 입장이 문화적으로 용인하기 어려운 부분이 있다.
- 권리에 대한 전반적 이해가 성경이 아닌 세속적인 데 기반한다.

많은 그리스도인이 이 협약을 반대하는 일반적 이유는 '성경이 권리보다는 책임과 의무를 더 강조한다는 사실'과 관련이 있다. 기독교적 성숙은 예수님과 바울이 보여주었듯이 남들을 위해 우리가 누릴 모든 권리를 자발적으로 내려놓는 것이다. 폴 스테판(Paul Stephenson)은 이렇게 지적한다.[2]

> 권리는 단순히 주장하거나 강요하는 것이 아니다. 이웃에 대해 하나님께 적극적으로 책임을 진 결과이다. 바울은 에베소서에서 5장 21절에서 "그리스도를 경외함으로 피차 복종하라"라는 말씀으로 요약 정리해준다. 인간을 향한 하나님의 뜻을 실천할 때 인간의 권리, 가령 서로 조화를 이루고 사랑하며 정의가 실현되는 관계가 가능해진다.

이런 생각에 동조하는 많은 그리스도인은 이 협약이 부모의 권리를 지나치게 제한한다고 우려한다. 이 협약과 부모의 권리에 상충하는 면이 있다고

---

[2] 글렌 마일즈와 조세핀 조이 라이트 편집, Celebrating Children(Carlisle, UK: Paternoster Press, 2003) 중 폴 스테판의 'The Rights of the Child and the Christian Response', 57쪽.

보는 것이다. 어린이에게 과도한 권리를 부여하며, 또 그 권리들은 가족의 가치에 저촉되고, 긍정적인 기독교적 가치를 약화시킨다고 본다. 예를 들어 일부 그리스도인은 제3조는 하나님이 주신 부모의 권리와 책임을 국가에 이양시킨다고 생각한다.

제3조: 어린이의 최상의 이익 고려 – 어린이와 관련된 모든 행동은 그 어린이에게 최상의 이익이라는 측면을 철저히 고려해야 한다. 부모나 양육의 책임을 맡은 다른 보호자가 제대로 어린이를 돌보지 못할 때 국가가 그 일을 대행해야 한다.

나아가 어떤 이들은 12, 13, 14조가 아동에게 자율권과 더불어 부모의 지도를 받지 않아도 되는 개념을 진척시키는 다양한 기본 권리를 부여함으로써 반항을 제도적으로 뒷받침하는 경향이 있다고 생각한다.

제12조: 어린이가 의견을 표현할 권리 – 어린이는 자기 의사를 자유롭게 표현하고 아이에게 영향을 미치는 문제나 절차에 대해서는 그의 의견이 반영되도록 할 권리가 있다.

제13조: 표현의 자유 – 어린이는 자신의 의견을 표현하고 정보를 획득하며 국경에 관계없이 그 생각과 정보를 알릴 권한이 있다.

제14조: 생각과 양심과 종교의 자유 – 당사국은 부모의 적절한 지도에 맞게 생각, 양심, 종교의 자유에 대한 권리를 존중해야 한다.

이런 우려에 대해서는 신중하게 생각해보아야 한다. 이런 조항들은 실제로 부모의 권위에 도전하는 수단으로 일부 악용된 면이 있다. 특히 서구 세계

환경에서 이런 일이 있다. 그러나 아동권리협약이 여러 곳에서 당사국 정부의 역할이 부모의 역할에 종속된다는 점을 주의 깊게 명시하고 있다는 사실도 기억해야 한다. 유니세프는 아동권리협약 서문에서 이렇게 주장한다.[3]

> 가정은 사회의 기본적인 집단이며 특히 아동의 발달과 행복을 위한 천연의 환경이므로 공동체 안에서 가정이 본연의 책임을 다 할 수 있도록 보호와 도움을 받아야 함을 확신한다.

아동권리협약 제5조는 당사국 정부가 어린이의 능력 발달에 따른 적절한 감독과 지도를 행할 책임과 권리와 의무가 부모에게 있음을 인정해야 함을 강조한다. 나아가 제18조는 부모는 어린이 양육에 공동 책임을 져야 하며, 당사국 정부는 부모가 이러한 책임을 다하도록 지원해주어야 함을 강조한다. 이 협약은 자녀 양육 방법에 관한 부모의 선택권을 전혀 방해하지 않는다.

두 번째 일반적인 우려는 '아동권리협약이 미숙한 아동이 스스로 처리할 수 없는 권리들을 강조한다는 것'이다. 이런 우려를 야기하는 조항들은 아래와 같다.

제14조: 생각과 양심과 종교의 자유 – 당사국 정부는 부모의 적절한 지도 아래 어린이의 사상과 양심과 종교의 자유를 존중한다.

제15조: 결사의 자유 – 모든 어린이는 결사와 집회의 자유를 가진다.

---

[3] 유니세프, 'Convention on the Rights of the Child: Promoting and Protecting rights for children', http://www.unicef.org/crc/index_30168.html(2010년 3월 접속).

제16조: 사생활 보호 – 모든 어린이는 가족이나 가정, 통신 등 사생활에 있어 위법적인 간섭을 받지 않을 권리와 비방과 중상모략에서 공격받지 않을 권리를 지닌다.

제17조: 적절한 정보에 접근할 권리 – 당사국은 어린이가 다양한 정보원으로부터 정보와 자료를 취득할 수 있도록 보장해야 한다. 어린이에게 이익이 되는 정보만을 제공하도록 하고 유해한 정보에서 보호하기 위한 조치를 취해야 한다.

그리스도인의 이런 우려와 관련해 아동권리협약은 어린이를 존중할 것을 강조하지만 타인의 권리나 책임을 침해하고 희생시키지는 않는다. 어린이들에게 자신의 의견을 표현할 권리와 그 의견을 진지하게 인정받고 수용받을 권리가 있음을 인정하지만, 어린이의 의견이나 시각만을 수용해야 한다고는 명시하지 않는다. 협약은 또한 어린이에게 타인의 권리, 특별히 부모의 권리를 존중할 책임이 있음을 명시하고 있다. 어린이들의 '점진적으로 발달하는 역량'을 존중할 필요성을 강조하면서도 지나치게 어린 나이에 스스로 결정할 권리를 주지는 않는다. 이것은 어린이가 전적 의존 단계에서 성인으로 자라간다는 상식적 개념에 뿌리를 두고 있다.[4]

세 번째 우려는 아동권리협약이 '가정 내 체벌을 비롯한 사랑의 훈육을 일종의 어린이 학대로 만들 위험이 있다는 것'이다.

제19조: 학대와 무관심으로부터의 보호 – 당사국 정부는 부모나 자녀

---

[4] 같은 출처.

양육의 책임이 있는 이에 의한 모든 형태의 학대로부터 어린이를 보호해야 한다.

아동권리협약의 이행 정도를 감시하는 유엔 기구, 아동권리위원회는 이것이 학교뿐 아니라 가정에서 어린이를 체벌하거나 물리적으로 벌을 주는 모든 것을 금지한다는 의미라고 말한다. 이것은 상당히 일리가 있는 우려이다. 특별히 사랑의 체벌은 적절하고 때로 어린 자녀의 훈육에 필요하다고 생각하는 (나를 비롯한) 사람들에게는 일리가 있는 의견이다. 불행하게도 적절한 체벌에 관해 성인을 대상으로 한 교육이 거의 전무한 실정이다. 실제로 화가 나서 체벌이 이루어지는 경우가 많고 종종 신체적 학대로 발전한다.

이 조항으로 인해 자녀 훈육에 제한을 받을 것이라고 우려하는 많은 부모는 적절하게 신체적 체벌을 사용하는 법을 잘 알고 있으리라 믿는다. 꼭 필요한 경우 절제되고 사랑하는 마음으로 체벌을 사용한다면 바람직하지 않은 행동을 감소시키고, 아이에게 필요한 경계를 설정해주는 동시에, 아이의 기를 꺾지 않고 뜻을 제대로 존중해줄 수 있다.

나는 교회가 부모 교실에 자녀 훈련과 훈육 내용을 포함시키고, 이 어렵고 종종 혼란스러운 책임을 잘 감당하도록 조언과 지원을 제공해야 한다고 믿는다. 체벌의 필요성을 제대로 인식한 부모가 사적인 공간에서 또 사랑의 마음으로 체벌하는 것을 금지해서는(심지어 그것으로 인해 박해를 받아서는) 안 된다. 그럼에도 불구하고 그런 훈련이 전반적으로 시행되지 않는 상황에서 부모의 소양이 제대로 갖춰지지 않은 상태라면 체벌을 장려하지 않는 것이 최선이다. 또한 사려 깊고 아이를 깊이 사랑하는 부모가 아닌 다른 누군가(학교 교사나 다른 보호자 등)가 아이들을 체벌하는 것은 절대 찬성하지 않는다.

네 번째 우려는 '권리에 대한 전반적인 논의가 문화적으로(특별히 아시아

문화권에서) 적절하지 않을 수도 있다는 것'이다. 기독교적 시각에서의 권리와 세속적 권리를 가르는 또 다른 기준은 '하나님 중심'이라는 중요한 개념이다. 현대의 세속적 권리 이론은 개인주의(심지어 자기중심) 방식에 뿌리를 두고 있다. 그리스도인에게 하나님 중심적 권리는 그들의 자아가 아닌 그리스도의 가르침대로 남을 섬기는 열망에 중점을 두어야 함을 의미한다. 실제로 성경은 이웃과 이방인들의 권리를 생각하도록 시종일관 요청하고 있다.[5]

개인을 중시하는 서구와 달리 아시아의 핵심 가치는 공동체 지향적이며, 따라서 노인들을 공경할 것을 강조하고 대가족을 부양하며 형제간의 우애를 중시한다. 정상적인 환경에서 이런 문화적 관습은 자연적으로 어린이의 복지를 중시하게 된다. 그러므로 '권리' 문제가 크게 야기되지 않는다.

이런 우려와 관련해 아동권리협약을 이행하고자 하는 사람은 가족 구조에 따른 문화를 존중해야 한다. 그 본래적 의도는 유지하되 상황에 맞게 탄력적으로 적용해야 한다. '우리 문화가 원래 그렇다'라는 식의 태도로, 유해한 관습을 그대로 유지하는 핑계가 통하지 않도록 해야 한다. 더욱이 전통적 구조가 해체되고 어린이들이 보호받던 울타리가 사라지는 상황에서 아동권리협약은 (서양이든 아시아권이든) 문화를 넘어서서 어린이의 기본적인 인권을 회복하는 어린이들의 대변자가 되고 있다.

다섯 번째 우려는 '성경적 권리에서 비추어볼 때 세속적 권리가 가진 실제적 역효과'이다. 세속적 관점에서 권리는 자기중심적이다. 그리스도인에게 권리는 하나님이 부여하신 것이므로 인간이 법으로 만들고 강제할 수 없다.

---

[5] 에드나 발데즈, 편집 Protecting Children: A Biblical Perspectives on Child Rights(Monrovia, CA: World Vision, 2002), 14쪽. 또한 잠언 31:8, 9, 누가복음 20:46, 47절을 참고하라.

> 권리 인식이 어린이의 세계관에 핵심적인 부분인가? 예비 조사에 의하면 어린이들에게 권리보다는 관계와 놀이가 더 중요함을 알 수 있다. 권리를 찾아주고자 하는 운동이 오히려 성인들이 만든 틀과 제도에 의해 아이들을 더 구속하는 역효과가 난다면 모순일 뿐 아니라 비극적인 일일 것이다… 현재의 삶의 질을 강조하는 균형 잡힌 시각은 구체적으로 무엇인가?
>
> 어린이에 대한 우리의 정책과 서비스를 정부 부서의 여러 의제와 분리시켜 어린이에 대한 새로운 사고방식을 권장하기에는 지체된 감이 있다.
>
> * 키이스 화이트의 '소소한 문제들', Third Way Journal 2002년 2월 5일자에 수록.

이런 우려와 관련해 세속적 권리와 성경에 근거한 하나님이 주신 권리를 표현하는 언어는 본질적으로 다르다는 것을 인정한다. 세속 권리는 소위 개인과 사회와의 '계약적' 관계를 전제로 하지만, 성경적 권리는 하나님이 주신 것이며 공정하고 변화된 세상을 위한 하나님의 소망과 관련이 있다.[6] 그러므로 인간이 만든 법적 권리들은 하나님이 주신 권리와 부합할 때에만 지지해야 한다. 그러지 않을 경우에는 지지해서는 안 된다.

그렇다면 이제 어떻게 해야 하는가? 위에서 지적한 대로 나는 아동권리협약이 유익하며 기독교 기관에 유익한 도구라고 생각한다. 최대한 긍정적으로 볼 때 아동권리협약의 취지는 그리스도인이라면 누구나 적극 수긍할 수 있다. 더욱이 협약의 조항들이 다루는 내용의 범위가 어린이의 생활, 경험, 사랑을 가진 보호자가 반드시 관심을 갖고 필요를 제공해야 하는 환경을 광범위하게 잘 드러내기 때문에 매우 유익하다. 또한 협약의 모든 조항

---

[6] 시편 11:7, 33:5, 106:3, 잠언 29:7, 이사야 1:17, 5:7, 호세아 12:6, 아모스 5:15-24, 말라기 3:1, 스가랴 7:9, 10절을 참고하라.

들이 성경적 지지를 받고 있다고 믿는다. 실제로 일부 기독교 기관은 기독교적 아동권리협약을 검토하고 있으며, 그 가운데 몇몇은 각 권리에 관해 철저한 성경적 근거를 제공하고 있다.[7]

마지막으로, 아동권리협약은 대다수 세속 어린이 돌봄 프로그램에서 폭넓게 이행되고 있다. 이 전파력을 감안할 때, 그리스도인 실천가들은 더 나은 어린이 양육 사역을 위해 결단한 일을 기억하며, 전 세계의 어린이 돌봄 현황을 지속적으로 파악하고자 하는 아동권리협약을 반드시 숙지할 필요가 있다.

유엔새천년개발목표(Millennium Development Goals, MDG)

이제 어린이 보호와 제공을 목적으로 하는 또 다른 전 지구적 세속 계획, '새천년개발목표'를 간단히 살펴보도록 하자. 전 세계의 각국 정상과 정부는 여러 문제 가운데 특별히 빈곤 감소와 개발을 목표로 설정하는 데 동의했다. 그런 목표들은 늘 완전히 성취되는 것은 아니더라도 훌륭한 취지 때문에 동참하기로 결정한 정부에 큰 영향을 미치게 된다.

새천년개발목표는 1990년 이후로 유엔이 조직한 여러 세계 대회에서 논의되고 합의된 목표를 종합하여, 2000년 9월 새천년 정상회의에서 수립되었다. 이 목표들은 전반적인 국가 개발 진척 상황을 측정할 수 있는 틀로써 많은 이들에게 인정받아왔다.

새천년개발목표는 사람들의 생활을 의미 있고 측정 가능한 수준으로 개

---

[7] 가령, 1984년 라틴 아메리카 교회 협의회가 제시한 스페인어로 된 'Liturgia y Derechos Humanos del Movimiento Ecumenico por los Derechos Humanos'를 참고하라.

선하고자 하는 지구 공동체의 노력에 초점을 맞춘다. 이 목표는 단순히 개발도상국뿐 아니라 부유한 국가들이 이룬 결과를 측정할 수 있는 객관적 기준을 제시한다. 이런 기준은 개발 프로그램 재원 조달에 도움이 될 평가 기준을 제시하며, 각 국가들이 이 기준을 이행하는 데 도움이 될 다자간 기구에 정보를 제공한다.[8]

주요 목표 및 세부 목표는 다음과 같다.

목표 1: 절대 가난 및 기아 퇴치
- 세부 목표 1: 1990년부터 2015년 사이에 하루 수입 1달러 미만의 인구 비율을 절반으로 줄인다.
- 세부 목표 2: 1990년부터 2015년 사이에 기아로 고통당하는 인구 비율을 절반으로 줄인다.

목표 2: 보편적 초등 교육 달성
- 세부 목표 3: 2015년까지 전 세계 모든 어린이가 초등 교육 수혜를 받도록 한다.

목표 3: 양성 평등 및 여성 능력 고양
- 세부 목표 4: 교육에서 성별 간 차이를 초중등 학교에서는 2005년까지, 모든 교육 수준에서는 2015년까지 제거한다.

목표 4: 유아 사망률 감소
- 세부 목표 5: 2015년까지 1990년 기준 5세 미만 유아사망률의 3분의

---

[8] 유엔, 'Millennium Development Goals', http://www.developmentgoals.org/About_the_goals.htm(2010년 3월 접속).

2를 감소시킨다.

목표 5: 모성 보건 증진
- 세부 목표 6: 2015년까지 1990년 기준 모성 사망률의 4분의 3을 감소시킨다.

목표 6: 에이즈 등 질병 퇴치
- 세부 목표 7: 2015년까지 HIV/AIDS의 확산을 멈추고 감소세로 돌려놓는다.
- 세부 목표 8: 2015년까지 말라리아와 다른 주요 질병의 발병을 막고 감소세로 돌려놓는다.

목표 7: 지속 가능한 환경 확보
- 세부 목표 9: 지속 가능하게 발전시킬 수 있는 원칙을 국가 정책과 계획에 통합시키고 유실된 환경 자원을 회복시킨다.
- 세부 목표 10: 2015년까지 안전한 식수와 기본적인 위생 시설에 접근하지 못하는 인구 비율을 절반으로 줄인다.
- 세부 목표 11: 2020년까지 빈민가에 거주하는, 적어도 1억 명의 삶의 질을 향상시킨다.

목표 8: 개발을 위한 글로벌 파트너십 구축
- 세부 목표 12: 개방적이고, 공정하며, 예측 가능하고, 비차별적인 무역과 금융 시스템을 더욱 발전시킨다[여기에는 개국가적이고 국제적인 굿거버넌스(Good Governance), 개발, 빈곤 감소를 위한 노력도 포함된다].

이런 목표들은 성경에서 강조하는 공의와 긍휼에 관한 여러 문제와 일맥상통한다. 관련된 사안 가운데 일부는 논쟁의 여지가 있지만 그렇다고 그 사안들을 회피해야 한다는 의미는 아니다. 오히려 우리를 주시하는 세상과 세상을 창조하신 하나님 앞에서 빛과 소금으로서 성경적인 역할을 계속 감당해야 한다.

어린이가 살기 좋은 세상(A World Fit for Children, WFFC)

어린이의 보호와 필요 제공을 권고하는 유명한 세속 문서 가운데 우리가 마지막으로 살펴볼 것은 '어린이가 살기 좋은 세상'이다. 2002년 유엔 아동 특별 총회에서 세계 정상들은 이 선언문에 서명했고 180개국이 이 선언문을 채택했다. 이 문서는 개별 어린이의 권익을 보호하고 증진시킬 지도자들의 의무를 재확인하고 아동권리협약이 정한 법적 기준들을 인정한다. 모든 사회는 어린이에게 살기 좋은 세상을 만들자는 전 지구적 운동에 동참하도록 요청받고 있다. 이 운동은 어린이 보호 서약 운동(Say Yes for Children)의 핵심을 이루기도 하는 열 가지 조항에 근거한다.

행동 계획은 세 가지 필수적인 성과를 제시한다. 어린이들이 그 생애를 가능한 최고의 환경에서 시작하도록 하며, 무상 의무 초등 교육을 포함한 질 높은 기본 교육을 받도록 보장하고, 개인의 능력을 개발할 기회를 풍성하게 제공한다.[9]

어린이가 살기 좋은 세상의 열 가지 원리와 목표를 요약하면 다음과 같다.

---

[9] 유엔, 'A World Fit for Children', http://www.unicef.org/specialsession/wffc/(2010년 3월 접속).

1. 어린이를 우선시한다. 어린이에게 영향을 미치는 행동을 할 경우, 어린이의 이익을 가장 중요하게 생각하고 우선시한다.

2. 가난의 종식: 어린이에게 투자한다. 단일 세대 안에 가난의 획기적 감소를 이루어내겠다고 다시 한번 약속한다. 우리는 가난을 해결하기 위해 어린이에게 투자해야 하며 그 권리를 실현해야 한다는 데 모두 동의한다. 최악의 어린이 노동을 근절하기 위한 즉각적 조치가 취해져야 한다.

3. 어떤 어린이도 소외시키지 않는다. 모든 여자아이와 남자아이는 모든 면에서 자유롭고 동등한 존재로 태어났다. 어린이에게 영향을 미치는 모든 형태의 차별은 근절되어야 한다.

4. 모든 어린이를 돌본다. 어린이들은 가능한 최고의 상태에서 인생을 시작해야 한다. 생존, 보호, 성장, 건강하고 영양 공급이 원활한 어린이 발달은 인간 발달에 가장 중요한 출발점이다. 질병과 기아의 주된 원인과 싸우기 위한 실제적인 노력을 할 것이며, 안전한 환경에서 어린이를 돌봄으로 육체적, 정신적, 정서적, 사회적으로 안전하게 배우고 생활할 수 있도록 한다.

5. 모든 어린이를 교육한다. 모든 여자아이와 남자아이는 질적으로 우수한 무상 초등 교육을 끝까지 받을 수 있어야 한다. 초등 교육과 중등 교육을 받을 동등한 기회를 누려야 한다.

6. 유해한 것과 착취로부터 어린이를 보호한다. 어린이는 모든 형태의 테러리즘과 인질 사건뿐 아니라 모든 폭력, 학대, 착취, 차별로부터 보호받아야 한다.

7. 전쟁에서 어린이를 보호한다. 어린이들은 전쟁의 공포에서 보호받아야 한다. 타국가 점령 지역에 살고 있는 어린이 역시 국제법으로 보호받아야 한다.

8. HIV와 AIDS를 퇴치한다. 어린이들과 그 가족은 HIV와 AIDS의 치명적 영향으로부터 보호받아야 한다.

9. 어린이의 의사를 존중하고 그들의 참여를 보장한다. 어린이와 청소년들은 모두를 위한 더 나은 미래를 구축하는 데 도움이 될 수 있다고 우리는 믿는다. 우리는 그 연령과 성숙도에 맞게 그들에게 영향을 미칠 모든 문제에 대해 자신을 표현하고 참여할 그들의 권리를 존중해야 한다.

10. 어린이들을 위해 지구를 보호한다. 다양한 생명이 살고 아름다우며 풍부한 자원을 가진 자연환경을 보호해야 한다. 이 모든 자연은 현재와 미래에 인간의 삶을 더 윤택하게 해주는 것들이다. 우리는 어린이들을 자연재해와 환경 문제의 영향에서 보호하기 위해 최선을 다해야 한다.

나는 일반적으로 이 각각의 문서가 그리스도인 보호자에게 유용하다고 믿는다. 성경적 교훈에 비추어 그 내용을 검증하는 작업을 해야 하지만 각 문서의 숭고한 취지를 숙고함으로써 모두 유익한 통찰을 얻을 것이라고 확신한다.
이 각 문서에 담긴 전반적 결의 사항은 어린이를 대변하고자 하는 기독교적 헌신과 상충하지 않는다. 가능한 개입 전략들에 대한 정보뿐 아니라 전인적 어린이 양육에 대한 깊이 있고 포괄적인 이해에 도움이 된다. 아동권리협약, 새천년개발목표, 어린이가 살기 좋은 세상과 같은 문서들이 광범위하게 유포된 사실을 감안할 때, 이런 문서들을 숙지하지 않는다면 기독교

실천가들은 전 지구적 차원의 어린이 돌봄 영역들에 대한 대화에 제대로 참여할 수 없을 것이다.

묵상과 토론을 위한 질문

1_ 이 책의 부록 아동권리협약을 읽어보라. 이전에 생각했던 것보다 그 내용에 더 동의하게 되었는가? 그 반대인가? 이야기해보라.

2_ 아동권리협약에 관한 여러 우려들을 다시 살펴보라. 그런 우려에 대한 필자의 설명에 동의하는가? 그렇다면 그 이유는 무엇이며 아니라면 또 그 이유는 무엇인가?

3_ 아시아인의(혹은 아프리카인의) 시각에서 본 어린이의 권리에 대해 어떤 생각이 드는가?

4_ 예수님은 우리에게 '하나님의 자녀'라는 권리를 주셨다. 아동권리협약에 나타난 권리 혹은 약속들과 이 성경의 약속은 어떤 관련이 있는가?

5_ 아동권리협약의 조항을 모두 살펴보라. 각 사항과 관련된 조항은 몇 조항인가?

　　a. 어린이 보호

　　b. 어린이 제공

　　c. 어린이 참여

어린이 사역 네트워킹

***

"이와 같이 우리 많은 사람이 그리스도 안에서
한 몸이 되어 서로 지체가 되었느니라."
_ 로마서 12:5

권리 옹호 활동은 네트워킹이라는 중요한 일과 병행되어야 한다. 우리는 전 세계 교회가 어린이들의 필요에 부응해야 하는 중요성을 살펴보았다. 교회는 그동안 실제로 전 대륙에 걸쳐 그 필요에 대대적으로 부응해왔다. 그러나 또한 어린이들의 필요를 충족시킨다는 목적으로 교회가 운영하거나 교회를 중심으로 운영된 수많은 프로그램과 사역이 있었음에도 대다수가 서로 연계 없이 개별적으로 운영되고 있는 실정이다. 누가 무엇을 어디서 시행하는가? 누가 나를 도울 수 있는가? 전에는 누가 이 일을 했는가? 나는 어떤 방법으로 이 일을 하고 있는가? 등 기본적 노하우와 정보가 부족한 경우가 많다. 대부분 상호 격려와 지원과 교제가 결여되어 있다.

그러나 운영, 직원 관리, 후원자, 정부나 관계 당국 또는 다른 공동체와의 연계 등의 요소는 어린이를 위한 효과적인 프로그램에 필수적이다. 효과적이고 광범위한 네트워크를 구축하는 것은 이런 과제와 도전에 대처하는 한 방법이다.

어린이 사역 네트워킹은 비바의 패트릭 맥도날드의 지적대로 '타인의 경험'으로 중요한 간극을 메울 수 있다.[1]

> 일반적으로 '위기에 처한 어린이'를 돕고자 하는 노력이 상당히 진척되어왔음에도 불구하고 복음주의 운동은 조사 연구와 평가 부분에 별다른 노력을 기울이지 않았다. 학문적인 면이나 과학 기술적인 면에서 우리는 올바른 어린이 교육 방법에 대한 이해를 대부분 남의 경험에 의존하고 있다… 많은 어린이 개발 양육 기관은 복음주의 운동을 열정적이고 온정적이라고 평가하면서도 어린이 양육에 관한 공식 기구로 선뜻 인정하기를 꺼린다. 이것은 우리 노력의 실제적 본질과 범위에 대한 저차원적 의식과 관련이 있다. 하지만 나는 이것이 이 분야에 대한 실제, 정책, 수행에 관한 진지한 연구 조사를 게을리한 데 이유가 있다고 믿는다. 한 동료는 어린이들을 돕고자 하는 우리의 노력을 "열망은 있으나 빛으로 드러나지 않는다"라고 묘사한다.

나는 네트워킹이 우리의 고유 감각(proprioception)을 개발하는 데 도움이 된다고 누누이 이야기한다. 고유 감각이란 무엇인가? 대부분의 사람은 보지 않고도 자신이 다리를 꼬고 있는지 아닌지 알 수 있다. 그 이유는 정상적인 사람이라면 고유 감각이라는 일종의 육감을 갖고 있어서 신체 상태를 감지할 수 있기 때문이다. 몸의 어느 부위가 마비된 사람들 가운데 이 육감

---

[1] 패트릭 맥도날드, Reaching Children in Need(Eastbourn: Kingsway Publications, 2002), 108-109쪽.

이 없는 사람이 있다. 그들이 종종 욕창과 여러 부상을 입는 이유는 몸의 상태를 감지하지 못해 상처를 예방하지 못하기 때문이다.

어떤 의미에서 어린이를 돌보는 그리스도인들의 네트워킹은 우리로 이 고유 감각을 기르는 데 도움이 된다. 다시 말해 교회라는 몸의 상태를 감지하도록 도와준다. 한 부위가 다치면 다른 부위들이 반응할 수 있다. 한 지체가 어려움 가운데 있으면 다른 지체가 도움을 제공할 수 있다(고전 12:12-31).

네트워킹의 이점

많은 어린이 사역 기관에 '고립'이란 힘들고 어려운 문제이다. 이런 사역 자체가 어려운 일이지만 그것을 홀로 감당하는 것은 훨씬 더 어렵다. 많은 기관이 그들이 속한 공동체나 마을에서 얻을 수 있는 도움이나 지원이 어떤 것인지 모른다. 네트워킹의 핵심적인 한 가지 이점은 바로 효과적 공조이다.[2]

> 그리스도인들이 서로 연대하지 않을 때 아무리 사소한 일이라도 새로운 상황이 발생하면 마치 난생 처음 당한 일처럼 다룰 수밖에 없다. 교육 계획 수립, 자원 확보를 위해 지역 당국의 협조 구하기, 재원 마련과 조달, 법적 문제 처리, 훈련, 직원과의 감정적 문제 처리하는 법, 새로운 상황의 어린이를 다루는 법 등 문제가 생길 때마다 해결책을 찾기 위해 처음부터 시작해야 한다. 다른 사람들의 경험과 축적된 지혜를 이용할 수 없다면 피할 수 있는 실수를 반복

---

2 패트릭 맥도날드, 81쪽.

하게 된다.

네트워킹으로 자원 활용의 극대화라는 이익을 얻을 수 있다. 비슷한 성격의 사역 기관이 동일한 지역이나 공동체에서 사역을 계획하거나 사역 중인 경우를 심심찮게 볼 수 있다. 동시에 어려운 아이들을 돕는 사역 기관이 하나도 없는 지역도 수없이 많다. 그러므로 그 격차를 해결하고 중복을 최소화하기 위해서 네트워킹은 반드시 필요하다. 자원의 활용을 극대화하고 중복되는 노력을 최소화하는 것은 중요한 일이다.

네트워킹은 종종 양육 방식을 개선하는 데 도움이 된다. 교회에서 운영하는 프로그램이나 사역은 나름 최선을 다하지만 많은 경우 자원이 부족하거나 전문적으로 운영할 능력이 부족한 경우가 있다. 그리스도인으로서 우리는 단순히 어려운 어린이들을 돌보는 것 이상의 일을 해야 한다. 전문성과 실제적 전문 지식으로 무장할 필요가 있다. 네트워킹은 사역 기관들이 필요한 훈련과, 자원과, 탁월한 운영에 필요한 최고의 모범 사례를 전수받고 실행하는 데 도움이 된다.

네트워킹은 전문적 사역 기준 개발을 장려한다. 올바른 기독교 어린이 양육은 어떤 것인가? 그것을 성취할 방법은 무엇인가? 네트워킹은 개인과 기관이 협력해서 전문적 사역 기준을 수립하고 합의하도록 하는 데 효과적이다. 일단 기준이 확립되면 연계된 사역 기관은 서로에 대해 책임을 지고 도전하며 공동으로 더 높은 수준의 탁월함을 추구할 수 있게 된다.

일반적으로 네트워킹이 이루어지면 양질의 훈련을 받을 기회가 확대된다. 그리스도인 양육 사역자는 역량 강화와 훈련에 대한 광범위한 필요를 갖고 있다. 어린이 양육 사역자는 대부분 전문적 지식과 조언에 늘 목말라 있다. 문제는 어떻게 필요를 공급받느냐는 것이다. 교회와 기관이 서로 네트워크를 이루고 있다면 훈련에 대한 유사한 필요를 확인할 수 있다. 그러면 그 필요를 가진 사람들에게 전문 지식과 자료와 다른 필요한 자원들을 연결시켜줄 수 있다.

네트워킹은 서로의 이해 증진에 도움이 된다. 서로 연대함으로써 그리스도의 몸이 하나 됨을 증거 한다.[3] 경쟁심이 감소되고 서로 공유하고 나누는 태도가 진작된다.[4] 나아가 네트워킹은 비전을 함께하며 중압감을 이해하는 사람들이 서로에 대해 책임을 지고 도전하도록 도와준다.[5]

네트워킹은 상대방을 배려하는 태도를 조성한다. 모든 답을 다 알지 못하며 서로에게 배울 수 있다는 사실을 인정하기 때문에 서로에게 겸손하게 된다.[6] 네트워킹으로 규모가 작은 기관들이 제한된 자원의 한계를 넘어 공헌할 수 있다는 자부심을 갖게 된다.[7]

네트워킹은 결속을 강화한다. 서로 연계해 시설을 공유하고 중복을 줄여 낭비를 최소화함으로써 책임에 더 충실하고 효율성을 높일 수 있다.[8] 네트워킹은 업무에 대한 좌절감으로 힘들어하는 이들을 지원하고 격려하는 데 도움이 된다.[9] 서로의 성공을 기꺼이 축하하고 기뻐할 수 있다.[10]

---

[3] 요한복음 17:20-23
[4] 고린도전서 1:12-13, 골로새서 4:16
[5] 누가복음 19:12-27
[6] 고린도전서 4:6, 7, 18
[7] 고린도전서 12:21-25
[8] 디도서 3:14
[9] 이사야 34:1-4
[10] 빌립보서 1:12-14

네트워킹은 효과 개선에 도움이 된다. 우리는 복잡한 세상에 살고 있음을 인정하고 오직 서로 연대하고 협력하며 하나님이 주신 지혜와 자원을 공유함으로써만 사명을 감당할 수 있음을 인정한다.[11] 또한 네트워킹을 통해 다양한 접근 방식을 공유하고, 생각을 모을 수 있으며, 서로의 다른 전략을 평가하고, 타인의 성공과 실수에서 배우며, 미래 활동에 대비한 벤치마킹을 할 수 있다.[12]

마지막으로 네트워킹으로 어린이 사역자가 더 나은 지원을 받을 수 있다. 패트릭 맥도날드는 기독교 사역 기관이 그 사역자들을 제대로 돌보지 못하는 현실을 지적한다.[13]

> 위기에 처한 어린이들을 돕는 사역의 제일선에 있는 사역자들은 매우 심각하지만 종종 간과되는 문제를 안고 있다. 바로 실제적, 정서적, 영적 지원을 받지 못한다는 것이다. 다른 그리스도인들과 교제할 시간이나, 개인적인 재충전 시간을 갖지 못하거나, 기도의 지원이 뒤따르지 않을 때, 이들은 쉽게 낙심하고 빨리 지치게 된다. 어떤 이들은 그럭저럭 버티더라도 한때 가졌던 비전이 시들해지고 결국 단순히 다음 위기를 견디고 살아남는 데 모든 자원을 쏟아붓게 된다.

네트워킹은 종종 어린이 사역의 환경 조성과 실행에 놀라운 도움이 된다. 비바 네트워크[14]가 산 증인이다.

---

[11] 전도서 4:9-12
[12] 잠언 13:10
[13] 패트릭 맥도날드, 88쪽.
[14] 패트릭 맥도날드와 비바 네트워크의 기여를 거론하지 않고는 기독교 아동 돌봄 사역자들의 네트워킹에 대한 어떤 논의도 할 수 없다. 이후의 대부분 내용은 그의 책, Reaching Children과 패트릭과 비바 네트워크의 여러 자료를 기초로 한 것이다.

비바 비바!

위기에 처한 어린이들을 돌보는 세계적 기독교 운동은 비바라는 강력한 우군이 함께하고 있다. 비바 네트워크는 위기에 처한 어린이들을 섬기는 그리스도인들의 세계적 운동이다. 상처 입은 어린이들을 돕는 도전에 모든 그리스도인이 나서도록 서로를 이어주고 동원시켜줌으로써, 기존의 노력을 강화하고 확대하는 일에 주력한다. 이것은 다양한 네트워킹 사역으로 이어지며, 구체적으로 위기에 처한 어린이들을 섬기는 그리스도인이 서로 유사한 일에 종사하는 이들과 만날 기회를 제공한다. 서로를 격려하고 도전하며, 의견과 정보와 자원을 나누고, 공동으로 사역을 진행하고, 위기에 처한 어린이들을 위해 새로운 사역을 시작하기도 한다. 이 네트워킹 사역은 마을과 지역과 국제적 차원에서 진행되고 있다.

이 놀라운 사역으로 전 세계에 40여 개 이상의 전국 네트워크가 설립되었다. 비바는 수많은 하위 네트워크와 온갖 종류의 어린이 관련 사역을 장려하고 추동하는 역할을 해왔다. 훈련, 자료 개발, 포럼, 대회, 조사 연구, 어린이 신학 운동, 어린이를 향한 하나님의 심정 이해하기와 같은 완전히 새로운 차원의 방향으로 사역을 시작하도록 돕고 있다.

비바의 목표는 어린이 돌봄 사역의 질을 개선하고 어린이들을 위한 실행력을 높이며 의사결정권자들이 어린이들을 더 효과적으로 대변하도록 영향을 미치는 것이다. 이 일은 다음과 같은 다각적인 차원으로 진행된다.

- 각계의 네트워크를 구축함으로.
- 어린이를 돕고자 하는 사람들과 집단을 서로 연결하고, 개인적 접촉과 대화와 포럼을 통해 공동의 필요나 관심사를 가진 사람들을 이어줌으로.
- 각 단위 차원의 훈련 기회 개발을 촉진시킴으로.

- 〈Reaching Children at Risk〉 저널과 같은 자원을 제공함으로.
- 다방면의 어린이 사역에 관한 데이터베이스와 여러 도구를 개발하고, 어린이 돌봄을 위한 지구적 노력과 관련된 중요한 추세를 확인하고 수용함으로.
- 전 세계의 위기에 처한 어린이들을 돕기 위한 새로운 노력을 시도함으로.
- 국가적, 지역적 차원에서 어린이들의 옹호자가 되어줌으로.

어려움에 처한 어린이들을 위한 네트워킹이 어떤 것인지 배우고 싶다면 비바를 먼저 방문할 것을 적극 추천한다. 현재 섬기는 지역의 교회와 접촉해서 주위 어린이들에게 어떤 도움을 제공하고 있는지 알아보는 것도 좋다. 더 많은 정보를 알고 싶은 사람은 비바의 홈페이지(www.viva.org)를 방문해보라.

다른 그리스도인은 아무도 없는 것처럼 혼자 고립된 어린이 사역 기관은 어린이에게 별 도움이 되지 않는다. 그들에게는 서로 연대하고 협력함으로 교회가 가능한 한 많은 어린이에게 도움을 줄 수 있는 사역이 필요하다. 그렇게 될 때 자기 세대에 하나님 나라를 진척시킬 수 있는 미래 영향력을 최대한 구비하도록 도울 수 있다.

비바 네트워크
✝
위기에 처한 어린이를 돕는 그리스도인의 운동

비바는 사람들이 연대하고 협력할 수 있도록 어린이들의 삶을 변화시키는 데 주력한다. 위기에 처한 어린이들이 안고 있는 문제는 워낙 광범위하기 때문에 우리가 제시하는 해결책 역시 단순해서는 안 된다. 어린이들의 삶이 의미 있는 방향으로 변화되기 위해서는 전 도시와 지역에 혁명적 변혁이 일어나야 한다.

목표

우리는 취약한 어린이를 돕는 그리스도인이 서로 협력하여 사역함으로 더 광범위한 지역에 영향을 미치기를 원하며, 그들이 탁월한 능력을 구비함으로 더 깊고 지속적인 영향을 미치게 되기를 원한다. 우리가 연대하고 협력하여 어린이들의 필요에 대응하고 나아가 선제적 접근으로 문제의 근원을 해결하고자 노력하면 취약한 어린이들이 직면한 문제의 실제적인 해결이 가능할 것이다.

종합적 전략

1. **발굴하기**(Locate)-누가 어디서 무엇을 하고 있는지 찾아내기. 위기에 처한 어린이를 돕고자 하는 그리스도인의 반응 규모는 대단하지만 단편적이다. 어떤 지역이든 우리는 어린이들의 필요를 확인하고, 현재의 대응 방식을 확인하며, 지역 간 격차를 찾아내 협력 가능한 영역을 확인해야 한다.

2. **연결하기**(Connect)-사람들을 하나로 이어주기. 지역 네트워크 개발을 통해 우리는 한 지역 내의 어린이를 돕는 수많은 프로젝트, 교회, 기관을 서로 이어준다. 이를 통해 공동체적 정체성을 함양하고 사람들이 서로의 노하우와 관계와 지원을 공유할 수 있고 공동체들이 자기 목소리를 낼 수 있게 한다.

3. **훈련하기**(Equip)-더 유능하고 강인한 사역자로 만들기. 네트워크를 통해 프로젝트, 사역자, 지도자, 영향력 있는 의사 결정권자들에게 적용할 수 있는 기준을 개발하고, 훈련시키고 자원을 공급함으로 어린이 양육과 돌봄의 모든 영역이 더 탁월한 역량을 발휘하도록 한다.

4. **혁신하기**(Innovate)-실제적인 해결책 제시하기. 지역 네트워크를 구축하면서 사람들을 하나로 모으고 그 역량을 강화시켜줄 때 규모가 크고 중요한 공동 사역을 실행할 능력이 증대될 수 있다. 그러면 인신매매, HIV, 거리의 아이들, 강제 노동과 같은 문제를 훨씬 효과적으로 처리하고 예방할 수 있다.

비바는 현재 약 43개의 네트워크를 구축하고 있으며 8,000개 프로젝트와 25,000명의 사역자가 가입되어 있다. 이 그리스도인들이 함께 연대하고 협력함으로 백만 명이 넘는 어린이들의 삶이 변화되고 있다.

묵상과 토론을 위한 질문

1_ 네트워킹의 이점 중 가장 중요하다고 생각하는 두 가지는 무엇인가? 그 이유는 무엇인가?

2_ 네트워킹으로 사역이 개선된 사례를 최소한 한 가지 이상 소개해보라.

3_ 본문에서 소개한 원리(자원 극대화, 양육 방식 개선, 사역 기준 개발, 훈련 기회 확대, 서로의 이해 증진에 도움, 상대방을 배려하는 태도를 조성, 결속을 강화) 중 네트워킹을 옹호하는 최고의 논거가 되는 것은 어느 범주라고 생각하는가? 자세히 설명해보라.

4_ 어린이 사역을 위한 네트워킹의 가치를 실행하고 공유하기 위해 무슨 노력을 하고자 하는가?

5_ 다음의 각 범주에서 네트워킹 동역자로서 가능성이 있는 사람을 한 사람 이상 적어 보라.

　　a. 마을 차원. 여름 성경학교와 같은 어린이를 위한 특별 행사에 도움을 줄 적절한 공동체 파트너가 있는가?

　　b. 지역적 차원. 어린이 사역과 관련해 통찰을 공유할 수 있는 지역 교회 동역자가 있는가?

　　c. 국가적 차원. 훈련이나 프로그램에 대한 아이디어를 제공할 수 있는 전국적 조직이나 교회 협회가 있는가?

　　d. 국제적 차원. 어린이를 위한 국제 사역 기관 중 어린이 사역의 모범 사례에 관한 정보를 지속적으로 제공하거나 최신 어린이 조사 연구 내용을 제공해줄 기관이 있는가?

결론

> "어린 아이 하나를 데려다가 그들 가운데 세우시고 안으시며 제자들에게 이르시되
> 누구든지 내 이름으로 이런 어린 아이 하나를 영접하면 곧 나를 영접함이요
> 누구든지 나를 영접하면 나를 영접함이 아니요 나를 보내신 이를 영접함이니라."
>
> _마가복음 9:36-37

어떻게 하면 오늘의 어린이들이 하나님 나라를 위해 최적화되고 극대화된 미래 영향력을 기르게 도울 수 있는가?

우리는 이 연구를 예수님이 하신 일, 즉 어린이를 그 중심에 놓으신 일을 살펴보는 것으로 시작했다. 예수님이 직접 어린이가 하나님 나라의 증거이며 상속자라고 말씀하셨다. 예수님이 어린이의 복지에 진지한 관심을 보이셨다면, 우리 역시 어린이들을 존중하고 돌보는 사역을 진지하게 수용하고 그들의 역할과 성경적 중요성을 인정하고 이해해야 한다. 우리는 가난하든 부유하든 모든 어린이들이 위기에 처해 있으며, 동심이 고통과 착취로 멍들고 상업주의와 물질주의에 어린 시절을 잃고 반강제적으로 어른의 세계로 진입한다는 것을 살펴보았다.

또 일부 사람들이 믿는 것과는 반대로 성경은 실제로 어린이들에 대해

많은 비중을 할애하고 있음을 보았다. 성경은 어린이를 숨기지도 무시하지도 않는다. 하찮은 존재나 주변적인 존재로 취급하지도 않는다. 오히려 어린이는 하나님의 새로운 방식의 이야기가 전개될 때 두드러진 역할을 맡고 있다. 아이들이 그의 대리자이자 도구이며 모델이고 수단으로 사용될 때가 적지 않다.

하나님의 시각으로 어린이들의 중요성을 인식하면 전인적 어린이 양육과 관련된 문제에 자연히 관심을 갖게 된다. 모든 어린이가 하나님이 원하시는 풍성한 생명을 향유할 수 있도록 도울 방법은 무엇인가? 모든 어린이의 필요와 방치와 양육에 관한 관심은 성경 전반에서 볼 수 있으며 하나님은 우리 역시 동일한 관심을 갖기 원하신다.

어린이들은 가난으로 크게 고통당하고 있다. 가난은 물리적 박탈의 문제일 뿐 아니라 근본적으로 영적 문제이다. 정령 신앙과 세속주의라는 세계관이 어린이와 그 가족의 무기력, 절망, 가난, 파괴를 야기하는 원인이 되는 것을 살펴보았다. 반대로 성경적 세계관을 지속적으로 추구하고 실행할 경우 정반대 방향으로 이끌어준다는 것도 보았다. 온전하고 풍성하며 희망적인 삶으로 인도해주는 것이다.

가난은 영적 문제이므로 가난을 해결할 책임은 특별히 교회와 그리스도인에게 있다. 교회는 전인뿐 아니라 전 피조물의 구원과 구속과 화목을 위한 하나님의 수단이다. 이런 명백한 성경적 명령에도 불구하고 복음 전도와 사회적 실천이라는 교회의 이중적 역할(통전적 사역)을 둘러싸고 오랫동안 논쟁과 분열이 있었다.

다음으로 교회 안의 어린이에 대해 살펴보았다. 어떻게 하면 교회를 더 어린이 친화적인 곳으로 만들 수 있는가? 우리는 교회라는 장소의 개념을 오해하는 경우가 적지 않았고 어린이와 청소년들의 역할을 과소평가해왔다. 교회는 모든 차원에서 어린이 친화적 접근 방식과 사역에 힘쓰도록 노력할 책임이 있다. 교회 프로그램과 시설과 사역자들이 어린이 친화적이 되도록 더 많은 노력을 해야 한다. 우리는 어린이의 믿음이 어떻게 성장하는지, 교회가 아이들의 믿음이 성장하도록 도울 수 있는 모델은 무엇인지 살펴보았다.

고통스럽지만 교회라는 환경 속에서도 어린이들이 학대와 착취에 노출될 가능성이 있음을 인정했다. 교회는 양육 과정에서 아이들을 보호할 막중한 책임이 있다. 우리는 교회 내에서 발생하는 어린이 학대와 관련해 어린이와 사역을 보호하기 위한 어린이 보호 정책을 개괄적으로 살펴보았다.

어린이 사역은 가장 알찬 결실을 맺을 수 있는 선교 사역이라고 확신한다. 역사적으로 기독교 학교 설립을 통해 아프리카와 아시아의 미래 지도자 세대가 기독교적 신앙 훈련을 받으며 성장했다. 오늘날 기독교 학교는 실현 가능한 선교 모델이 아닐 수 있지만, "선교 기관이 오늘날 다음세대의 세계적 지도자들을 키우기 위해 사용할 수 있는 새로운 전략은 무엇인가?"라는 질문을 제기하였다. 4/14 창의 실재는 어린이와 청소년 사역이 현대 선교 전략에 중요한 위치를 차지함을 의미한다.

나아가 어린이들은 단순히 선교 대상일 뿐 아니라 중요하고 효과적인 선교 주체이자 도구이다. 요셉, 모세, 미리암, 사무엘, 나아만의 이스라엘 계집종, 에스더, 다니엘, 예레미야는 모두 성경에서 하나님의 대리자이자 특사로 사용되었다. 하나님은 큰 믿음과 용기의 소유자가 필요하실 때, 그의 말씀을 전달할 순결하고 깨끗한 마음의 소유자가 필요하실 때, 또 비전이 필요하고 위대한 창의적 정신의 소유자가 필요하며 관용이 필요하실 때, 어린이를 들어 사용하셨다. 그러므로 오늘날의 어린이들 역시 선교의 자원으로 보아야 하며, 하나님을 위한 모험가가 되도록 도전받고 파송받아야 한다.

마지막으로, "말 못하는 자와 모든 고독한 자의 송사를 위하여 입을 열" 필요성(잠 31:8-9)에 주목했다. 그리스도인은 불의를 지적하며 가난한 자를 변호하고 권력자들에게 책임을 물으며 사람들이 스스로 목소리를 낼 수 있도록 힘을 실어줌으로써 어린이 권리 옹호 활동을 할 필요가 있다. 권리 옹호 활동은 기도, 교육, 조사 연구, 훈련, 격려, 네트워킹 등 수많은 형태로 표현될 수 있다. 이 모든 것은 어린이가 직면한 문제를 드러내고 해결하는 데 기여한다.

이 책이 어린이, 교회 그리고 선교의 의미와 관계의 본질을 이해하는 데 도움이 되었기를 기도한다. 나아가 다음과 같은 도움을 주었기를 기도한다.

- 어린이와 관련된 문제, 어린이의 필요, 방치 실태와 양육, 아이를 돌보는 교회의 역할, 사역, 선교, 하나님 나라의 진전을 위한 그분의 계획에 아이들이 필수적인 이유에 대해 알게 되었다.
- 성경적 관점에서 어린이를 이해하고 어린이 사역과 선교를 이전보다 더 타당하고 심오하며 전략적으로 인식하게 되었다.
- 당신과 당신이 속한 교회의 어린이 사역을 개선시킴으로 다시 동일한 방향으로 다른 사람들에게 영향을 미치도록 노력하게 되었다.

유엔아동권리협약
Convention on the Rights of the Child

1989년 11월 20일 유엔총회에서 채택, 1990년 10월 2일부터 국제법으로서 효력 발생

전문

협약의 당사국들은 다음의 전제에 동의해 유엔아동권리협약의 조항에 합의했다.

유엔헌장의 원칙에 따라 세계 평화와 정의, 자유의 성취는 모든 인류의 존엄성 및 평등하고 절대적인 권리를 인정하는 데 달려 있음을 고려한다.

유엔 체제하의 모든 국민들이 인권과 인간의 존엄성에 대한 신념을 유엔헌장에서 재확인하는 한편 충분한 자유를 보장받는 가운데 사회발전과 생활수준 향상을 촉진하기로 결의했음을 유념한다.

유엔이 세계인권선언과 국제인권규약을 통해 모든 사람은 인종, 피부색, 성별, 언어, 종교, 정치적 의견, 민족적·사회적 출신, 재산, 태생, 신분 등의 차별 없이 이 선언과 협약에 규정된 모든 권리와 자유를 누릴 수 있음을 선언하고 동의했음을 인정한다.

아동기에는 특별한 보호와 도움을 받을 권리가 있음을 천명한 유엔 세계인권선언을 상기한다.

가정은 사회의 기본적인 집단이며 특히 아동의 발달과 행복을 위한 천연의 환경이므로 공동체 안에서 가정이 본연의 책임을 다 할 수 있도록 보호와 도움을 받아야 함을 확신한다.

조화로운 인격 발달을 위해 아동은 가족적인 환경과 행복, 사랑과 이해 속에서 성장해야 함을 인정한다.

아동은 사회인으로서 삶을 살아가기 위한 충분한 준비를 해야 하며, 유엔헌장이 선언한 평화·존엄·관용·자유·평등·연대의 정신 속에서 성장해야 함을 고려한다.

아동에 대한 특별한 보호의 필요성은 1924년 아동권리에 관한 제네바선언과 1959년 11월 20일 유엔총회가 채택한 아동권리선언에 명시되어 있으며, 세계인권선언, 시민적정치적 권리에 관한 국제규약(특히 제23조 및 제24조), 경제적사회적문화적 권리에 관한 국제 규약(특히 제10조) 및 아동의 복지와 관련된 전문기구와 국제기구의 규정 및 관련문서에서 인정되었음을 유념한다.

아동권리선언이 명시하는 바와 같이, "아동은 신체적·정신적으로 미성숙하므로 출생이전부터 아동기를 마칠 때까지 적절한 법적 보호를 비롯해 특별한 보호와 배려가 필요하다"는 점에 유

념한다.

국내외 가정위탁과 입양문제를 명시한 '아동의 보호와 복지에 관한 사회적법적 원칙에 관한 선언'의 재규정, '소년법운영을위한유엔최소표준규약(베이징규칙)' 및 '비상시 및 무력 충돌시 여성과 아동의 보호에 관한 선언'을 상기하고, 세계의 모든 국가에는 매우 어려운 상황에서 생활하는 아동들이 있으며, 이 아동들을 특별히 배려해야 함을 인정한다.

아동의 보호와 조화로운 발달을 위해 각 민족의 전통과 문화적 가치의 중요성을 충분히 고려하고, 모든 국가, 특히 개발도상국 아동의 생활여건 향상을 위한 국제협력의 중요성을 인정한다.

제 1 부

제 1 조
아동의 범위는 특별히 따로 법으로 정하지 않는 한 18세 미만까지로 한다.

제 2 조
1. 협약의 당사국(이후 '당사국'이라 한다)은 아동이나 그 부모, 후견인의 인종, 피부색, 성별, 언어, 종교, 정치적 의견, 민족적인종적사회적 출신, 재산, 장애여부, 태생, 신분 등의 차별 없이 이 협약에 규정된 권리를 존중하고, 모든 아동에게 이를 보장해야 한다.
2. 당사국은 아동이 부모나 후견인 또는 다른 가족의 신분과 행동, 의견이나 신념을 이유로 차별이나 처벌을 받지 않도록 모든 적절한 조치를 취해야 한다.

제 3 조
1. 공공민간 사회복지기관, 법원, 행정당국, 입법기관 등은 아동과 관련된 활동을 함에 있어 아동에게 최상의 이익이 무엇인지 가장 먼저 고려해야 한다.
2. 당사국은 아동의 부모, 후견인 및 기타 아동에 대해 법적 책임이 있는 자의 권리와 의무를 고려해 아동복지에 필요한 보호와 배려를 보장하고, 이를 위해 입법적, 행정적으로 모든 적절한 조치를 취해야 한다.
3. 당사국은 아동 보호의 책임을 지는 기관과 시설이 관계당국이 설정한 기준, 특히 안전과 위생분야, 직원의 수와 자질, 관리와 감독의 기준을 지키도록 보장해야 한다.

제 4 조
당사국은 이 협약이 명시한 권리의 실현을 위해 입법적, 행정적 조치를 비롯해 모든 적절한 조치를 취해야 한다. 경제적·사회적·문화적 권리 보장을 위해 당사국은 최대한 자원을 동원해야 하며 필요한 경우 이를 국제협력의 관점에서 시행해야 한다.

제 5 조
당사국은 아동이 이 협약이 명시한 권리를 행사함에 있어 부모나 현지관습에 의한 확대가족,

공동체 구성원, 후견인 등 법적 보호자들이 아동의 능력과 발달정도에 맞게 지도하고 감독할 책임과 권리가 있음을 존중해야 한다.

제 6 조
1. 당사국은 모든 아동이 생명에 관한 고유의 권리를 가지고 있음을 인정한다.
2. 당사국은 아동의 생존과 발달을 최대한 보장해야 한다.

제 7 조
1. 아동은 출생 후 즉시 등록되어야 하며, 이름과 국적을 가져야 하며, 가능한 한 부모가 누구인지 알고 부모에 의해 양육 받아야 한다.
2. 당사국은 국내법 및 관련 국제문서상의 의무에 따라 아동이 이러한 권리를 누릴 수 있도록 보장해야 하며, 국적 없는 아동의 경우 보다 특별한 보장을 해야 한다.

제 8 조
1. 당사국은 이름과 국적, 가족관계 등 법률에 의해 인정된 신분을 보존할 수 있는 아동의 권리를 존중해야 한다.
2. 아동이 자신의 신분요소 중 일부나 전부를 불법적으로 박탈당한 경우 당사국은 해당 아동의 신분을 신속하게 회복하기 위해 적절한 원조와 보호를 제공해야 한다.

제 9 조
1. 당사국은 법률 및 절차에 따라서 사법당국이 부모와의 분리가 아동에게 최상의 이익이 된다고 결정한 경우 외에는, 아동이 자신의 의사에 반해 부모와 떨어지지 않도록 보장해야 한다. 이러한 결정은 부모에 의한 아동학대나 유기, 부모의 별거로 인한 아동의 거취 결정 등 특별한 경우에 필요할 수 있다.
2. 이 조 제1항의 규정을 시행하는 절차에 있어 모든 이해당사자는 자신의 의견을 표명할 기회를 가져야 한다.
3. 당사국은 아동의 이익에 반하는 경우 외에는, 부모의 한쪽이나 양쪽 모두로부터 떨어진 아동이 정기적으로 부모와 관계를 갖고 만남을 유지할 권리를 존중해야 한다.
4. 부모나 아동의 감금, 투옥, 망명, 강제퇴거 또는 사망(당사국이 억류하고 있는 동안 사망한 경우 포함) 등과 같이 당사국이 취한 조치로 인해 아동과 부모가 분리된 경우, 당사국은 아동에게 해롭지 않다고 판단되는 정보 제공 요청이 있을 때 부모나 아동, 다른 가족에게 부재중인 가족의 소재에 관한 필수적인 정보를 제공해야 한다. 또한 당사국은 그러한 요청 의뢰가 관련자에게 불리한 결과를 초래하지 않도록 보장해야 한다.

제 10 조
1. 제9조 제1항에 규정된 의무에 따라 가족의 재결합을 위해 아동이나 그 부모가 당사국에 입국이나 출국 신청을 했을 경우 당사국은 이를 긍정적이며 인도적인 방법으로 신속히 처리

해야 한다. 또한 이러한 요청이 신청자와 그 가족에게 불리한 결과를 초래하지 않도록 보장해야 한다.
2. 부모가 다른 나라에 거주하는 아동은 예외적인 상황 외에는 정기적으로 부모와 개인적 관계를 갖고 만남을 유지할 권리를 가진다. 따라서 협약 제9조 제2항에 규정된 당사국의 의무에 따라, 당사국은 아동과 그 부모가 본국을 비롯한 어떠한 국가로부터도 출국할 수 있는 권리를 존중해야 하며, 본국으로 입국할 수 있는 권리 또한 존중해야 한다. 이러한 권리는 법률에 의해 규정되어야 하며 이 권리의 제한은 협약이 인정하는 다른 권리와 부합되는 범위에서 국가안보와 공공질서, 공중보건, 도덕, 타인의 권리와 자유를 보호하기 위한 때에 만 가능하다.

제 11 조
1. 당사국은 아동이 불법으로 해외 이송되거나 본국으로 돌아오지 못하게 되는 상황을 막기 위해 적절한 조치를 취해야 한다.
2. 이 목적을 위해 당사국은 양자 또는 다자간 협정을 체결하거나 기존 협정에의 가입을 추진해야 한다.

제 12 조
1. 당사국은 자신의 의견를 형성할 능력을 갖춘 아동에게는 본인에게 영향을 미치는 모든 문제에 대해 자유롭게 의견을 표현할 권리를 보장하고, 아동의 나이와 성숙도에 따라 그 의견에 적절한 비중을 부여해야 한다.
2. 이 목적을 위해 당사국은 아동에게 영향을 미치는 사법적·행정적 절차를 시행함에 있어 아동이 직접, 또는 대리인이나 적절한 기관을 통해 의견을 진술할 기회를 국내법 준수의 범위 안에서 갖도록 해야 한다.

제 13 조
1. 아동은 표현할 권리를 가진다. 이 권리는 말이나 글, 예술 형태 또는 아동이 선택하는 다양한 매체를 통해 국경과 관계 없이 모든 정보와 사상을 요청하며 주고 받을 수 있는 자유를 포함한다.
2. 이 권리의 행사는 일정한 제한을 받을 수 있다. 다만 이 제한은 오직 법률에 의해 규정되어야 하며 다음 사항을 위해 필요한 것이어야 한다.
      가. 타인의 권리 또는 명성 존중
      나. 국가안보, 공공질서, 공중보건, 도덕의 보호

제 14 조
1. 당사국은 사상·양심·종교의 자유에 대한 아동의 권리를 존중해야 한다.
2. 당사국은 아동이 이러한 권리를 행사함에 있어 부모나 후견인이 아동의 능력 발달에 맞는 방식으로 아동을 지도할 권리와 의무를 존중해야 한다.

3. 종교와 신념을 표현하는 자유는 법률에 의해 규정되어야 하며 공공의 안전, 질서, 보건이나 도덕 또는 타인의 기본권과 자유를 보호하기 위해 필요한 경우에만 제한될 수 있다.

제 15 조
1. 당사국은 결사의 자유와 평화적 집회의 자유에 대한 아동의 권리를 인정한다.
2. 민주사회의 법체계 안에서 국가안보나 공공의 안전, 공공질서, 공중보건과 도덕의 보호 또는 타인의 권리와 자유의 보호를 위해 필요한 경우 외에는 이 권리의 행사에 어떠한 제한도 가해서는 안 된다.

제 16 조
1. 아동은 사생활과, 가족, 가정, 통신에 대해 자의적이거나 불법적인 간섭을 받지 않으며 또한 명예나 명성에 대해 불법적인 공격을 받지 않는다.
2. 아동은 이러한 간섭이나 공격으로부터 법적인 보호를 받을 권리가 있다.

제 17 조
당사국은 대중매체의 중요한 기능을 인정해 아동이 특히 자신의 사회적·정신적·도덕적 복지와 신체적·정신적 건강의 향상에 도움이 되는 국내외 정보와 자료에 접근할 수 있도록 보장해야 한다.
이 목적을 위해 당사국은,
　　가. 대중매체가 사회적·문화적으로 유익하고 제29조의 정신에 부합되는 정보와 자료를 아동에게 보급하도록 장려해야 한다.
　　나. 문화적, 국내적, 국제적으로 다양한 정보와 자료를 제작·교류·보급함에 있어 국제협력을 장려해야 한다.
　　다. 아동도서의 제작과 보급을 장려해야 한다.
　　라. 대중매체가 소수집단이나 원주민 아동이 겪는 언어상의 어려움에 특별한 관심을 기울이도록 장려해야 한다.
　　마. 제13조와 제18조의 규정을 유념해 아동복지에 유해한 정보와 자료로부터 아동을 보호하기 위해 적절한 지침을 개발하도록 장려해야 한다.

제 18 조
1. 당사국은 아동의 양육과 발달에 있어 양쪽 부모가 공동책임을 진다는 원칙이 공인받을 수 있도록 최선의 노력을 기울여야 한다. 부모 또는 경우에 따라 법정후견인은 아동의 양육과 발달에 일차적 책임을 지며 그들이 기본적으로 아동에게 무엇이 최상인가에 관심을 가져야 한다.
2. 이 협약에 규정된 권리의 보장과 증진을 위해 당사국은 아동에 대한 양육 책임을 잘 이행할 수 있도록 부모와 법정후견인에게 적절한 지원을 제공해야 하며, 아동 보호를 위한 기관과 시설, 서비스가 발전할 수 있도록 보장해야 한다.
3. 당사국은 취업부모의 자녀들이 아동보호시설과 서비스의 혜택을 받을 권리를 보장하기 위

해 모든 적절한 조치를 취해야 한다.

제 19 조

1. 당사국은 아동이 부모나 법정후견인, 다른 보호자로부터 양육되는 동안 모든 형태의 신체적 정신적 폭력, 상해나 학대, 유기, 부당한 대우, 성적인 학대를 비롯한 착취로부터 아동을 보호하기 위해 모든 적절한 입법적·행정적·사회적·교육적 조치를 취해야 한다.
2. 이러한 보호조치 속에는 아동 및 아동의 양육책임자에게 필요한 지원을 제공하기 위한 사회계획의 수립과 이 조 제1항에 규정된 아동학대 사례에 대한 다른 형태의 방지책, 학대 사례를 확인·보고·조회·조사·처리·추적하고 필요한 경우 사법적 개입이 가능한 효과적인 절차가 포함되어야 한다.

제 20 조

1. 일시적 또는 영구적으로 가정을 박탈 당했거나 아동에게 이롭지 않은 가정환경으로 인해 가정으로부터 분리된 아동은 국가로부터 특별한 보호와 원조를 부여받을 권리가 있다.
2. 당사국은 국내법에 따라 이러한 아동을 위한 대안적 보호방안을 확립해야 한다.
3. 이러한 보호는 위탁양육, 회교법의 카팔라(Kafalah, 빈곤아동, 고아 등을 위한 회교국의 위탁양육방법), 입양, 필요한 경우 적절한 아동보호시설에서의 양육까지를 포함한다. 양육 방법을 모색할 때는 아동이 지속적으로 양육될 수 있는가 하는 점과 아동의 인종적·종교적·문화적·언어적 배경을 중시해야 한다.

제 21 조

입양제도를 인정하는 당사국은 아동의 이익이 가장 먼저 고려되도록 보장해야 하며 또한

　　가. 아동의 입양은 적용 가능한 법과 절차에 따라 적절하고 신빙성 있는 정보에 기초해 이루어져야 하며 관계당국에 의해서만 허가되도록 보장해야 한다. 관계당국은 부모나 친척, 후견인과 관련된 아동의 신분상태를 고려해 입양의 허용 여부와 필요한 경우 부모나 친척 등 관계자들이 협의해 입양에 대한 분별 있는 동의를 했는가 하는 점을 결정한다.

　　나. 해외입양은 아동이 위탁양육자나 입양가족을 구하지 못했거나 모국에서는 적절한 방법으로 양육될 수 없는 경우 아동양육의 대체수단으로 고려될 수 있음을 인정해야 한다.

　　다. 해외입양아가 국내입양아에게 적용되는 보호와 기준을 동등하게 누릴 수 있도록 보장해야 한다.

　　라. 해외입양의 경우 양육지정이 입양관계자들에게 부당한 금전적 이익을 주는 결과가 되지 않도록 모든 적절한 조치를 취해야 한다.

　　마. 적절한 상황이 되면 양자 또는 다자간 약정이나 협정을 체결해 이 조의 목적을 촉진시키며, 그러한 체제안에서 아동에 대한 해외에서의 양육지정이 관계당국이나 기관에 의해 이루어지도록 노력해야 한다.

제 22 조
1. 당사국은 난민의 지위를 요청하거나 적용가능한 국제법이나 국내법, 다른 절차에 따라 난민으로 규정된 아동이 부모나 다른 보호자의 동반 여부와는 관계없이 이 협약 및 해당국가의 국제인권/인도주의 관련 문서에 규정된 권리를 누림에 있어 적절한 보호와 인도적 지원을 받도록 관련조치를 취해야 한다.
2. 이 목적을 위해 당사국은 유엔 및 유엔과 협력하는 자격 있는 정부기관이나 비정부기구들이 이러한 아동을 보호, 원조하고 가족재결합에 필요한 정보 수집을 위해 난민아동의 부모나 가족 추적에 기울이는 노력에 대해 적절한 협조를 해야 한다. 부모나 다른 가족을 찾을 수 없는 경우, 그 아동은 영구적 또는 일시적으로 가정환경을 박탈당한 다른 아동과 마찬가지로 이 협약에 규정된 보호를 받아야 한다.

제 23 조
1. 당사국은 정신적·신체적 장애아가 인격을 존중받고 자립과 적극적 사회참여가 장려되는 여건에서 여유롭고 품위있는 생활을 누려야 함을 인정한다.
2. 당사국은 특별한 보호를 받을 장애아의 권리를 인정하며 활용 가능한 재원의 범위 내에서 아동과 부모, 다른 아동양육자의 사정에 맞는 지원이 신청에 의해 해당아동과 양육 책임자에게 제공되도록 장려하고 이를 보장해야 한다.
3. 장애아의 특별한 어려움을 인식하고, 이 조 제2항에 따른 지원을 할 경우, 부모 등 아동양육자의 재산을 고려해 가능한 한 무상 지원을 해야 하며, 아동이 교육과 훈련, 의료지원, 재활지원, 취업준비 및 오락의 기회를 실질적으로 이용할 수 있는 지원안을 장애아동의 사회참여와 문화적정신적 발전 등 개인발전에 기여하는 방법으로 마련해야 한다.
4. 당사국은 국제협력의 정신에 입각해 이러한 분야에서의 능력과 기술을 향상시키고 경험을 확대하기 위해 장애아를 위한 재활, 교육 및 직업에 관한 정보 보급과 이용을 비롯해 예방의학분야, 의학적심리적기능적 치료에 관한 적절한 정보 교환을 촉진해야 한다. 또한 이 문제를 다룸에 있어 개발도상국의 필요를 특별히 고려해야 한다.

제 24 조
1. 당사국은 아동이 최상의 건강수준을 유지할 권리와 질병치료 및 건강회복을 위한 시설을 이용할 권리를 인정한다. 이와 관련해 보건의료서비스 이용에 관한 아동의 권리가 침해되지 않도록 노력해야 한다.
2. 당사국은 이 권리의 완전한 이행을 추구해야 하며, 특히 다음과 같은 적절한 조치를 취해야 한다.
    가. 영아와 아동사망률을 낮추기 위한 조치
    나. 기초건강관리 증진에 중점을 두면서 모든 아동이 필요한 의료지원과 건강관리를 받을 수 있도록 보장하는 조치
    다. 기초건강관리 체계 안에서 환경오염의 위험과 피해를 충분히 고려하면서, 쉽게 이용할 수 있는 기술 적용과 충분한 영양식 및 안전한 식수 보급을 통해 질병과

영양실조를 퇴치하기 위한 조치
라. 산모에게 적절한 산전산후 건강관리를 보장하는 조치
마. 부모와 아동을 비롯한 모든 사회구성원이 아동의 건강과 영양, 모유수유의 장점, 위생 및 환경정화, 사고 예방에 관한 기초지식 관련 정보를 제공받고 교육받을 수 있도록 지원하는 조치
바. 예방 중심의 건강관리, 부모교육, 가족계획 교육과 서비스를 발전시키는 조치

3. 당사국은 아동의 건강에 유해한 전통관습을 폐지하기 위해 모든 효과적이고 적절한 조치를 취해야 한다.
4. 당사국은 이 조에서 인정하는 권리의 완전한 실현을 점진적으로 달성하기 위해 국제협력을 증진하고 장려해야 한다. 이 문제에 있어서 개발도상국의 필요를 특별히 고려해야 한다.

제 25 조

당사국은 아동이 보호나 신체적, 정신적 치료의 목적으로 관계당국에 의해 양육 지정된 경우 해당아동은 치료상황을 비롯해 양육 지정과 관련된 모든 상황을 정기적으로 심사받을 권리를 가짐을 인정한다.

제 26 조

1. 당사국은 모든 아동이 사회보험을 포함한 사회보장제도의 혜택을 받을 권리가 있음을 인정하며, 이 권리의 완전한 실현을 위해 자국의 국내법에 따라 필요한 조치를 취해야 한다.
2. 이러한 혜택은 아동 및 아동에 대한 부양책임자의 재산과 상황을 고려함은 물론 아동이 직접, 또는 대리인이 행하는 혜택 신청과 관련된 여러 상황을 고려해 적절한 경우에 부여되어야 한다.

제 27 조

1. 당사국은 모든 아동이 신체적·지적·정신적·도덕적·사회적 발달에 맞는 생활수준을 누릴 권리를 가짐을 인정한다.
2. 부모 또는 아동을 책임지는 보호자는 능력과 재산의 범위 안에서 아동 발달에 필요한 생활여건을 조성할 일차적 책임을 진다.
3. 당사국은 재정 범위 안에서 국내 상황을 고려해 부모나 아동을 책임지는 보호자가 이 권리를 실현할 수 있도록 적절한 조치를 취해야 하며, 필요한 경우에는 특별히 기본적인 의식주에 대해 물질적 지원과 지원프로그램을 제공해야 한다.
4. 당사국은 국내외에 거주하는 부모, 또는 아동의 재정적 책임자로부터 양육비를 확보하기 위해 모든 적절한 조치를 취해야 한다. 특히 아동의 재정적 책임자가 아동과 다른 국가에 거주하는 경우 국제협약 가입이나 체결 등 적절한 조치를 세우도록 추진해야 한다.

제 28 조

1. 당사국은 교육에 대한 아동의 권리를 인정하며, 균등한 기회 제공을 기반으로 이 권리를 점

진적으로 달성하기 위해 특별히 다음 조치를 취해야 한다.
- 가. 초등교육은 의무적으로 모든 사람에게 무상으로 제공되어야 한다.
- 나. 일반 및 직업교육을 포함한 여러 형태의 중등교육 발전을 장려하고, 모든 아동이 중등교육의 혜택을 받을 수 있도록 하며, 무상교육을 도입하거나 및 필요한 경우 재정적 지원을 하는 등 적절한 조치를 취해야 한다.
- 다. 모는 사람에게 능력에 따라 고등교육 기회가 개방되도록 모든 적절한 조치를 취해야 한다.
- 라. 모든 아동이 교육 및 직업관련 정보와 지침을 이용할 수 있도록 조치를 취해야 한다.
- 마. 학교 출석률과 중퇴율 감소를 촉진하는 조치를 취해야 한다.

2. 당사국은 학교 규율이 아동의 인격을 존중하고 이 협약을 준수하는 방향으로 운영되도록 보장하기 위해 모든 적절한 조치를 취해야 한다.
3. 당사국은 특히 전세계의 무지와 문맹 퇴치에 이바지하고, 과학기술지식 및 현대적인 교육체계에의 접근성을 높이기 위해 교육부문의 국제협력을 증진하고 장려해야 한다. 이 문제에 있어서 특별히 개발도상국의 필요를 고려해야 한다.

제 29 조

1. 당사국은 아동교육이 다음의 목표를 지향해야 한다는 데 동의한다.
- 가. 아동의 인격, 재능 및 정신적 신체적 잠재력의 최대 계발
- 나. 인권과 기본적 자유, 유엔헌장에 규정된 원칙 존중
- 다. 자신의 부모와 문화적 주체성, 언어 및 가치, 현거주국과 출신국의 국가적 가치 및 이질적인 문명에 대한 존중
- 라. 아동이 인종적 민족적 종교적 집단 및 원주민 등 모든 사람과의 관계에 있어서 이해, 평화, 관용, 성(性) 평등 및 우정의 정신에 입각해 자유사회에서 책임있는 삶을 영위하도록 하는 준비
- 마. 자연환경에 대한 존중

2. 이 조 제1항에 대한 준수와 교육기관의 교육이 국가가 설정한 최소기준에 맞아야 한다는 조건 하에, 이 조 또는 제28조의 어떤 조항도 개인 및 단체의 교육기관 설립운영의 자유를 침해하는 것으로 해석되어서는 안 된다.

제 30 조

인종적·종교적·언어적 소수자나 원주민 아동은 본인이 속한 공동체의 구성원들과 함께 고유의 문화를 향유하고, 고유의 종교를 믿고 실천하며, 고유의 언어를 쓸 권리를 보호받아야 한다.

제 31 조

1. 당사국은 휴식과 여가를 즐기고, 자신의 나이에 맞는 놀이와 오락활동에 참여하며, 문화생활과 예술활동에 자유롭게 참여할 수 있는 아동의 권리를 인정한다.

2. 당사국은 문화적·예술적 활동에 마음껏 참여할 수 있는 아동의 권리를 존중하고 증진하며, 문화, 예술, 오락 및 여가활동을 위해 적절하고 균등한 기회 제공을 촉진해야 한다.

제 32 조
1. 당사국은 경제적인 착취를 비롯해 위험하거나, 교육을 방해하거나, 건강이나 신체적 지적 정신적 도덕적 사회적 발전에 유해한 모든 노동으로부터 보호받을 아동의 권리를 인정한다.
2. 당사국은 이 조의 이행 보장을 위해 입법적 행정적 사회적 교육적 조치를 강구해야 한다. 이 목적을 위해, 그리고 여러 국제문서의 관련규정을 고려해 당사국은 특히 다음의 규정들을 확립해야 한다.
    가. 단일 또는 복수의 최저 고용연령 규정
    나. 고용시간 및 고용조건에 관한 적절한 규정
    다. 이 조의 효과적인 실시를 위한 적절한 처벌 규정

제 33 조
당사국은 관련 국제조약에서 규정하고 있는 마약과 향정신성 물질의 불법적 사용으로부터 아동을 보호하고 이러한 물질의 불법적 생산과 거래에 아동이 이용되는 것을 방지하기 위해 입법적 행정적 사회적 교육적 조치를 비롯한 모든 적절한 조치를 취해야 한다.

제 34 조
당사국은 모든 형태의 성착취와 성학대로부터 아동을 보호할 의무를 진다. 이 목적을 달성하기 위해 당사국은 특히 다음의 사항을 방지하기 위해 적절한 국내적 양국간 다국간 조치를 모두 취해야 한다.
    가. 아동을 위법한 성적 활동에 종사하도록 유인하거나 강요하는 행위
    나. 아동을 매춘이나 기타 위법한 성적 활동에 착취적으로 이용하는 행위
    다. 아동을 외설스러운 공연 및 자료에 착취적으로 이용하는 행위

제 35 조
당사국은 모든 목적과 형태의 아동유괴나 매매 또는 거래를 방지하기 위해 적절한 국내적 양국간 다국간 조치를 모두 취해야 한다.

제 36 조
당사국은 아동복지를 침해하는 모든 형태의 착취로부터 아동을 보호해야 한다.

제 37 조
당사국은 다음의 사항을 보장해야 한다.
    가. 어떤 아동도 고문을 당하거나 잔혹하고 비인간적이거나 굴욕적인 대우나 처벌을 받아서는 안 된다. 18세 미만의 아동이 범한 범죄에 대해서는 사형 또는 석방의 가

능성이 없는 종신형 처벌을 내려서는 안 된다.

나. 어떤 아동도 위법적 또는 자의적으로 자유를 박탈당해서는 안 된다. 아동의 체포, 억류, 구금은 법에 의해 오직 최후의 수단으로서 꼭 필요한 최단기간 동안만 행해져야 한다.

다. 자유를 박탈당한 모든 아동은 인도주의와 인간 존엄성에 대한 존중에 입각해 아동의 나이에 맞는 처우를 받아야 한다. 특히 자유를 박탈당한 모든 아동은 성인과 함께 수용되는 것이 아동에게 최선이라고 판단되는 경우를 제외하고는 성인으로부터 격리되어야 하며, 예외적인 경우를 제외하고는 서신과 방문을 통해 가족과 연락할 권리를 가진다.

라. 자유를 박탈당한 모든 아동은 법률적 지원 및 다른 필요한 지원을 신속하게 받을 권리를 가짐은 물론 법원이나 기타 권한있고 독립적이며 공정한 당국에서 자유박탈의 합법성에 이의를 제기하고 이러한 소송에 대해 신속한 판결을 받을 권리를 가진다.

제 38 조

1. 당사국은 아동과 관련 있는 무력분쟁에 있어 당사국에 적용가능한 국제적인 인도주의법의 규칙을 존중하고 이행할 의무를 진다.
2. 당사국은 15세 미만 아동이 적대행위에 직접 참여하지 않도록 보장하기 위해 실행가능한 모든 조치를 취해야 한다.
3. 당사국은 15세 미만 아동의 징집을 삼가야 한다. 15세 이상 18세 미만 아동을 징집하는 경우 최연장자부터 하도록 노력해야 한다.
4. 무력분쟁 하의 민간인 보호를 위한 국제적인 인도주의법의 의무에 따라 당사국은 무력분쟁의 영향을 받는 아동을 보호하기 위해 실행가능한 모든 조치를 취해야 한다.

제 39 조

당사국은 모든 형태의 유기, 착취, 학대, 고문, 기타 모든 형태의 잔혹하거나 비인간적이거나 굴욕적인 대우나 처벌, 또는 무력분쟁으로 인해 희생된 아동의 신체적 심리적 회복 및 사회복귀를 위해 모든 적절한 조치를 취해야 한다.

제 40 조

1. 당사국은 형사피의자나 형사피고인, 유죄로 인정받은 모든 아동이 타인의 인권과 자유에 대한 아동의 존중심을 강화하고, 아동의 나이에 대한 고려와 함께 사회복귀 및 사회에서 맡게 될 건설적 역할의 가치를 고려하는 등 인간존엄성과 가치에 대한 의식을 높일 수 있는 방식으로 처우받을 권리가 있음을 인정한다.
2. 이 목적을 위해 국제문서의 관련규정을 고려해 당사국은 특히 다음 사항을 보장해야 한다.

가. 모든 아동은 국내법이나 국제법에 위배되지 않는 행위를 이유로 형사피의자가 되거나 형사기소되거나 유죄로 인정받지 않는다.

나. 형사피의자나 형사피고인이 된 모든 아동은 최소한 다음 사항을 보장받는다.
  (1) 법률에 따라 유죄가 입증될 때까지 무죄로 추정받는다.
  (2) 피의사실에 대한 변론 준비와 제출에 있어 직접, 또는 부모나 후견인을 통해 신속하게 법률적 지원을 비롯한 적절한 지원을 받는다.
  (3) 권한있고 독립적이며 공평한 기관이나 사법기관에 의해 법률적 지원 및 다른 적절한 지원 하에 법에 따른 공정한 심리를 통해 지체 없이 판결을 받아야 하며, 아동에게 최상의 이익이 아니라는 판단이 없는 한 특별히 아동의 나이나 상황, 부모나 후견인 등을 고려해야 한다.
  (4) 증언이나 유죄의 자백을 강요당하지 않으며, 자신에게 불리한 증인을 심문하거나 심문받는 것과 대등한 조건으로 자신을 대변할 증인의 출석과 심문을 확보할 수 있어야 한다.
  (5) 형법위반으로 간주되는 경우, 판결 및 그에 따른 모든 조치는 법률에 따라 권한있고 독립적이며 공정한 상급당국이나 사법기관에 의해 심사되어야 한다.
  (6) 아동이 사법절차에서 사용되는 언어를 이해하지 못하거나 말하지 못하는 경우, 무료로 통역원의 지원을 받아야 한다.
  (7) 사법절차의 모든 단계에서 아동의 사생활은 충분히 존중되어야 한다.
3. 당사국은 형사피의자, 형사피고인, 유죄로 인정받은 아동에게 특별히 적용할 수 있는 법률과 절차, 기관 및 기구의 설립을 추진하도록 노력하며, 특히 다음 사항에 대해 노력해야 한다.
  가. 형법위반능력이 없다고 추정되는 최저 연령의 설정
  나. 적절하고 바람직한 경우, 인권과 법적 보호가 충분히 존중된다는 조건 하에 이러한 아동을 사법절차에 의하지 않고 다루는 조치
4. 아동복지측면에서 적절하고, 아동이 처한 상황 및 위법행위에 맞는 처우를 아동에게 보장하기 위해 제도적으로 아동을 보호하는 지도 및 감독명령, 상담, 보호관찰, 보호양육, 교육, 직업훈련계획, 기타 대체방안 등 다양한 처분이 가능해야 한다.

제 41 조
이 협약의 규정은 아동권리 실현에 보다 크게 공헌할 수 있는 다음 법률의 규정에 영향을 미치지 않는다.
  가. 당사국의 법
  나. 당사국에서 효력을 가지는 국제법

제 2 부

제 42 조
당사국은 이 협약의 원칙과 규정을 적절하고 적극적인 수단으로 성인과 아동 모두에게 널리 알릴 의무를 가진다.

제 43 조
1. 이 협약의 의무 이행에 관해 당사국이 달성한 진전 상황을 심사하기 위해 이하에 규정된 기능을 수행하는 아동권리위원회를 설립한다.
2. 위원회는 이 협약이 다루고 있는 분야에서 명망 높고 능력을 인정받는 10명의 전문가로 구성된다. 위원회의 위원은 균형 있는 지역적 배분과 주요 법체계를 고려해 당사국 국민 중에서 선출되며, 개인적 자격으로 임무를 수행한다.
3. 위원회의 위원은 당사국이 지명한 후보 중에서 비밀투표로 선출된다. 각 당사국은 자국민 중 1인을 위원 후보로 지명할 수 있다.
4. 위원회의 최초 선거는 이 협약의 발효일로부터 6개월 이내에 실시되며, 그 이후는 매 2년마다 실시된다. 각 선거일의 최소 4개월 이전에 유엔사무총장은 2개월 내에 후보자를 지명해 제출하라는 서한을 당사국에 발송해야 한다. 그 후 사무총장은 후보를 지명한 당사국 표시와 함께 후보들의 명단을 알파벳 순으로 작성해 협약당사국들에게 제시해야 한다.
5. 선거는 유엔본부에서 사무총장이 소집한 당사국 회의에서 실시된다. 이 회의는 당사국의 3분의 2를 의결 정족수로 하고, 회의에 출석해 투표한 당사국 대표들의 최대다수표 및 절대 다수표를 얻는 자가 위원으로 선출된다.
6. 위원회 위원의 임기는 4년이며 재지명된 경우에는 재선될 수 있다. 단, 최초 선거에서 선출된 위원 중 5인의 임기는 2년 후 종료된다. 이들 5인 위원의 명단은 최초 선거 직후 동 회의의 의장에 의해 추첨으로 선정된다.
7. 위원회 위원이 사망, 사퇴 또는 본인이 특정 이유로 인해 위원회의 임무를 더 이상 수행할 수 없다고 선언하는 경우, 그 위원을 지명한 당사국은 위원회의 승인을 조건으로 자국민 중에서 잔여 임기를 수행할 다른 전문가를 임명한다.
8. 위원회는 자체의 절차규정을 제정한다.
9. 위원회는 2년 임기의 임원을 선출한다.
10. 위원회 회의는 통상적으로 유엔본부나 위원회가 결정하는 그 밖의 적절한 장소에서 매년 개최된다. 회의기간은 필요한 경우 총회의 승인을 조건으로 협약 당사국 회의에서 결정되고 검토된다.
11. 유엔사무총장은 이 협약에 의해 설립된 위원회가 효과적으로의 효과적인 기능을 수행할 수 있도록 필요한 직원과 편의를 제공한다.
12. 이 협약에 의해 설립된 위원회 위원은 유엔총회의 승인을 얻고 총회가 결정하는 기간과 조건에 따라 유엔으로부터 보수를 받는다.

제 44 조
1. 당사국은 이 협약이 규정하는 권리 실행을 위해 채택한 조치와 동 권리의 보장과 관련해 이루어진 진전상황 보고서를 유엔사무총장을 통하여 다음과 같이 위원회에 제출한다.
      가. 당사국에서 협약이 발효된 후 2년 이내
      나. 그 후 5년마다
2. 이 조에 따라 제출되는 보고서는 이 협약의 의무 이행 단계에 영향을 주는 요소와 어려움이

있을 경우 이를 명시해야 한다. 또한 보고서는 당사국의 협약 이행에 관한 포괄적 이해를 위원회에 제공하기 위해 충분한 정보를 포함해야 한다.
3. 위원회에 포괄적인 최초 보고서를 제출한 당사국은, 제1항 나호에 의해 제출하는 후속보고서에 이미 제출된 기초적 정보를 반복할 필요가 없다.
4. 위원회는 당사국에게 이 협약의 이행과 관련된 추가정보를 요청할 수 있다.
5. 위원회는 위원회의 활동에 관한 보고서를 2년마다 경제사회이사회를 통해 총회에 제출한다.
6. 당사국은 자국의 활동에 관한 보고서를 자국 내 시민사회에서 널리 활용될 수 있도록 해야 한다.

제 45 조

이 협약의 효과적인 이행을 촉진하고 협약이 다루는 분야에서 국제협력을 장려하기 위해

가. 전문기구, 유니세프(유엔아동기금)를 비롯한 유엔기구들은 이 협약 중 그들의 권한에 속하는 규정 이행과 관련된 논의에 대표를 파견할 권리를 가진다. 위원회는 전문기구, 유니세프 및 위원회가 적절하다고 판단하는 그 밖의 권한있는 기구에 대해 각 기구의 권한에 속하는 분야에 있어 협약 이행에 관한 전문적인 자문 제공을 요청할 수 있다. 위원회는 전문기구, 유니세프 및 다른 유엔기구들에게 그들의 활동분야에 한해 협약 이행에 관한 보고서 제출을 요청할 수 있다.
나. 위원회는 적절하다고 판단되는 경우 당사국이 기술적 자문 지원 요청, 또는 그 필요성을 명시한 보고서에 대해 위원회가 그러한 요청이나 지적에 대한 의견이나 제안을 하는 경우 위원회의 해당 의견이나 제안과 함께 해당보고서를 전문기구, 유니세프 및 그 외의 권한 있는 기구에 전달해야 한다.
다. 위원회는 사무총장이 위원회를 대신해 아동권리와 관련된 특정문제에 대해 조사를 요청할 것을 총회에 권고할 수 있다.
라. 위원회는 이 협약 제44조 및 제45조에 의해 접수한 정보에 기초해 제안과 일반적 권고를 할 수 있다. 이러한 제안과 일반적 권고는 당사국의 논평이 있으면 그 논평과 함께 모든 관계 당사국에 전달되고 총회에 보고되어야 한다.

제 3 부

제 46 조

이 협약은 모든 국가가 서명하도록 개방된다.

제 47 조

이 협약은 비준되어야 유효하며 비준서는 유엔사무총장에게 기탁된다.

제 48 조
이 협약은 모든 국가가 가입할 수 있도록 개방되며 가입서는 유엔사무총장에게 기탁된다.

제 49 조
1. 이 협약은 20번째 비준서나 가입서가 유엔사무총장에게 기탁되는 날부터 30일째 되는 날 발효한다.
2. 20번째 비준서 또는 가입서의 기탁 이후 이 협약을 비준하거나 가입하는 각 국가에 대해 해 당국가의 비준서 또는 가입서 기탁 후 30일째 되는 날 발효한다.

제 50 조
1. 모든 당사국은 개정안을 제안하고 이를 유엔사무총장에게 제출할 수 있다. 사무총장은 제안된 개정안을 당사국들에게 통보하는 한편 이를 심의하고 표결하기 위한 당사국 회의 개최에 대한 찬성 여부를 물어야 한다. 이러한 통보일로부터 4개월 이내에 당사국 중 최소 3분의 1이 회의 개최에 찬성하는 경우 사무총장은 유엔 후원으로 동 회의를 소집해야 한다. 개정안은 동 회의에 출석해 표결한 당사국 과반수의 찬성에 의해 채택되며 승인절차를 위해 유엔총회에 제출된다.
2. 제1항에 따라서 채택된 개정안은 유엔총회에 의해 승인되고, 당사국 3분의 2이상이 찬성할 때 효력이 발생한다.
3. 발효된 개정안은 이를 수락한 당사국에 대해 구속력을 가지며 다른 당사국은 계속해서 이 협약의 규정 및 당사국이 받아들인 그 이전의 모든 개정안에 대해서만 구속된다.

제 51 조
1. 유엔사무총장은 비준이나 가입시 각 당사국이 유보한 조항의 문서를 접수하고 이를 모든 국가에 배포해야 한다.
2. 이 협약의 목표 및 목적과 부합되지 않는 유보는 허용되지 않는다.
3. 유보는 유엔사무총장에게 통지문을 제출함으로써 언제든지 철회될 수 있으며, 사무총장은 이를 모든 국가에게 통보해야 한다. 유보조항 철회 통지는 사무총장이 이를 접수한 날부터 유효하다.

제 52 조
당사국은 유엔사무총장에 대한 서면통지를 통해 이 협약을 폐기할 수 있다. 협약폐기는 사무총장이 통지문을 접수한 날부터 1년 후 발효된다.

제 53 조
유엔사무총장은 이 협약을 보관하는 수탁자로 지명된다.

제 54 조

아랍어·중국어·영어·불어·러시아어·스페인어 정본으로 동등하게 만들어진 이 협약의 원본은 유엔사무총장에게 기탁된다.

이상의 증거로 아래의 서명 전권대표들은 각국 정부로부터 정당하게 권한을 위임받아 이 협약에 서명했다.

■ 출처: 유엔아동권리협약과 선택의정서(유엔아동권리협약 한국NPO 연대)

읽기 자료

1장

2004년 1월에 걸쳐 개최된 WCC/CCA 지역간 대회의 보고서, 'Fullness of Life and Dignity of Children in the Midst of Globalization with a Focus on Children', 1-19쪽.

마르바 던의 Is it a Lost Cause 중 9장 'Santa Claus is Coming to Town', 145-163쪽.

마르바 던의 Is it a Lost Cause 중 10장. 'Amusing Ourselves to Death', 164-180쪽.

Celebrating Children, 캐서린 콥시의 'What is a Child?', 1-9쪽.

2장

조세핀 조이 라이트, Celebrating Children, 18-32쪽.

3장

로날드 사이드의 'God and the Poor', Rich Christians in an Age of Hunger, 39-64쪽, 마빈 올라스키의 The Tragedy of American Compassion, 101-115쪽.

댄 브루스터와 고든 뮬레닉스의 'Development: Bounded, Centered, or Fuzzy?', Together 50 MARC Publications, 10-13쪽.

존 B. 웡의 Christian Wholism: Theological and Ethical Implications in the Postmodern World.

4장

대로우 밀러, Discipling Nations, 33-76쪽.

자야쿠마르 크리스챤, The God of the Empty-Handed, 44-74쪽.

비샬 망갈와디, Truth and Transformation.

5장

알버트 M 월터스의 Creation Regained, 12-71쪽.

밥 모핏, If Jesus Were Mayor, 51-97쪽.

Together, 1985년 7-9월호, 제시 스티븐스의 'Children and the Kingdom of God'.

티모시 체스터의 Awakening to a World of Need, 2장 'The Debate Begins'.

티모시 체스터의 Awakening to a World of Need, 3장 'Face to Face with Need'.

티모시 체스터의 Awakening to a World of Need, 6장, 'Lausanne: Congress, covenant, Movement'.

'복음 전도와 사회 활동', 로잔 특별 보고서(21번), 그랜드 래피즈 보고서

랄프 윈터의 Two Structures of God's Redemptive Mission.

6장

로이 주크, Precious in his Sight 중 'The Children the Lord Has Given Me', 45-70쪽.

로이 주크, Precious in his Sight 중 'Bringing up Children', 105-126쪽.

밥 모핏, If Jesus were Mayor 중 'God's Big Agenda', 51-74쪽.

밥 모핏, If Jesus were Mayor 중 The Church and Today's World, 99-128쪽.

7장

조지 바나, Transforming Children into Spiritual Champions, 28-76쪽.

Children and Conversion 중 윌리엄 헨드릭스의 'The Age of Accountability', 84-97쪽.

실비아 포스, Daddy, Are We There Yet?, 155-165쪽.

Children and Conversion 중 G.R. 비슬리-머레이의 'The Child and the Church', 127-141쪽.

필리스 킬번 편집, Children in Crisis: A New Commitment 중 댄 브루스터의 'The 4/14 Window: Child Ministries and Mission Strategies', 125-139쪽.

8장

H. B. 런던 주니어, 닐 B. 와이즈만의 It Takes a Church within a Village 중 4장의 'If I Were a Child Today I'd Need… Developing Spiritual Kinship with Children.'

H. B. 런던 주니어, 닐 B. 와이즈만의 It Takes a Church within a Village 중 8장의 'Family Traits of Child-Sensitive Churches Boys and Girls Loved Here.'

H. B. 런던 주니어, 닐 B. 와이즈만의 It Takes a Church within a Village 중 12장. '39Ways to Improve Our Impact on Children. You Can Make a Difference.'

9장

Churches Child Protection Advisory Service 중 'Guidance to Churches: Protecting Children and Appointing Children's Workers', 1-22쪽.

필리스 킬번 편집, Sexually Exploites Children 중 댄 브루스터의 Spiritual Healing, 'Protecting Children from Abuse', 144-160쪽.

10장

Worldwide Perspectives의 'To reach All Peoples' 중 도날드 맥가브란의 'The Bridges of God'.

Our Globe and How to Reach It 중 멕 크로스만의 'Today's Global Human Need'(AD 2000 Series).

Worldwide Perspectives의 'To reach All Peoples' 중 멕 크로스만의 'God's Heart for the Nations'.

Evangelism and Missions Informal service 중 루이스 부시의 'Getting to the Core of the Core: The 10/40 Window.'

11장

1974년 로잔 세계 복음화 위원회, 6장 윌로우뱅크 리포트, 자유와 존엄에 대한 추구에서 비샬 망갈와디, 'Conversion as Revolution.'

Celebrating Children에서 댄 브루스터의 'Children at Risk Because They Have Not Heard the Good News: The 4/14 Window', 175-181쪽.

댄 브루스터와 패트릭 맥도날드의 Children: The Great Omission?(2004년 태국 파타야에서 열린 3차 로잔 대회용으로 준비된 소책자).

피트 호만의 The Great Commissary Kids, 3-40쪽.

루이스 부시, The 4/14 Window.

아이들에게 선교에 관해 가르칠 다른 교재들도 있다. 많은 자료가 준비되어 있는 추천할 만한 사이트를 소개한다: www.missionresources.com/teachkidsr.html.

12장

컴패션 어린이 옹호 활동과 관련해 자주 묻는 질문, Compassion International. Advocacy.

TEAR Fund, 앤디 애트킨스와 그래함 고든의 Study Pack. 1-43쪽.

13장

Celebrating Children 중 폴 스테판의 'The Rights of the Child and the Christian Response', 52-61쪽.

14장

패트릭 맥도날드, Reaching Children, 71-117쪽.

참고 문헌

오드리 아론, 휴 휴즈, 줄리엣 크레이톤, Child-to-Child. London: Macmillan Press, 1979.

토쿰보 아예모, 'A Critical Evaluation of Contemporary Perspectives.' Word and Deed, 브루스 니콜라스 편집. Carlisle, Cumbria: Paternoster Press, 1985.

알버트, 린다, 마이클 팝킨, Quality Parenting. New York: Random House, 1987.

앳킨스, 앤디 그래함 고든, Advocacy Study Pack. UK: TEARFUND, June 1999.

조지 바나, Transforming Children into Spiritual Champions. Ventura, CA: Regal, 2003.

G.R. 비슬리 머레이, 'The Child and the Church.' Children and Conversion, 클리포드 잉글 편집. Nashville, TN: Broadman Press, 1970.

알레무 비프투 박사, God Heard the Boy Crying. Colorado Springs, CO: Compassion International, 2001.

제임스 몽고메리 보이스, "Children's Worship", Christians Unite Articles. http://articles.christiansunite.com/article2544.shtml.

레니타 보일, 'A Liturgy of Hope.' A Summary of the Consultation Proceedings of the Consultation on Children at Risk. Oxford, UK: January 1997.

댄 브루스터, 'Compassion's Role in Furthering the Kingdom.' Unpublished paper, 1995.

댄 브루스터, 'The 4/14 Window: Child Ministries and Mission Strategies.' Children in Crisis: A New Commitment, 필리스 킬번 편집. Monrovia, CA: MARC, 1996.

댄 브루스터, 'True Compassion with Strings.' Religious Broadcasting (April 1995).

댄 브루스터와 고든 뮬레닉스, 'Development: Bounded, Centred or Fuzzy?' Together 50 MARC Publications (April-June 1996): 10-13.

댄 브루스터와 히더 맥클라우드, 'Protecting Children from Ourselves.' 2001년 3월 홀랜드 르 브롱 Cutting Edge III Conference에서 발표.

밤방 부띠얀토, "A Reflection on the 'Association' Factor for Holistic Mission." 2004년 로잔 대회 발표 문서.

루이스 부시, Getting to the Core of the 10/40 Window. Wheaton, IL: Evangelism and Missions Information Service, 1996.

'Caring for Our Children.' National Health and Safety Performance Standards — Appendix, K American Academy of Pediatrics, 2002.

티모시 체스터. Awakening to a World of Need. Leicester, England: InterVarsity Press, 1993.

'The Child in South Asia: Issues in Development as if Children Mattered.' New Delhi: UNICEF, 1988.

Compassion Child Advocacy Frequently Asked Questions. Compassion International, 2004.

캐서린 콥시, 'What Is a Child?' in Celebrating Children. Carlisle,Cumbria:Paternoster Press, 2003.

멕 크로스만 편집. Worldwide Perspectives. Pasadena, CA: William Carey Library, 1995.

마르바 던. Is It a Lost Cause? Grand Rapids, MI: Eerdmans Publishing, 1997.

제임스 돕슨, 'Dr. Dobson Answers Your Questions' Focus on the Family 20 no. 1 (1996).

샘 도허티, Why Evangelize Children? (Northern Ireland: Child Evangelism Fellowship,1996).

'Evangelism and Social Action.' Lausanne Occasional Papers no. 21. Grand Rapids Report, 1982.

해롤드 풀러, 'Stages of Missionary Roles.' Worldwide Perspectives, 멕 크로스만 편집. Pasadena, CA: William Carey Library, 1995.

해롤드 풀러, 'Fullness of Life and Dignity of Children in the Midst of Globalisation.' Report of the WCC/CCA Inter-Regional Consultation. Mumbai, India (January 2004):21-25.

티모시 조지, 'You Must Be Born Again but at What Age?' Christianity Today (March 1,1999).

그래함 고든, Advocacy Toolkit Vol. 1. Under-standing Advocacy. Teddington, UK: TEARFUND, 2002.

그래함 고든, Advocacy Toolkit Vol. 2, Practical Action in Advocacy. Teddington, UK: TEARFUND, 2002.

빌 가써드, Advanced Seminar Textbook. Oakbrook, IL: Institute in Basic Life Principles, 1986.

윌슨 그랜트, The Caring Father. Nashville, TN: Broadman Press, 1983.

윌리엄 핸드릭스, 'The Age of Accountability.' Children and Conversion, 클리포드 잉글 편집. Nashville, TN: Broadman Press, 1970.

실비아 휴렛, When the Bough Breaks. New York: Basic Books, 1991.

아더 F. 홈즈, 'Toward a Christian View of Things.' The Making of a Christian Mind, 아더 홈즈 편집. Downers Grove, IL: InterVarsity Press, 1985.

로이 L. 허니컷, 'The Child within the Old Testament Community.' Children and Conversion, 클리포드 잉글 편집. Nashville, TN: Broadman Press, 1970.

피트 호만, Kids Making a Difference, 2004.

피트 호만, The Great Commissionary Kids. Springfield, MO: Boys and Girls Missionary Crusade, 1997.

드위 휴즈, The God of the Poor. UK: M Publishing, 1998.

에스더 일니스키, Let the Children Pray. Ventura, CA: Regal, 2000.

클리포드 잉글 편집 Children and Conversion 중. Nashville, TN: Broadman Press, 1970.

에글랜타인 젭, 'Save the Children.' http://www.savethechildren.ca/en/who-we-are/international-alliance/377.

앤드류 커크, What Is Mission? Darton, UK: Longman & Todd Ltd., 1999.

코스텔닉, "Guiding Children's Social Department." Child Abuse and Neglect: A Self-Instructional Text for Head Start Personnel. Washington, D.C.: U.S Government Printing Office, 1977.

찰스 크래프트, Anthropology for Christian Witness. New York: Orbis Books, 1996.

도날드 크레이빌, The Upside Down Kingdom. Scottsdale, PA: Herald Press 1978.

시리 수지타 쿠마라, The Ethics of Conversion in the Sri Lankan Context. 2003년 6월 말레이시아 페낭의 말레이시아 침례 신학교에서 어린이, 교회, 선교 강좌에서 과제로 제출된 내용.

케네스 스콧 라투렛, A History of Christianity (Vol. II): Reformation to the Present ― A.D.1975. San Francisco, CA: Harper Collins, 1975.

조나단 루이스 편집, World Mission: An Analysis of the World Christian Movement. Pasadena, CA: William Carey Library, 1987.

1984년 라틴 아메리카 교회 협의회, 'Liturgia y Derechos Humanos del Movimiento Ecumenico por los Derechos Humanos.'

H.B. 런던과 닐 와이즈만, It Takes a Church Within a Village. Nashville, TN: Thomas Nelson, 1996.

비샬 망가와디와 루스 윌리엄 캐리, William Carey: A Tribute by an Indian Woman. New Delhi, India: Nividit Good Books, 1993.

패트릭 맥도날드, Reaching Children in Need. Eastbourne, UK: Kingsway Publications, 2000.

시페로 마이클, Covenant on Ministering to Children. Unpublished, 2002.

시페로 마이클, 'Rate Your Church on Children Friendliness.' Unpublished, 2002.

시페로 마이클, 'Advocacy: Its Relations With and Support for Our Core Program.' Compassion International Discussion Paper (March 2002): 4.

글렌 마일즈와 조세핀 조이 라이트 편집, Celebrating Children. Carlisle, Cumbria: Paternoster Press, 2003.

대로우 밀러, Discipling Nations: The Power of Truth to Transform Cultures. Seattle, WA: YWAM Publishers, 1998.

대로우 밀러, 'The Development Ethic: Hope for a Culture of Poverty.' Christian Relief and Development, edited by Edgar Elliston. Dallas, TX: Word Publishing, 1989.

도날드 밀러, 'Child Development.' Unpublished and undated paper (Compassion International).

밥 모핏, If Jesus Were Mayor. Phoenix, AZ: Harvest India, 2004.

브라이언트 마이어스, Exploring World Mission. Federal Way, WA: World Vision International, 2003).

마빈 올라스키. Renewing American Compassion. New York: The Free Press, 1996.

마빈 올라스키. The Tragedy of American Compassion. Washington, D.C.: Regnery Gateway 1992.

위기에 처한 어린이를 위한 옥스퍼드 선언문, 1997. 옥스퍼드 선교 연구 센트와 비바 네트워크.

래리 페이트, 'The Changing Balance in Global Mission' in Worldwide Perspectives, 멕 크로스먼 편집.

닐 포스트먼, Amusing Ourselves to Death: Public Discourse in the Age of Show Business. New York: Viking Penguin, 1985.

봉 린로, 'The Perspective of Church History from New Testament Times to 1960.' In Word and Deed: Evangelism and Social Responsibility, edited by Bruce J. Nicholls. Carlisle, Cumbria: Paternoster Press, 1985.

비네 사무엘, 'Some Theological Perspectives on Children at Risk.' Transformation 14, no.2 (April/June 1997).

로날드 사이더, Rich Christians in an Age of Hunger (Dallas TX: Word Publishing, 1990).

웨스 스태포드, Compassion Asia Area Conference. Chiang Rai, Thailand, August 2003.

로드니 스타크, The Rise of Christianity. San Francisco, CA: Harper Collins, 1997.

폴 스테판, "The 'Rights' of the Child and the Christian Response." Celebrating Children, 글렌 마일즈와 조세핀 조이 라이트 편집. Carlisle, UK: Paternoster Press, 2003.

유니세프, Convention on the Fights of the Child: Promoting and protecting rights for children. http://www.unicef.org/crc/index_30168.html.

유니세프, '세계아동현황, 2005.' http://www.unicef.org/sowc/.

유니세프, 'World Declaration on the Survival, Protection and Development of Children.' World Summit for Children, 1990.

'유엔새천년개발목표', http://www.developmentgoals.org/About_the_goals.htm.

United Nations, 'A World Fit for Children.' http://www. unicef.org/specialsession/wffc/.

발데즈 에드나 편집, Protecting Children: A Biblical Perspective on Child Rights. Federal Way, WA: World Vision, 2002.

비바 네트워크, 'About Viva.' http://www.viva.org/aboutviva.aspx

스티브 웜버그, Youth and Faith Development. 2004년 1월 컴패션의 지속적 교육 훈련 모듈로 준비된 문서.

벤 와텐버그, Fewer. Chicago, IL: Ivan R. Dee, 2004.

키이스 화이트, "An Integrated Biblical and Theoretical Typology of Children's Needs." Celebrating Children. Carlisle, UK: Paternoster Press, 2003.

키이스 화이트, Creation Regained. Grand Rapids, MI: Eerdmans Publishing, 1986.

키이스 화이트, The Growth of Love. Abingdon, OX: The Bible Reading Fellowship, 2008.

알버트 월터스, 'Small Matters.' Third Way Journal (February 2002).

알버트 월터스, 'A Little Child Shall Lead Them.' 2001년 홀랜드 드 브롱의 Cutting Edge 대회에서 발표된 내용.

랄프 윈터. Two Structures of God's Redemptive Mission. U.S. Centre for World Missions Series No. 01-995, 1995.

로이 주크. Precious in His Sight. Grand Rapids, MI: Baker Book House, 1996.